客户成功的力量

毕思建 华俊武 著

THE POWER OF
CUSTOMER SUCCESS

图书在版编目（CIP）数据

客户成功的力量 / 毕思建，华俊武著 . —北京：机械工业出版社，2023.5
ISBN 978-7-111-72956-3

Ⅰ.①客… Ⅱ.①毕… ②华… Ⅲ.①企业管理–销售管理 Ⅳ.①F274

中国国家版本馆 CIP 数据核字（2023）第 059100 号

机械工业出版社（北京市百万庄大街22号　邮政编码100037）
策划编辑：杨福川　　　　　责任编辑：杨福川　董惠芝
责任校对：李小宝　贾立萍　责任印制：单爱军
北京联兴盛业印刷股份有限公司印刷
2023 年 7 月第 1 版第 1 次印刷
147mm×210mm·13.75 印张·328 千字
标准书号：ISBN 978-7-111-72956-3
定价：129.00元

电话服务　　　　　　　　　网络服务
客服电话：010-88361066　　机　工　官　网：www.cmpbook.com
　　　　　010-88379833　　机　工　官　博：weibo.com/cmp1952
　　　　　010-68326294　　金　书　网：www.golden-book.com
封底无防伪标均为盗版　　　机工教育服务网：www.cmpedu.com

推荐语

蔡勇　硅谷蓝图中国区董事总经理

客户成功在中国已经被实验多年,我们不应该只满足于它是舶来的知识"骨架",而应该记录更多中国式成功实践的"血肉";客户成功不能被界定为一个 SaaS 的专有名词,而应该是所有 B2B 企业都认真考虑引进的一件事;客户成功也不能被定义成只和续费续约相关的防守类工作,更应该包括如何做好老客户增购、交叉销售等进攻类工作。希望随着本书的出版,更多人接触到"客户成功的力量"!

陈果　波士顿咨询 Platinion 董事总经理

面向增长的 SaaS 运营体系包括产品创新、定价和货币化、营销和销售,以及用户体验和客户成功。ToB 商业和 ToC 商业的区别是前者通过使用产品创造价值,而后者只是消费产品,所以从字面意义上,客户成功适用于任何 ToB 性质的商业。不过,SaaS 企业的客户成功是其特有商业模式的一部分,最终目的是驱动增长。

希望各位读者认识到客户成功对中国软件行业转型的重要意义,在作者提供的各种详细的客户成功经验背后,找到 SaaS 成功之路。

崔强　崔牛会创始人兼 CEO

对于"客户第一",每家企业的表现不尽相同,有的企业高高挂在墙上，有的企业根植于企业文化中。要知道客户成功本身需要全企业人员高度认同且参与行动。本书内容深入浅出，场景、故事、最佳实践、方法论、指标体系一应俱全，是一本难得的中国 SaaS 行业经营读物。期待这本书能够助力中国 SaaS 企业客户成功体系更加优秀和卓越。

高燕　稿定科技 CMO 和企业业务负责人、"乱炖营销"主理人

我和老毕于 2014 年成为同事，2016 年一起在美国参加了 Gainsight 的年会，只为进一步研究到底该如何打造客户成功体系。其间，老毕对于客户成功的激情和钻研精神让我很是钦佩，让我更加相信：只有足够敬畏和热爱，才能专于此道。当所有的 SaaS 企业都意识到客户成功是 SaaS 商业模式的基础时，老毕和华少分别从实战派专家和创始人的立场分享了客户成功体系从文化、方法论到落地实践的完整经验，为所有在摸索中前行的 SaaS 企业提供了难得的实战指南。从知道到做到还有非常远的距离，相信这本书能成为本土 SaaS 企业践行客户成功事业的行动宝典。

郭战军　碧桂园生活服务集团执行董事、副总裁

这本书对 ToB 业务的服务体系进行深入浅出地剖析、定义、输出，并通过大量国内外最佳实践论证，实现了底层逻辑和最佳实践的高度匹配，同时一一呈现 SaaS 企业客户成功体系包含的文化、制度、流程、机制、指标，实现了组织经验高度萃取和应用场景化，是一本难得的好书。期待酷学院华少通过本书的沉淀和输出能再度引领 Saas 行业，也期待本书能助推中国 ToB 企业客户成功能力再升级，一起用客户成功的力量推动一个又一个行业迈上更高的台阶。

贺佳波　北森前总裁

作为中国客户成功领域重要的开创者之一，毕思建在10年前加入北森，我们一起构建客户成功体系。这些年来，他身上令我记忆深刻的有两点，并在拜读本书时再次激起我的回忆与共鸣。这两点就是客户成功是一种信仰，客户成功是一门科学。

洪烨　前Salesforce资深客户成功经理、前微软客户成功专家

我看到了这10年来毕思建先生在客户成功领域不懈地探究和实践的成果，也很荣幸能为他的新书提供一些素材。无论你是正在思考搭建客户成功体系的高管，还是致力于投身客户成功事业的从业者，这本书都为你极其细致地梳理了你该思考的问题和答案。不必等待，让我们一起来掀起这波客户成功的浪潮吧！

季燕利　百丽时尚科技中心总经理

看过《客户成功的力量》这本书后深有感触，聚焦客户是各行各业服务的第一宗旨。纵观我们的SaaS服务伙伴，他们都秉承长期主义和为客户创造价值。本书阐述了如何构建系统化的客户成功体系来保证最佳服务，也明确了如何培养人才来提升运营服务水平，保证客户体验，实现为客户的成功提供长期价值。期待读者从中受益，也推荐给中国SaaS企业一起借鉴、提升。

李海燕　爱空间科技合伙人兼副总裁

时间过得真快，转眼我们已经与酷学院合作2年了。回首过去，当年选择与酷学院的理由记忆犹新，其中最重要的一个理由就是酷学院与我所在公司——爱空间的经营理念高度契合，即始终以客户为中心。这句话听起来很虚，但我对它很有感触。酷学院始终把客户成功与企业成功二者有机结合在一起，比如，我们既是使用方又是需求方,是彼此相长、共同发展的有机体。我觉得这就是客户成功的关键要素。感谢酷学院的用心,能够让这些好的经验及体系以书的形式让更多企业受益。

黎展　探迹科技创始人兼 CEO

书中的很多最佳实践和观点分享我都非常认可。本书清晰地介绍了什么是客户成功、客户成功体系的搭建、如何通过客户成功驱动企业增长,还分享了国内外优秀 SaaS 企业的最佳实践,以及对客户成功未来发展的思考。全书内容干货满满,值得 SaaS 行业从业者通读,对 SaaS 企业客户成功体系的优化升级很有帮助。行业需要这样的沉淀和分享,期待毕老师、华少更多杰作!

李直　中国人力资源开发研究会常务副秘书长,《中国人力资源开发》杂志社长、副主编

近 10 年来,我在和思建的交往中对客户成功有了一个大致了解,看到了他对顶层设计、体系构建、运营建设、团队培养等客户成功体系的构建,也看到了客户成功在企业的成效和日益增强的重要性。几年来,我一直希望他能把他的成功经验总结出来,让更多的企业学习和借鉴,以便更好地推动客户成功发展,从而驱动公司高增长。如今,看到他作为作者之一毫无保留地写出这样一本专业图书,既为他感到高兴,也为广大的客户成功从业者感到高兴。

希望更多的人和企业一起参与到客户成功事业中。

毛丞宇　云启资本创始合伙人

基于云启多年的 ToB 投资经验,我们发现好的 SaaS 公司的业务发展都会经历一个斜率从低到高的过程,拐点在于公司是否具备持续的商业能力,也就是客户成功做得好不好。

华少和老毕基于他们在商业实践中的一手案例，分析、总结出一套客户成功最佳实践和方法论，这是推荐这本书的原因。期待这本书能帮助更多 SaaS 公司完善认知，构建更加稳健的客户成功体系。

桑文锋　神策数据创始人兼 CEO

客户成功的理念是在过去几年引入中国的。对于什么是客户成功以及如何做好客户成功，是缺少足够的实践的。两位作者结合用友和酷学院两家成功的 ToB 企业的实践经验，外加理论和方法论的抽象，提高本书内容含金量。相信本书会成为中国客户成功领域发展的一份重要力量，推荐给各位客户成功从业者和爱好者。

田原　《SaaS 增长方法论》作者

回归本质、第一性原理，把网状的认知梳理成线性的方法论，以丰富的案例让读者学得会。具备这三点，就称得上是一本好书了。而本书恰恰三者兼具，推荐给各位朋友！

王戴明　"ToB 老人家"主理人

毕思建是 SaaS 客户成功领域的资深专家，在担任用友网络副总裁之前，还担任过北森客户成功部副总裁，帮助北森搭建起客户成功体系。本书是毕思建老师多年实战经验的总结，不但适合从事客户成功工作的朋友，也适合 SaaS 产品经理朋友，从而更好地与客户成功部合作，一起帮助客户从 SaaS 产品中获得价值。

魏博　来画董事长兼 CEO

这本书是我见过的对客户成功理解有新高度的读物。我非常认可真正意义上的客户成功不仅是市场、产品、技术、服务团队的事情，还应该是一个企业服务客户、营销服务的主线。市场团队清楚是为谁服务，产品和技术核心围绕客户提高工作效率，服务团队快速解决客户问题，它们需要叠加在一起，找到能解决问题且高效的方式，进行整体持续投入和优化，最终实现客户高频使用和稳定续费。本书把整体优化和整体提升的方法论和实践介绍得很清晰，值得通读和应用。感谢华少和毕老师为SaaS行业带来这样一本好书。

魏美钟　每刻科技创始人兼CEO

作为一个创业人，我深知SaaS企业的本质是帮助客户解决问题，而如何科学、系统地解决问题，我认为《客户成功的力量》这本书的观点很有建树。首先，这本书应该成为企业高层读物，因为客户成功是公司级事情，体系的建立需要公司横向文化和流程打通。其次，这本书应该成为每个部门负责人读物，因为书中画龙点睛之笔就是提出客户成功是市场、销售、产品、研发、交付、运营团队职责范围内的事情，是SaaS企业客户价值和财务价值落地的核心。最后，这本书应该作为SaaS企业每一个员工的案头书，因为它会让你对客户成功理解得更深，这样才能在践行客户成功体系时更有温度。期待本书能影响更多的SaaS企业，让客户成功思想和体系在中国快速成熟。

吴昊　《SaaS创业路线图》作者

对于SaaS企业来说，客户成功的价值无与伦比。可惜国内一直缺少一本讲述客户成功业务体系和组织方法的实操指引书，老毕和华少的这本书恰逢其时。相信能给读者带来收获！

吴婷　嘉宾商学创办人、"我有嘉宾"出品人

华少在嘉宾商学学习其间就是一个善于深度思考、提问、积极分享的优秀企业家同学，没想到刚刚毕业就有了自己的作品。衷心祝贺《客户成功的力量》一书出版！客户成功体系是 SaaS 企业赖以持续生存和经营的核心驱动力，SaaS 在中国发展有 10 年之久，然而我们在行业研究中发现，中国 SaaS 知识体系沉淀并不多。所以，这本集实践和经验总结的图书如甘霖一般。并且我惊喜地发现，书中的客户成功体系和方法论是可以复制及借鉴到更多服务行业的。祝愿每个读者都能因此构建更强的核心竞争力！

叶冠泰　启明创投合伙人

近两年，尽管受到疫情、资本市场变化、经济发展压力多重挑战，绝大多数启明创投投资的企业还是在稳健成长，符合发展预期。究其本质，这些被投企业逐渐实现了持续创造客户价值，从而获得稳健的商业价值。启明投资的很多优秀项目逐渐实现了续费，收入接近甚至超过新增收入，而可持续的收入模型看起来非常令人期待，这背后的核心价值我认为就是客户成功的力量。我把这本书推荐给大家，也期待中国 SaaS 客户成功更有力量。

郑云端　源码资本合伙人兼 CHO

穿越变局，韧性成长。韧性组织和韧性领导力是变局中最稀缺的资源。而对于 SaaS 公司，我认为最核心的组织能力就是客户成功能力。它可助力 SaaS 公司拥有持续化商业价值。很开心从这本书中看到用友和酷学院的客户成功最佳实践已经从道、法、术维度实现有机结合。最有特色的是本书从市场、销售、产品、研发不同视角解析了客户成功实践，相信本书能带给很多 SaaS 公司新的思考。

序一

客户成功是当今商业界最为关注的话题之一。在日益激烈的市场竞争中，企业必须以客户为中心，不断满足客户需求，提高客户满意度和忠诚度，以获取更多的市场份额和业务收益。而客户成功作为一个全新的商业模式和战略，已经成为越来越多企业的核心竞争力之一，尤其是在云订阅模式下，客户成功正在扮演着越来越重要的作用。

作为一名 ToB 领域的从业者，我深刻地认识到客户成功对于企业的重要性，也深知在客户成功道路上所面临的挑战和机遇。

在数字经济浪潮中，成长型企业既是推动经济发展的主力军，也是数智化转型的主战场。YonSuite 是用友面向成长型企业的商业创新平台。基于用友 BIP 平台的云原生架构，YonSuite 可以为成长型企业提供财务、税务、资金、人力、营销、采购、供应链、制造、资产、项目等为一体的全场景应用服务。借助领先的 YonSuite 云服务平台，大批企业已经实现了业务的迅猛增长，包括新市场、新客户的开拓，更有不少企业成功进入海外市场。

同时，作为一款纯公有云的 SaaS 服务，YonSuite 能够帮助成长型企业快速部署、快速上线、快速实现价值。其 SaaS 订阅模式也决定了客户成功体系成为驱动企业持续健康增长的重要引擎。

"用户之友"是用友的核心价值观，而客户成功理念正是这一核心价值观的价值方向和结果体现，同时客户成功也是用友经营方针中最重要的构成之一。2020年，在云转型重要时期，用友全面升级了客户成功体系，全面构建并推进客户成功业务。

经过几年的发展，用友客户成功体系已经在全面提升客户体验方面起到积极推动作用，尤其是在以YonSuite为代表的公有云产品体系中，客户成功已经成为实现高增长不可或缺的力量。

我的同事、本书的作者之一毕思建负责用友客户成功体系的构建和运营工作。在这本书中，他从客户成功的定义开始，深入浅出地阐述了如何构建并实现客户成功，阐述了客户成功方法论、系统工具、管理和团队建设等方面内容，并结合实际案例和经验，为读者提供了一系列实用的建议和方法，全面、立体地覆盖了读者所关心的客户成功内容，特别是在客户成功体系如何搭建以及客户成功如何驱动高增长两个问题上，给出了非常详细、明确的答案，并且对于如何留存客户，如何驱动客户价值创造和提升客户体验也给出了方法和实践。

除此之外，我认为这本书还有以下几个亮点。

第一，作者深入浅出地讲解了客户成功的概念。对于初学者来说，这是非常重要的，只有对客户成功概念有深入的理解，才能更好地实践和应用客户成功。

第二，作者在书中介绍了一些客户成功的系统和工具，如客户关系管理系统、客户成功度量工具等。这些系统和工具可以帮助企业更好地管理和衡量客户成功，提高客户满意度和忠诚度，从而实现客户价值创造和企业价值持续增长。

第三，作者强调了客户成功的团队建设和管理。客户成功团队是实现客户成功的关键，需要具备专业知识和技能，以及良好的沟通和协作能力。而企业需要通过科学的管理和培养建立高效的客户成功团队，为客户提供优质的服务和支持。

第四，作者在书中分享了一些客户成功案例和实践经验。这些案例和经验是弥足珍贵的，可以帮助读者更好地理解和应用客户成功理念和方法，也可以帮助读者避免一些常见的错误和陷阱。

2023年年初，以 ChatGPT 为代表的人工智能热潮席卷全球，AI 正在向各个领域延伸并落地。

未来，在 AI 技术加持下的数智化客户成功将给客户带来更好的体验，并大大提升 SaaS 厂商的运营效率，更会给整个行业带来更多思考。

本书以独到的视角和深入的研究，为我们提供了宝贵的见解、经验和实践方法，给我们带来一场客户成功思想的饕餮盛宴，帮助读者在这个日新月异的时代抓住机遇。无论您是从事销售、市场营销还是客户服务工作，本书都将为您提供切实可行的策略和工具，助您与客户建立紧密的合作关系，共同实现商业成功。借助《客户成功的力量》，我们可以共同探索和塑造客户成功领域的未来，一道优化"中国式客户成功"，在变化中抓住机会，为中国企业的数智化高质量发展贡献力量。

徐洋

用友网络高级副总裁兼中端 BG 总裁

序二

这是一本集实战经验和最佳实践的客户成功指南。

北森的客户成功体系是由毕思建从 0 到 1 构建的。早期我们一起去美国向 Salesforce 和 Gainsight 取经、学习客户成功的理念和方法论,而后在北森进行了落地实践。所以,毕思建是真正的客户成功理念的实践者。这本书来源于他在多家公司打造客户成功体系的最佳实践。

在客户成功领域探索近 10 年后,我们深知:讲一个客户成功的道理很容易,但构建一个客户成功体系非常之难。难在它是一个系统、一种文化,影响并改变着公司的战略、市场、研发、销售、文化等方方面面,并需要为之不懈努力。这本书针对客户成功体系的构建和具体落地实操,从各个角度进行系统阐述,能够指引我们在公司内部系统化建设客户成功体系。

从我过去近 10 年的实践来看,SaaS 公司落地客户成功体系有 3 个关键要素。

首先,客户成功要成为公司的价值观。

什么叫价值观?简单讲,如果产品和服务不能够让客户成功,你宁愿不卖。在战略制定、客户选择时,高管要践行这一原则;在巨大的业绩压力下,销售要践行这一原则;在交付实施时,实施顾问要践行这一原则,这就变成公司的一个文化。

其次,要建立客户成功流程。

当员工人数超过300时，通过讲道理来保证客户成功就无比困难了。此时，公司必须建立一套系统化的客户成功流程，以确保与客户成功相关的动作能够执行到位。我们把这个流程称为客户成功流程。

最后，要建设一支客户成功队伍。

随着客户数增加、产品复杂性增强，客户成功团队也在快速壮大。客户成功团队的建设就变得无比重要。明确的职责、人才标准、人才培养和发展体系是客户成功团队建设的前提。

非常幸运，客户成功的价值观、流程、人才队伍建设在这本书中讲得非常清楚，这应该是一本 SaaS 创业者的必读书。

把这本书放于案头，每当我们在经营中碰到困难、迷惑时，都可以拿过来读一下。一本好书就如同一盏明灯，指引着我们向正确的方向前进！

纪伟国

北森云计算 CEO

序三

我们现在处于历史变革关键时期,社会数字化和智能化发展都在不断加速。高满意度的客户群体是企业最终的经济护城河。整个商业世界正在从产品型转向服务型,数据驱动时代正在来临。企业必须深刻地意识到这一点,并积极转型,才有机会在激烈的商业竞争中生存下来。"以客户为中心,以服务为导向"的商业模式也成为企业在这个时代的制胜法宝。这也是本书作者的核心观点。

不管处于哪个行业,企业必须知道这个时代正在发生着巨变。数智化转型是必然趋势。中国企业数智化投入与中国经济的高速增长还不匹配,我们需要正视在企业数智化建设的差距,也要意识到软件即服务(SaaS)这样一种数智化建设新载体的巨大价值。企业级 SaaS 服务支持灵活选择,注册即用,可以及时满足新业务需求,并且支持以最快的速度将业界领先的最佳实践应用到企业中。这几年,酷学院企业培训管理 SaaS 平台迅猛发展,因为酷学院非常重视客户成功,将帮助中国企业提升组织能力作为使命,关注客户需求、产品和客户需求匹配度,以及客户购买后的价值交付。

我理解的客户成功是客户用我们的产品与服务取得业务上的成果,实现购买我们产品与服务时的业务收益期待。如果售前将产品与服务介绍得天花乱坠,售后无法兑现承诺,客户的业务收益也就无法兑现,业绩无法形成好的口碑,品牌更没有持续的复购收入,企业没有为客户创造价值也就无法实现长远、健康的发展。

重视客户是企业持续健康发展的关键因素之一。企业要想做到持续增长,就需要思考清楚产品与服务的特点。对于开展高频业务的企业来说,重要的是要把客户留在自己身边;对开展低频业务的企业来说,重要的是从低频业务向高频业务转型。认识到这样的商业本质后,我们对客户成功的核心要义把控也就不难了。在酷渲服务企业过程中,酷渲的客户成功团队坚持以专业赢得客户满意、用心驱动客户成功的核心理念;以守正创新为根本,以与时俱进做好顶层设计为路径,通过行业萃取的最佳实践应用实现落地应用标准化,帮助企业做到人才管理、培训管理、知识管理一体化和数智化管理,提高人效,降低成本,同时,通过帮助企业搭建平台、健全运营机制,不断完善管理队伍和关键岗位的建设,激发企业人才队伍的活力。

那么,企业该如何打造自己的客户成功体系?其实,当我们越是面对多变的市场环境,就越需要回归事物的本质,从源头理解和认识客户成功的内涵。这正是本书的魅力所在。作者在书中基础知识部分介绍了客户成功本质及如何驱动企业高速增长。对于读者最关心的问题——如何才能在自己的企业中运行客户成功模式,作者在加速方法、实践案例部分做了详细又精彩的阐述。转型意味着企业角色发生变化,企业整体运营也随之悄然改变。作者庖丁解牛般地讲解了企业在应用客户成功模式时,研发、市场、销售等重要部门必须遵循的铁律,以及为了各部门高效协同,企业应该如何建立客户成功团队;同时介绍了客户成功的最佳落地实践。这些最佳实践能让我们更清晰地看到真正的客户成功是如何发生的。趋势洞察部分能够让读者全面了解客户成功模式的发展。

几年前，我就开始和国内优秀创业者探讨云计算企业的经营方法、SaaS 的销售方法、客户成功体系的运营、组织学习方法论等。毕思建是软件行业和企业服务的老兵，也是客户成功领域的专家，有着非常丰富的客户成功经验。他的经验对我们的业务有很大的借鉴和指导意义。非常期待毕思建和华俊武先生《客户成功的力量》一书的出版。看到书中的内容，我倍感亲切且深度认同。这也是我多年来经营酷渲的重要理念。相信通过阅读本书，你会有所收获，成就客户，成就自身！

孙小雨
酷学院联合创始人兼 CEO

前言

为何写作本书

记得2013年那个美好的清晨,我投身到客户成功事业,之后很快便痴迷其中。当时还不知道为什么会如此,待后来学习教练技术后才明白:当一份工作与你的愿景和价值观高度匹配时,你将被激发无尽的斗志,不畏艰难,勇往直前。那时,全球的客户成功服务模式正处在初期发展阶段,只有为数不多的海外大公司规划了客户成功体系,例如早期开始做客户成功的Salesforce。孤军奋战的我就像在一片漆黑的森林里寻找食物,饥饿又茫然。

在"困难就是机会"的精神指引下,我当时确定了一个客户成功发展路线,即全球对标、本土实践、共建超越。为了实现这个目标,我在硅谷和很多优秀的SaaS公司交流,参加Salesforce的Dreamforce大会和Gainsight的Pulse大会,向全球专业人士请教。在学习中,我一直在思考背后的第一性原理,并结合自己在工作中的实际情况,付诸实践,而实践产生的问题又驱动我进行下一轮学习。

我在客户成功事业上的发展是飞速的:我快速建立了一套对标全球和国内领先企业的客户成功体系,实现了竞争优势、客户势能和客户运营的全面突破。接下来的时间里,我和很多SaaS公司的CEO和客户成功主管交流,自己感觉建立的客户成功体系还有缺陷，没有工程化，不可复制。一直以来，我都想对客户成功工作做一个总结，以便分享给更多的朋友，和更多的朋友共建，实现我的终极目标：共建超越。

直到我加入用友，直到在用友负责集团客户成功体系，直到收到好友华俊武的写书邀请，这个想法才得以实现。用友是一家具有卓越客户成功基因的企业。董事长兼CEO王文京先生提出，用友最核心的价值理念就是"用户之友"，这也是用友作为企业服务的领先企业能够基业长青的秘密之一。用友的客户成功实践非常适合进行客户成功服务模式转型的企业参考，可以帮它们降低试错成本。写这本书是我自身的一次经验总结与提炼，也是一次与所有关注客户成功的朋友们一起共建的机会。期望我们所有人的努力，能让这个世界更美好。

本书主要内容

本书详细介绍了客户成功的理念、思路、流程、方法和工具，可以帮助每一个组织或团队快速搭建客户成功体系，并通过工程化、流程化和数智化的方式来推动客户成功服务模式有效落地。

本书共分为4部分。

第一部分　基础认知：重点讲述客户成功为什么重要，客户成功的价值在哪里，以及如何定义和规划客户成功。第1章详细阐述了客户成功的定义。第2章从顶层设计、文化塑造、运营标准、数据驱动和数智化运营5个方面全面介绍客户成功如何重新定义与客户的互动。第3章介绍客户成功如何助力公司高速发展。第4章介绍客户成功职业发展机会，客户成功经理工作事项，以及如何判断自己是否适合成为客户成功经理。

第二部分　加速方法：当我们认识到客户成功是公司实现业务增长的核心时,搭建客户成功体系并让客户成功在每个公司或者团队中发挥重要作用,就是接下来的重点工作。第5章阐述从0到1快速搭建客户成功体系,这里对标全球领先实践并介绍了构建客户成功体系的七步法。第6章到第9章介绍搭建完客户成功体系后如何利用4个关键子体系加速客户成功服务模式的落地,包括人才加速、方法加速、流程加速、技术加速。

第三部分　实践案例：国内已经有很多优秀的企业服务公司在践行客户成功,本部分总结了一些客户成功领先实践供读者参考。客户成功不仅需要客户成功部门,还需要企业价值链条上的所有团队,包括研发、市场和销售团队。第10章介绍产品研发人员如何以客户视角来审视产品的原生价值,不断优化产品,提升客户体验。第11章介绍市场人员要始终以客户业务场景为核心开展获客活动,不断通过有效的内容运营和活动运营精准触达客户。第12章介绍销售人员在业务开展过程中要善于倾听客户的真实需求,卖给客户对的产品并真正解决客户业务痛点。第13章介绍客户成功领先实践,从客户成功理念、客户成功管理、提效工具等角度全面呈现行业中优秀的客户成功实践案例。

第四部分　趋势洞察：客户成功体系是不断进化的,在任何时候我们都要知道,颠覆无处不在,包括客户成功本身。第14章阐释了客户成功服务发展趋势。未来在数字技术赋能下,客户成功将逐步走向智能化,并和产品相融合。客户成功经理则会发展为客户成功教练,通过个性化的、面向成果的、有温度的互动,带来更大的客户价值。

读者对象

企业高管：董事长、CEO、CXO、VP。

客户成功团队：从事客户成功工作并期望强化客户成功体系和能力的团队。

数智化团队：企业中期望通过数智化驱动业务成功的数智化、IT 团队。

客户服务团队：从事客户服务工作，期望可以借助客户成功理念实现业务增长的团队。

读者反馈

在我的职业生涯中，我深刻感受到客户成功的无穷魅力和巨大能量。希望本书能给广大读者带来一些启发和帮助，也希望通过**"客户成功"**公众号，与读者建立一座沟通桥梁。让我们在交流共创中一起迭代和丰富中国客户成功体系，在不断变化的 ToB 领域持续精进客户成功理念和实践，共同致力于帮助企业实现商业成功。

致谢

首先感谢用友网络董事长兼 CEO 王文京先生的信任与支持。能在以"用户之友"作为核心文化的企业担任客户成功主管是我职业生涯最棒的经历。

感谢北森的 CEO 纪伟国、董事长王朝晖，给了我早期投身客户成功事业的机会。

感谢用友网络集团客户成功团队和酷渲科技所有的小伙伴：

韩靖、张林、韩乔、刘晔、鞠岩、屈泰安、吴国兵、张海意、孙小雨、毛爽、陈一玮、徐晨、陈楠、孟莲莲、王伊烟、王阿强、吴敏（排名不分先后）。是大家共同的愿景、一致的使命和团队协同，让本书更快面世。

感谢贡献客户成功案例的所有同事和朋友，感谢大家的分享。

毕思建

目录

推荐语
序一
序二
序三
前言

第一部分 基础认知

第 1 章 什么是客户成功   002

1.1 温故知新，客户服务和客户成功   003
    1.1.1 客户服务的特点   003
    1.1.2 客户成功的特点   004
    1.1.3 客户服务与客户成功的区别   005

1.2 追本溯源，从 SaaS 看客户成功   007
    1.2.1 SaaS 商业模式解读   007
    1.2.2 SaaS 对客户成功的要求   011
    1.2.3 如何定义客户成功   016
    1.2.4 客户成功的重要性   019

1.3 只有 SaaS 行业需要客户成功吗 020
 1.3.1 订阅服务与客户成功 021
 1.3.2 B 端业务与客户成功 022
 1.3.3 泛服务业与客户成功 024
 1.3.4 数智企业与客户成功 025
1.4 从 3 个不同的视角看客户成功 026
 1.4.1 客户视角下的客户成功 027
 1.4.2 公司视角下的客户成功 029
 1.4.3 员工视角下的客户成功 030
1.5 本章小结 031

第 2 章 客户成功重新定义与客户的互动 032

2.1 顶层设计：构建客户成功驱动增长体系 033
 2.1.1 回归初心，始终围绕创造客户价值 035
 2.1.2 从漏斗式模型到蝴蝶结式模型 036
 2.1.3 产品：价值引领 038
 2.1.4 市场营销：价值吸引 039
 2.1.5 销售：价值定义 040
 2.1.6 客户成功：价值运营 040
 2.1.7 人力资源：员工成功成就客户成功 041
2.2 文化塑造：建立全员以客户为中心的文化和流程 042
 2.2.1 文化由客户来定义 043
 2.2.2 领导力是客户成功文化塑造的关键支撑 046
 2.2.3 客户成功文化的有效落地工具：MOT 课程 047
2.3 运营标准：和客户深度互动，设计客户商业价值和业务结果 049

- 2.3.1 客户成功运营标准制定的步骤与整体架构 050
- 2.3.2 客户全旅程设计 050
- 2.3.3 客户商业价值和业务结果设计 052
- 2.3.4 客户互动与服务设计 053
- 2.4 数据驱动：建立度量体系来管理客户成功 058
  - 2.4.1 客户成功度量体系 058
  - 2.4.2 度量业务运营 060
  - 2.4.3 度量产品运营 063
  - 2.4.4 度量客户体验 064
- 2.5 数智化运营：通过数智化运营改善客户成功效率和效果 068
  - 2.5.1 数智化运营建设 068
  - 2.5.2 基于客户旅程的数智化运营策略 074
  - 2.5.3 数据服务设计 087
- 2.6 本章小结 089

第 3 章 客户成功如何驱动公司高速发展　090

- 3.1 减少客户流失 091
  - 3.1.1 为什么减少客户流失对企业至关重要 092
  - 3.1.2 构建减少客户流失的运营体系 093
  - 3.1.3 持续改善 SaaS 服务的用户体验 100
  - 3.1.4 案例介绍 101
- 3.2 实现客户成功续约 102
  - 3.2.1 信任是持续性收入的核心 102
  - 3.2.2 90/60/30 天续约管理 103
  - 3.2.3 基于效果的价值评估 105
  - 3.2.4 案例介绍 108

3.3 推进客户增购与交叉销售 109
    3.3.1 基于客户成功目标的增购与交叉销售逻辑 109
    3.3.2 客户价值管理 110
    3.3.3 案例介绍 114

3.4 推进客户推荐 115
    3.4.1 ToB 客户旅程的 NPS 调研设计 115
    3.4.2 实时敏捷 NPS 模式 117
    3.4.3 一站式客户服务平台设计 118
    3.4.4 案例介绍 119

3.5 推动产品改进与发展 120
    3.5.1 PLG 战略的 3 个关键阶段 120
    3.5.2 如何向产品和研发团队有效传递客户需求 123
    3.5.3 用户社区与共创平台 125
    3.5.4 案例介绍 127

3.6 推动精准营销 128
    3.6.1 三个画像：用户画像、企业画像和产品画像 128
    3.6.2 通过 AI 运营获得客户增长 131
    3.6.3 案例介绍 132

3.7 本章小结 135

第 4 章 客户成功经理职业地图 136

4.1 客户成功经理的愿景、岗位使命以及工作职责 136
    4.1.1 愿景 137
    4.1.2 岗位使命 137
    4.1.3 工作职责 138

4.2 客户成功经理人才标准 139
    4.2.1 经验 140

  4.2.2 技能   141
  4.2.3 能力   144
  4.2.4 潜质   150
 4.3 客户成功经理扮演的 5 个角色   151
  4.3.1 客户服务和成功服务   151
  4.3.2 销售   152
  4.3.3 市场   154
  4.3.4 产品   155
  4.3.5 研发和运维   157
 4.4 客户成功经理的职业发展   158
 4.5 客户成功团队关注的 3 个指标   160
  4.5.1 客户健康度   160
  4.5.2 续费率   160
  4.5.3 NPS   161
 4.6 客户成功经理的一周   161
  4.6.1 周一：客户成功规划与复盘改进   161
  4.6.2 周二：客户关键拜访与互动   163
  4.6.3 周三：客户产品应用交流与培训   164
  4.6.4 周四：客户风险管理与内部整合协同   166
  4.6.5 周五：客户价值沟通与复购达成   167
 4.7 本章小结   169

第二部分 加速方法

第 5 章 从 0 到 1 搭建客户成功体系   172
 5.1 全球领先客户成功体系对标研究   172

5.1.1	组织架构与职责设计	173
5.1.2	客户成功经理	175
5.1.3	关键流程	176
5.1.4	技术应用	178

5.2 客户成功体系构建七步法   179

5.2.1	第一步：定义客户成功章程	179
5.2.2	第二步：客户成功组织设置与组织绩效管理设置	180
5.2.3	第三步：关键岗位设置	182
5.2.4	第四步：客户成功文化转型	187
5.2.5	第五步：客户成功人才招训	188
5.2.6	第六步：客户成功流程优化	189
5.2.7	第七步：客户成功数智化运营	194

5.3 本章小结   195

第6章 客户成功人才招训与管理   196

6.1 客户成功人才标准   197

6.1.1	人才标准构建	197
6.1.2	案例：服务升维，客户成功序列职级标准统一	200

6.2 客户成功人才招聘策略与实践   203

6.2.1	招聘策略	203
6.2.2	案例：客户成功人才招聘实施流程	205

6.3 客户成功人才培养策略与实践   207

6.3.1	人才培养策略	207
6.3.2	案例：客户成功训战模式	209

6.4 客户成功人才培养项目设计　212
　6.4.1 项目设计　212
　6.4.2 案例：客户成功价值大赛　214
6.5 客户成功组织能力发展体系　217
　6.5.1 组织能力，企业成败的关键　218
　6.5.2 案例：酷学院组织学习方法论　219
6.6 客户成功绩效体系设计　226
　6.6.1 绩效体系设计　226
　6.6.2 案例：某企业对于客户成功团队的绩效激励政策　227
6.7 本章小结　231

第7章 客户成功方法论　232

7.1 探索客户期望　235
　7.1.1 共建合作愿景　235
　7.1.2 明确战略目标　238
　7.1.3 定义战略目标达成优先级　240
　7.1.4 落地绩效指标　241
7.2 共建客户成功计划　246
　7.2.1 定义产品路线　247
　7.2.2 完善运营机制　251
　7.2.3 持续领先实践　256
7.3 赋能成功应用　259
　7.3.1 获得高层支持　260
　7.3.2 客户价值运营　261
　7.3.3 客户应用赋能　264
　7.3.4 持续客户运营　266

XXIX

7.4 运营数智价值 　　267
7.4.1 有效流程定义 　　268
7.4.2 系统集成与数据整合 　　274
7.4.3 持续采用领先实践 　　277
7.4.4 指标实时跟踪 　　278
7.5 本章小结 　　282

第 8 章　客户成功关键流程 　　283
8.1 客户旅程 　　283
8.1.1 客户旅程定义 　　283
8.1.2 基于客户旅程的运营设计 　　284
8.2 客户成功关键流程设计 　　285
8.2.1 定义客户分级 　　285
8.2.2 启用客户成功方法论 　　287
8.2.3 定义平台化运营策略 　　287
8.2.4 提前做好客户成功规划 　　289
8.2.5 制定客户成功运营策略 　　289
8.2.6 制定续约、续费管理策略 　　293
8.2.7 制定断约管理策略 　　295
8.2.8 用心做好客户成功服务 　　297
8.2.9 快速响应客户的机制 　　297
8.3 客户成功运营机制 　　297
8.3.1 制定客户成功运营制度 　　297
8.3.2 设立运营目标 　　298
8.3.3 数智化运营 　　298
8.3.4 沟通与复盘 　　298
8.4 客户成功服务产品设计 　　299

8.4.1	客户成功服务产品定义	299
8.4.2	客户成功服务产品运营与规范	299

8.5 本章小结　　　　　　　　　　　　　　　301

第 9 章 客户成功技术应用　　　　　　302

9.1 客户成功系统　　　　　　　　　　　　303
  9.1.1 客户服务　　　　　　　　　　　303
  9.1.2 生态伙伴赋能　　　　　　　　　305
  9.1.3 数据洞察　　　　　　　　　　　307
9.2 客户成功智能运营系统的对内功能　　　308
  9.2.1 基于科技的客户触点标准化运营　309
  9.2.2 基于数据驱动的客户成功运营服务　311
  9.2.3 建立全员协同平台　　　　　　　313
9.3 客户成功智能运营系统的对外功能　　　317
  9.3.1 客户自助服务平台　　　　　　　317
  9.3.2 创意交流模块　　　　　　　　　321
  9.3.3 客户成功业务加速器　　　　　　322
9.4 客户成功系统选型　　　　　　　　　　324
  9.4.1 选型标准建议　　　　　　　　　324
  9.4.2 客户成功系统推荐　　　　　　　327
9.5 本章小结　　　　　　　　　　　　　　329

第三部分　实践案例

第 10 章 产品研发人员如何做好客户成功　332

10.1 与客户共创，打造体验优异的 SaaS 产品　332

XXXI

- 10.2 基于 PMF 定位产品需求，支撑客户持续成功 　336
- 10.3 以"痴迷客户"理念做好产品研发 　341
- 10.4 实现安全稳定 　343
- 10.5 高适应性架构设计助力客户敏捷经营 　347
- 10.6 实现产品敏捷迭代 　351
- 10.7 本章小结 　356

第 11 章　市场人员如何做好客户成功　357

- 11.1 围绕客户场景转的"数智飞轮" 　357
- 11.2 基于"榜样客户体系"的生态共赢策略 　360
- 11.3 "内容＋活动"运营体系助力客户业务高速增长 　364
- 11.4 本章小结 　367

第 12 章　销售人员如何做好客户成功　368

- 12.1 一切基于客户价值创造是永远不变的销售方法论 　368
- 12.2 系统化管理让客户成功与销售成功如影随形 　370
- 12.3 本章小结 　375

第 13 章　客户成功领先实践　376

- 13.1 全链路运营 + 数智化 　376
- 13.2 智能化交付实践 　379
- 13.3 客户成功管理"三支柱"模式 　382
- 13.4 客户成功数智化运营实践 　386
- 13.5 客户成功组织赋能实践 　389
- 13.6 本章小结 　394

第四部分　趋势洞察

第 14 章　客户成功服务的发展趋势　396
　　14.1　基于产品的客户成功服务　397
　　14.2　基于 AI 技术的虚拟客户成功服务　399
　　14.3　教练式客户成功服务　401
　　14.4　本章小结　403

| 第一部分 |

基础认知

| 第 1 章 |

什么是客户成功

随着云时代的到来,ToB 领域迎来了更多的机会和挑战。从传统软件许可模式到 SaaS 产品订阅模式,商业模式的改变使客户成功成为 SaaS 厂商的终极使命和一切商业行为的根本动力。

客户成功是目前为止我所知道的为客户创造价值最好的方式。从 2013 年开始从事客户成功工作以来,我每次和他人聊到客户成功时,经常会被问到的 3 个问题是:客户成功是什么?如何做好客户成功?客户成功与客户服务(客户支持)的区别是什么?

事实上,我自己一开始也有同样的疑惑。为了找到答案,我一方面在工作中思考和实践,另一方面进行了一些研究和学习。最后发现,客户成功之所以有魅力,是因为我们的客户乐于听到我们的目标就是客户成功,是因为客户成功是公司健康、持续发展的秘密,是因为在帮助客户成功的路上我们自己也是幸福的。

1.1 温故知新，客户服务和客户成功

对于大多数人而言，掌握一个概念最好的方式或许是"激活旧知，引发新知"。从该方法看，我们可以看到客户成功与客户服务的本质区别：客户成功不仅是对客户服务的升维，更是一种客户价值实现的全新理念和体系。

1.1.1 客户服务的特点

为什么需要客户成功？我们先从客户视角分析一下客户服务（客户支持）的特点。

1）**问题支持**：当应用系统出现预期外的错误时，用户期望能够快速解决这个问题，特别是在应用关键流程出现问题会让用户体验非常不好。在该方面，客户期望问题能够得到快速、有效的解决，并且最好不要再次发生类似问题。产品和服务提供商与客户的互动是被动的、偏事务的、短时间的。客户视这种服务是理所应当的，大多数服务提供商视这种服务为成本中心，尽可能采用智能客服或者自助的方式进行服务部署。

2）**应用护航**：决定了新手用户是否能够快速、熟练地使用应用系统，管理员是否能够通过帮助中心和知识服务深度掌握某个复杂应用系统的流程或者配置方法，或者在使用应用系统过程中遇到问题后是否能快速咨询产品支持人员。在该方面，客户期望的是业务流程与系统应用完美整合。

3）**运维保障**：为了确保系统安全、稳定和高效地运行，产品和服务提供商提供了非常全面和专业的运维服务，其中包括性能优化服务、紧急救援服务、系统巡检服务、数据备份与恢复服务、安全评估服务和信息安全等级保护服务等，甚至还有 IT 管理咨询服务。这些服务都需要客户给产品和服务提供商支付一定的

费用，包括年费、增值服务费等，当然客户也可以选择自建团队来达成这些运维目标，不过这种方式隐含的成本可能会超出企业的预期。但无论哪种方式，这些花费都比较高，这就是 SaaS 模式被越来越多的客户所接受的原因。在 SaaS 模式下，运维是由产品和服务提供商统一提供的，运维人员的责任也进行了转移：由客户转为产品和服务提供商。从客户视角看，运维提供的是系统的运行保障服务。

1.1.2　客户成功的特点

客户成功从诞生开始，便赋予了与客户服务（客户支持）完全不同的使命和目标。行业内对客户成功的特点总结如下。

1）**聚焦客户价值**：让客户通过产品和服务实现商业、业务目标，取得经营绩效提升，获得持续的竞争优势。

2）**聚焦客户体验**：通过全生命周期客户旅程的互动设计，引领客户了解不同角色的价值。在订阅经济的世界里，其实已经没有售后的概念，每一次与客户的互动都是"售前"，因为所有的互动产生的价值认知，都会对客户的决策产生影响，所以，全生命周期客户旅程的互动设计是全面洞察和改善客户体验的重要方式。

3）**长期与敏捷并重**：和客户的互动既有长期目标（愿景、战略、年度成功计划），也有阶段性目标（紧急问题支持、业务场景共建、赋能与培训），确保产品和服务提供商与客户之间达成持续、健康的长期合作。

4）**业务与产品并重**：除了在产品解决方案中帮助客户外，客户成功经理通常还会掌握客户同行业或者同领域的专业知识和领先实践，以帮助客户达成业务目标。这些知识和实践不仅仅停留在产品范畴，还包含业务体系、业务流程、业务分析等方面的内容。和客户服务（客户支持）不同，客户成功更在意的是客户的商业、业务目标是否能有效达成，在帮助客户达成这些目标的过程中，更好地帮助客户实现更多的价值，同时实现产品和服务的增购和交叉销售。

1.1.3 客户服务与客户成功的区别

客户成功不同于客户服务（客户支持），它的理念更容易被客户认同。在整合行业观点并结合自己的实践总结后，我们认为可以从下面几个方面充分说明两者的不同。

1）**主动和被动**：除了满意度调研外，客户可能很难得到客户服务人员的主动联系。客户成功则不同，在客户全生命周期中，无论通过技术方式或者行业交流活动触达客户，还是客户成功经理主动邀约，例如讨论客户年度关键目标或者季度业务推进总结，都体现了来自客户成功组织的关爱、重视。

2）**商业、业务目标实现和问题解决**：客户选择一个产品和服务的本质，其实是要实现自身的商业、业务目标。这并不是一件容易的事情，这也正是好的客户成功体系带给客户的价值。本书后文将介绍相关的客户成功方法论来达到这个目标。而客户服务目标是在资源有限的条件下更高效地解决客户提出的问题，或者正如阿里客服目标提到的：我们要消灭问题，让客户不用提问题。

3）**客户价值和客户满意**：在大多数客户服务组织的绩效考核中，客户满意度是一个非常重要的指标，并且在每个工单受理结束环节都会有一个满意度评价，以确认客户的问题得到满意解决。客户成功不仅仅是让客户满意，还要在不同阶段推动客户认识到其所购买的服务带来的价值，例如实现利润增长30%，以便客户续约高概率达成，并根据客户对应用的理解深度和广度，对客户价值进行管理，实现客户增购和新购。

4）**长期性和短期性**：随着业务量的增长，每一个客户服务组织都会进入一个状态，那就是达成资源、效率和客户满意的平衡。在这个平衡点上，客户服务组织最重要的目标就是尽可能快地解决客户提出的问题，在这种情况下，很难对客户问题产生的业务和商业背景进行有效探索。客户成功则是以 LTV（Life Time Value，客户生命价值）最大化为目标，所以客户成功需要客户服务组织和客户保持一种愿景和战略上的共建、业务方案和产品应用上的引领、能力和知识上的提升，这种体系设计和执行较客户服务更具长期性。

5）**客户全生命周期互动和服务清单履行**：客户成功在客户价值运营闭环里实现了价值定义（销售期间的客户成功方案规划）、价值交付（实施交付）、价值实现（客户成功系统应用）和价值验证（客户目标达成、续约和复购达成），在客户价值实现后，再从客户价值运营向市场营销领域拓展，实现价值吸引。从这个角度看，客户成功在服务客户的全生命周期中都有互动触点。而客户服务往往会按照销售的服务和产品清单，或者最低限度提供的服务清单来提供服务，更偏向服务清单的履行。

6）**客户增长中心和服务成本中心**：客户成功的聚焦点在增长，特别是客户价值和客户体验驱动的增长。在订阅业务模式下，增长来自客户连续的续约，以及成功达成的增购和交叉销售。这样的增长与交易型、项目型业务增长相比，更具预测性。客户服务由于和客户的互动更偏事务和运维，对客户增长的影响有限，通常把客户满意度放在第一位。

7）**公司整体计划和服务部门计划**：做好客户服务是客户服务部门的首要职责。客户服务部门人员在工作上比较独立和封闭，大多数时间会用工单系统来追踪每一个客户提出的需求和系统故障。客户成功则有很大不同，在 Gainsight（硅谷客户成功系统提供商）看来，客户成功已经进入 2.0 时代，CEO 应亲自负责客户成功，从产品、市场营销、销售、人力资源、财务等方面落实。Gainsight 之所以提出这样的观点，是因为只有这样，才能真正落地客户成功。客户成功应该成为一个公司级的核心理念，并通过客户成功部门驱动，建立以客户为中心的文化和流程体系。

1.2 追本溯源，从 SaaS 看客户成功

本节将从本质上解读 SaaS 商业模式为什么让人如此着迷，从客户视角看这种商业模式创造了什么样的独特价值，如何满足需求，同时给出客户成功的定义。

1.2.1 SaaS 商业模式解读

为什么会出现 SaaS 商业模式？为什么说这种模式是对软件许可模式的颠覆？研究这两个问题对国内企业服务发展具有重要意义。

事实上，截止到 2022 年，硅谷绝大部分的软件公司都成为 SaaS 公司，无论原生还是转型，仅有部分公司还在做软件许可模式的运维，因为它们的老客户还在使用软件许可模式的产品。我们不妨从客户视角和企业内部视角来分析二者的区别。

从客户视角看，SaaS 商业模式具有以下优点：它是颠覆性创新，能使产品和服务满足业务需求；可降低运维与升级成本；可快速获得价值；以业务成果为导向；服务化设计让用户体验更佳。

从企业内部视角看，SaaS 商业模式通过订阅服务改变了增长模式，通过提高客户黏性提升了增长的可预见性和确定性，并通过预收款机制增加了企业现金流。

不论在国外还是在国内，已经有非常多的专家在研究和推广

SaaS商业模式,其中一位是来自经纬创投的David Skok,他曾经五次创业成功。David Skok提出了一整套关于SaaS商业模式的领先实践体系,有兴趣的读者可以自行了解。为了便于读者掌握,我们对David Skok的领先实践做了一个简要总结。

1)**收入模式**:将项目一次性确认收入转为周期性的持续订阅服务收入。在持续订阅服务收入模式下(如图1-1所示),每年的收入由两个部分组成:一部分是去年延续的订阅服务收入;另一部分是今年新增的订阅服务收入。而项目一次性确认收入则不同,由每年项目合同签订金额和往年应收款组成。

从收入预测角度看,前者的可预测性高于后者,因为每年的订阅服务都是一个相对固定的收入来源。从成本视角来看,前者的成本更低。David Skok每年会做一个订阅服务报告,报告揭示了老客户续约和复购成本是获得新客户的成本的五分之一左右。而在项目一次性确认收入模式下,整个项目的销售提成和成本都是非常高的。

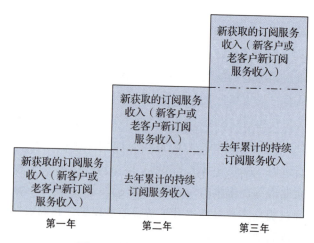

图1-1 持续订阅服务收入模式

2）**运营模式**：由合同成交和应收款管理转为获客和客户生命价值运营。SaaS 运营目标是在目标客户群内最大可能获得新客户，并在老客户群内实现客户生命价值最大化。实现这个目标的 3 个关键点是获取新客户、留住老客户、价值扩张，如图 1-2 所示。

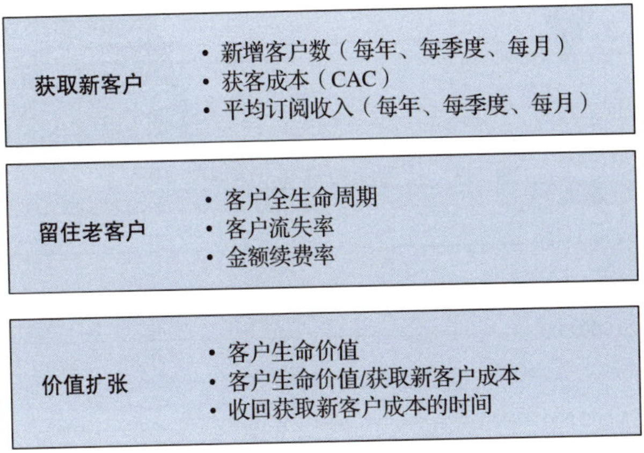

获取新客户	• 新增客户数（每年、每季度、每月） • 获客成本（CAC） • 平均订阅收入（每年、每季度、每月）
留住老客户	• 客户全生命周期 • 客户流失率 • 金额续费率
价值扩张	• 客户生命价值 • 客户生命价值/获取新客户成本 • 收回获取新客户成本的时间

图 1-2　SaaS 运营关键点与指标度量

3）**增长模式**：从漏斗模型转为蝴蝶结模型（见图 1-3），前者的成交周期较长且金额较大，且每年需要重新建立；后者可以实现短平快的小额签单，后续通过续约、复购和交叉销售可以实现订阅服务的持续增长。这就意味着随着时间的推移，我们可以获得可预测的、持续的收入增长。

4）**盈利模式**：做 SaaS 服务到底能不能赚钱？什么时候赚钱？亏钱意味着什么？David Skok 运用数学模型给了我们一些理性认知和思考。如图 1-4 所示，在 SaaS 模式下，一开始客户增长意味着亏钱，而且是客户增长速度越快，亏钱越多，但是随着时间推移，企业会很快盈利，盈利的潜力和客户增长的速度正相关。

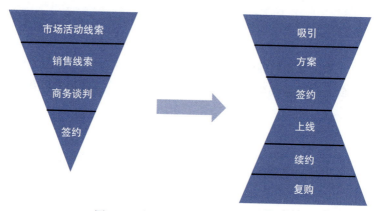

图1-3 从漏斗模型转为蝴蝶结模型

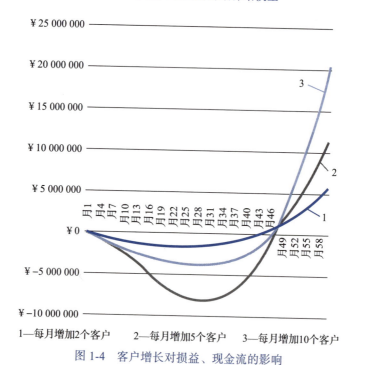

1—每月增加2个客户　　2—每月增加5个客户　　3—每月增加10个客户

图1-4 客户增长对损益、现金流的影响

那么，如何判定一个SaaS业务是健康、可持续发展的？David

Skok 也给出了建议，具体如下：
- LTV＞3×CAC，即客户生命价值大于 3 倍获客成本；
- 收回获取新客户成本的时间不超过 1 年。

David Skok 甚至给出了一整套度量 SaaS 业务的模型体系——SaaS Metrics 2.0，以推动 SaaS 业务的全面分析。

5）**估值模式**：SaaS 业务在有了一定的业绩基础和增长空间后，估值就会用到"40 法则"，它是大多数投资者（私募股权投资者、成长股权投资者和风险投资者）用来评估 SaaS 业务的常用法则。很多投资者认为，SaaS 业务价值等于或高于 40 时具备健康增长的潜力。"40 法则"可评估两方面能力：收入增长能力，特别是 ARR（Annual Recurring Revenue，年度持续收入）增长能力，这是 SaaS 业务核心度量之一；盈利能力，包括对税息折旧及摊销前利润（EBITDA）、营业现金流利润率或自由现金流利润率等的度量。如果用度量指标来总结，影响估值比较重要的指标包括续约率（收入留存率）、获客成本和客户生命价值、ARR 或 MRR。

其中，续约率是一个至关重要的指标，较高的续约率是业务高速增长的保证。同时，一个 SaaS 业务的续约率较高，也侧面说明其产品与服务解决方案和客户需求较为匹配，客户黏性较高。

1.2.2　SaaS 对客户成功的要求

上一节讲到 SaaS 商业模式是客户成功的基础。我们第一次接触客户成功时就要考虑这个重要的背景，这样才能从本质入手，通过第一性原理对标客户成功，结合实际情况来持续优化自己的客户运营体系。总体来说，要想实现 SaaS 商业模式，我们需要建立一个高绩效的客户成功组织，并设立关键运营目标：减少客户流失、最大化客户价值和提升客户体验。

(1) 减少客户流失

正如麦肯锡的一篇洞察报告《快速增长或缓慢死亡：关注客户成功以推动增长》里介绍的那样，表现最佳（卓越增长）的 SaaS 公司与竞争对手（平均增长公司）相比，在客户保留方面做得更加卓越，这就是客户成功的力量。文中提到度量客户流失情况的最佳指标不是金额续费率，而是毛流失率，即在不考虑客户增购和交叉销售的情况下，金额的净留存率。这个洞察同样来自数学模型。事实上，SaaS 创业公司一开始的应收账款还不多，流失客户的订阅服务收入很快可以通过新销售产品和服务的收入来补充。但是，当 SaaS 创业公司每年有 10 亿元的订阅服务收入时，每年客户流失带来的订阅服务收入黑洞就会非常大，依靠新客户的订阅服务收入越来越难以填满老客户流失所带来的收入损失。如果发生这种情况，增长难以实现。

那么，客户成功如何有效减少客户流失？笔者在国内头部 SaaS 公司的长期实践中积累了如下几条实用的经验。

- **构建全员客户成功的文化与理念**：一家公司的客户成功服务要想做好，从实践经验来看，一个非常有效的策略就是打造全员客户成功文化，以客户为中心，并在每一次与客户互动时给客户带来更好的体验。
- **建立全生命周期的客户成功流程**：无论通过客户成功制度，还是通过数智化客户成功系统，我们期望做到的是快速、有效地把事情做到位，所以建立高效、明确的客户成功流程是客户成功团队卓越执行力的标尺。
- **VOC 驱动全公司进行客户成功洞察与学习**：VOC（Voice Of Customer，客户之声）源于企业实施的六西格玛标准中的一部分，随着互联网的持续发展，使用产品和服务的用户有了更加便利的方式向全世界发出他们的声音。这种声音有两种：一种是推荐，推荐他们正在使用的产品和服务；另一种则是贬损，向互联网上的全体用户进行负面宣传。NPS（净推荐值）是衡量用户推荐和贬损行为的全球标准指标。有了NPS，我们能提前发现将要流失的客户。如果客户流失，我们必然要协同其他业务序列伙伴找到原因，将客户流失率降到最低。

（2）最大化客户价值

从SaaS商业模式看，要想让一个SaaS业务成功，首先需要快速达到PMF（Product Market Fit，产品和市场的最佳契合点），其次是基于业务痛点、商业需求快速成单，最后是基于客户成功理念对客户价值进行持续运营，包括交付团队实现第一价值、第一个续费周期内产生好的效果和未来持续的合作。

为什么是针对客户价值？这要从产品的同质化竞争讲起，如果一个产品实现了PMF，没有持续创新，会很快进入同质化阶段。在同质化阶段，无论订单成功率还是成交价格，都会面临挑战。客户价值在这时让我们保持清醒，记住"客户到底期望什么"这个原点，让我们的创新有了真正的"北极星"。

为什么客户成功是最大化客户价值非常重要的力量？客户成功经理是客户业务和产品应用方面的专家，也是客户数智化转型的顾问。随着企业服务解决方案的复杂度提升，客户通过应用产品和服务来实现目标和期望的难度也越来越大。难度和客户成熟度相关，因为客户既要达到自己的目标，还要针对购买的产品和服务制定相关的制度、流程，积累业务实践经验。客户成功经理要研究客户期望与目标，并协助客户做好成功规划，运用路线图逐步实现客户价值。在客户成功经理落地客户成功计划时，客户会采购更多的产品和服务来解决业务问题，双方的合作有了双赢的成果。

- **基于客户成功计划的客户价值规划**：为什么很多产品和服务没有突破客户成功的"最后一公里"？因为我们的目标和方向并没有和客户的期望保持一致。我们需要知道，即便产品和服务非常强大，但是如果无法和客户的目标和期望保持一致，再强大的产品和服务对于客户来说也无法产生价值。客户成功计划（Customer Success Plan）就是要解决这个问题，比如客户成功经理与客户共建计划，或者针对客户的期望通过最佳的数智化服务达成。例如，很多SaaS公司针对管理员或者关键用户等角色搭建在线学习平台，通过线上学习和模拟实践，帮助客户建立必要的系统应用核心能力，以便产品和服务更好地发挥价值。在这里，客户的目标和期望是我们的起点，帮助客户制订达成目标和期望的计划，就是客户成功计划。

- **基于行业领先实践的客户价值实现方案**：如果客户的目标和期望明确，如何有效达成客户成功规划？在该方面，领先SaaS公司的做法可以让很多SaaS初创公司避开一些看不到的"坑"。可以想象一下，如果我们去陌生的地方旅行，当目的地明确后如何选择最佳路径抵达，如何安排行程，才能不错过最佳景点。这一系列问题的最好解决方案就是：找一个当地资深导游带领，或者在网上找评论比较好的旅游攻略。导游带领和旅游攻略就是这次旅行计划中的领先实践，是经过有效验证总结出来的最佳方案。那么回到专业领域，SaaS的一个很重要的特点就是快速实现价值，因为客户购买的是产品和服务，所以我们要想尽一切办法，让客户最快实现他们的目标和期望。

- **基于商业、业务目标的客户价值总结**：基于客户成熟度、客户治理和客户价值运营体系以及公司经营环境等诸多因素影响，有时候即便我们明确了客户的目标和期望，也帮助客户很好地部署了客户成功计划，但如果没有机制去检验和复盘，最终有可能没有实现客户想要的结果。此时，我们需要引入QBR、EBR机制。其中，QBR（Quarterly Business Review，季度业务回顾）是我们与客户一起进行的季度评估机制，双方一起回顾对客户目标实现的关键节点，共建接下来的工作事项，确保行动与目标的一致性，或者创建产品的短期路线图。EBR（Executive Business Review，高层业务回顾）是双方高层针对长期合作愿景、商业及业务目标、合作价值总结等召开交流会议，通过互动总结阶段效果，并就双方合作的更多可能性进行探索，促进双方战略合作的进一步扩大。在企业服务领域，记得Salesforce的一个资深CSM经常强调一个词——Why（为什么），即客户为什么和你合作，为什么续约，为什么要再次购买产品和服务。参考答案就是客户价值，这是企业服务的一个基本逻辑。而QBR、EBR机制很好地推动客户认识到这个逻辑，让合作成为最大化客户价值、成就双方的途径。

（3）提升客户体验

客户体验是一家企业服务公司成功的关键。从一个更广的视角看客户体验，其基本覆盖组织内部与客户接触的每一个场景。

客户成功组织要在整个公司内推行基于全客户旅程的实时洞察，并根据客户的反馈驱动整个公司对客户体验的全面管理。通常，我们使用的客户体验管理指标是NPS。我们在度量客户体验的同时，也要对业务运营进行分析，这样可以找到影响业务增长的关键因素。客户的需求和互动要求是纷繁复杂的，我们还需要在海量客户需求中找到哪些是最应该满足的，通过数智化客户成功系统给到客户成功经理一些决策和建议，更好地赋能客户成功团队的 CSM 工作，切实让客户感受到主动服务。对于提升客户体验，我们总结了如下有效实践供读者参考。

- **通过 NPS 对客户全旅程体验进行管理**。首先介绍一本对 NPS 有着深度思考的书——《终极问题 2.0：客户驱动的企业未来》。从中我们会发现，NPS 不仅仅是一个数字这么简单。每一个 SaaS 企业或许都有一个伟大的创业梦想，都有一个雄心勃勃的 CEO，整个组织都在忙于帮助客户成功。但是如果我们冷静分析 NPS 分数以及打分的原因，可能会有新的发现和认知。NPS 洞察不仅仅是针对使用产品较长时间的老客户。领先实践要覆盖客户全旅程的各个阶段，以便组织对客户体验做出全面管理，更有效地落地客户成功。一个好的 NPS 洞察和反馈闭环体系并不能实现业务立即增长，但是可以解释 CAC（Customer Acquisition Cost，获客成本）居高不下和客户续约率不高的原因。关于 NPS 的实践，3.4 节有更详细的介绍。

- **数据驱动的客户成功运营**。从数据中发现客户的潜在期望，了解客户需求，从而提升客户体验，这是客户成功落地的关键点之一。主动服务要从数据驱动的客户成功洞察开始，这也是客户成功系统的核心价值。从我们多年的客户成功实践看，建议考虑建立客户 360 度全景信息视图，确保客户信息，包括客户购买情况、客户行业及商业诉求、客户活跃度、客户健康度等。建立了数据体系之后，平台就可以根据客户数据进行分析洞察，把客户情况最快反馈给组织中每一个岗位人员。

1.2.3　如何定义客户成功

很多 SaaS 行业人士很清楚客户成功是什么，客户成功要做哪些事情，实现什么目标。但是当 SaaS 行业人士向非 SaaS 行业人士去解释什么是客户成功时，往往觉得很难将客户成功的定义阐释清晰。本节尝试以一种逻辑框架的方式去介绍客户成功的定义，如图 1-5 所示。

商业战略：构建持续发展、科学、专业的业务体系，最大限度地提高客户和公司的收入和盈利能力		
客户成功 = 客户期望的业务结果 + 客户感知的互动体验	客户成功管理 服务提供商为了创造客户价值、提升客户体验、实现客户期望的目标，而做出的一系列主动的、与客户联合共创的管理活动	客户成功经理 • 不做实施 • 不做客服 • 不做销售 • 工作目标是让客户通过组织提供的解决方案快速实现目标，并建立持续的行业竞争优势 • 为客户健康度和续约率负责
理念与文化：以客户为中心，建立以信任为基石的深度合作关系		

图 1-5 客户成功的定义

1）**商业战略**。根据海外客户成功协会的定义，客户成功与传统的客户服务不同，客户成功是一项商业战略级设计，而传统的客户服务往往是一个部门级设计。客户成功核心目标是让企业提高持续盈利能力，实现健康、可持续发展。基于此，客户成功最佳的运作模式就是设立"一把手"工程项目，成立高绩效的客户成功部，同时把客户成功作为战略高度去规划和执行，这也是重视客户的体现。客户成功需要 CEO 亲自负责，客户成功体系还需要深入研发、市场、销售、实施、IT、人力资源、财务等企业经营的各个价值链，通过全员客户成功理念，真正落地客户成功，帮助客户和企业实现双赢。

2）理念与文化。客户成功也是一种理念和文化，是整个组织中所有员工融入血液的行为准则。在这种理念和文化下，员工行为会让客户感受到整个组织一致的客户互动习惯。这种重视客户、关心客户，把客户目标作为组织目标的文化会带来巨大回报。在客户成功实践过程中，我们发现了三个关键的落地点：第一个是企业最高层的重视和文化倡导；第二个是作为全员文化的共同行为准则，开展以客户为中心的文化活动，例如 MOT（关键时刻）行为模式；第三个是团队领导者驱动，如果团队领导者没有很好地践行并持续推动客户成功意识形成和有所行动，那么团队员工很难真正落实客户成功文化。

3）客户成功。说到客户成功，Gainsight 提出了一个简单的公式来定义客户成功，即客户成功＝客户效果＋客户体验。其实在客户成功理念里，客户满意度已经不是客户成功团队追求的全部，我们更加在意客户的商业和业务目标有没有在自己的帮助下实现。在这里，很多软件行业人士往往会提到两个问题：我们用软件包许可模式，就不期望客户成功吗？没有给客户带来成果吗？答案是在软件包许可模式下，从售前开始与客户沟通得更多的是价值预期，是讨论产品、平台和技术本身，强调技术的先进性和创新性。在该模式下，客户一旦购买和使用系统，系统就属于客户的资产，系统是否能发挥出应有的价值，主要责任在于客户自己。在 SaaS 模式下，客户成功团队为客户考虑得更多，关心客户的业务实现效果，关心客户是否通过产品和服务解决了经营业务中遇到的问题，让客户在行业中始终保持竞争优势。客户体验为什么重要？在 B2B 领域，不是客户的决策层才是购买者吗？为什么我们要关心客户体验？原因是，如果不重视客户体验，我们为帮助客户达到目标所做的工作就没有基础。

4）客户成功管理。客户成功管理包含客户价值管理和客户体验管理，这两个管理贯穿于客户旅程的每一个环节，如图 1-6 所示。

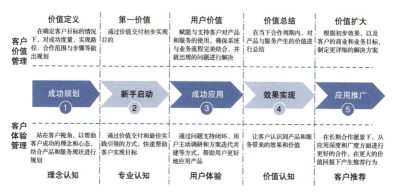

图 1-6 客户旅程中的客户价值管理和客户体验管理示意图

5）**客户成功经理**。CSM 不做客服，不做实施，也不做销售。CSM 最重要的工作目标是让客户通过应用产品和服务满足商业、业务目标，让客户采用我们规划的方案，最快和最有效地实现价值。CSM 重点为客户续约率和客户健康度负责。对于一家 SaaS 公司，没有什么比最大化客户价值更重要的了。

1.2.4 客户成功的重要性

客户成功体系为什么越来越重要？下面是来自 Salesforce 资深客户成功经理的介绍。

1）**团队使命**：从客户成功组织的名称开始讲起，在 Salesforce，客户成功组织的全称为 Customer For Life（CFL），中文释义为终生客户。客户成功组织负责客户成功的方方面面，帮助产品团队理解客户的业务，让客户通过应用 Salesforce 解决方案达成业务目标，在同业中占据竞争优势地位。

2）**增长基石和引擎**：作为公司最大收入来源的部门，常年保持108%左右的金额续费率，客户成功团队需要进行持续变革和创新。根据Salesforce资深客户成功经理的介绍，客户成功经理的业务和工作流程一直在变化，如果一个客户成功经理从Salesforce离职超过6个月，再回来就需要按新人进行考试和甄选。

3）**客户旅程设计与成长**：通过客户旅程的设计，在与客户互动的每一个环节进行服务设计，确保客户能够有效应用产品和服务。无论基于产品的平滑应用指导，还是快速配置试用，客户成功经理都需要非常了解客户的业务和操作习惯。客户成功团队帮助很多SaaS企业实现了PLG模式。

4）**客户业务目标加速实现**：当服务大型组织时，如何帮助组织快速应用产品和服务？Salesforce推出了一系列加速器服务。毕竟当客户交了一大笔年度订阅费后，客户成功经理应该比客户还要着急有没有用好产品和服务。

5）**效能提升**：当公司的订阅服务越来越多时，客户成功团队将越来越大，特别是以服务大客户为主的Salesforce，如果没有一个很好的策略去优化客户成功服务流程，将会产生大笔投入。一个好的客户成功运营策略应该是随着公司业务规模扩大，服务效率也同步快速提升，追求的目标是以最少的资源更好地服务更多的客户。

1.3 只有SaaS行业需要客户成功吗

从SaaS到XaaS，我们可以看到3个趋势：帮助客户在不确定性环境中保持弹性和敏捷性，更敏捷地进行商业和业务运营；以产品为中心的营销模式转为以客户为中心的场景解决方案模式；为了应对多变的市场环境，更敏捷地进行商业创新，寻求业务和管理上的突破。客户成功为订阅服务而生，客户成功的理念和体系适用于所有带有服务属性的企业。接下来，我们从订阅服务、B 端业务、泛服务业、数智企业几方面介绍客户成功。

1.3.1　订阅服务与客户成功

订阅服务是一种对企业和客户都有利的商业模式。客户希望服务能更加多样化，希望更快实现目的，更好地使用系统，花费更少的钱得到更高价值的产品。而企业的目的是和客户建立更加牢固的关系，将一次性收入转变为可预测的持续性收入，更容易获取新客户，并降低获得客户的成本。

对于订阅服务来说，客户成功的关键是什么？我们学习了国内外专业人士的很多洞见，结合在订阅服务实战中的经验，做了如下总结。

1）**将客户需求放在首位，建立以客户为中心的文化和解决方案**。这也是金山转型成功的秘诀，金山通过金山文档和 WPS 提供个人月度和年度使用计划，以便用户在享受互联网平台协同工作的同时，无须放弃早已使用习惯的办公产品。

2）**持续的产品改进，帮助客户获得成功**。企业需要对产品和服务进行持续创新，并通过客户成功计划的部署，让客户在应用过程中实现目标，最大化满足客户需求。

3）**提供绝佳体验的客户成功服务**。企业可通过 NPS 分析和实时反馈系统直接与客户进行互动，了解客户体验问题，并推动这些问题的解决，确保客户在使用产品和服务时享受到卓越体验。

4）**最大化减少客户流失**。客户流失对订阅服务来说是致命打击，原因是随着订阅服务收入的增加，如果客户流失率居高不下，最终会达到一个状态，即客户流失带来的损失等于新客户产生的收入，这时增长就会停滞。

5）**建立卓越行业口碑，客户推荐引爆增长**。基于订阅服务的诸多优势，以及卓越的客户体验，客户会发表好评、推荐。如果产品易于分享、使用门槛低，潜在客户很容易被吸引。

我们可以看到，订阅服务的成功离不开客户成功。同时我们也看到，对于订阅服务来说，客户成功不仅仅是在服务环节，在整个客户运营价值链上都要以客户为中心。

1.3.2　B端业务与客户成功

B端业务指的是企业服务，即一个企业将产品和服务销售给另一个企业。企业服务是否也需要引入客户成功？我们先来看一下B端业务的核心特点。

1）客户的本质诉求是商业成功。商业成功有不同的解读，包括卓越的经营业绩和可持续的发展基石；利他，通过创造价值来满足他人的价值需要，不是打败了谁，是能给他人带来哪些好处；公共利益导向的社会责任，最高的追求不仅仅是利润，还要为我们赖以生存的环境做出应有的贡献。我们这里的商业成功主要指的是卓越的经营绩效和可持续的发展基石，无论公司提供的是什么产品和服务，客户关注的是结果，是价值，是可持续发展。这点与客户成功非常一致，客户成功不仅仅是让客户满意，还要让客户的投资有价值，能够带来客户预期的结果。

2）业务的核心逻辑是"为什么"。与C端业务的极致体验逻辑不同，B端业务的核心逻辑是"为什么"：告诉客户为什么要解决这个问题，通过什么方案来解决，为什么要通过这个模式来解决。如果我们能用数字来表达，就用数字来表达，因为数字的改变更容易打动客户。早些年，笔者参加的一个百万人的集团HR项目上线会，客户方的HR总经理就在说，他们想要的不仅仅是一个薪酬核算系统，而是想降低每年几十亿元的人工成本，优化组织结构，提升投资回报率等。我们的产品和服务要想获得高层的支持，也需要有非常强的业务驱动力，这也是产品和服务能够在客户方用好的核心原因。构建好业务的核心逻辑有助于产品和服务在客户方顺利推广，为下一步增购和新购奠定良好的基础。可以看到，这也是客户成功的核心目标之一，帮助客户获得业务成功以及持续的竞争优势。

3）**追求以信任为基石的长期合作关系**。根据实践经验，在B端业务中，企业不仅要知道业务的核心逻辑，还要结合客户对产品和服务价值的认知。毕竟每一个决策都是人做出的，难免会掺杂感性因素。一个产品和服务很有价值，但是也得结合客户需求。我们不断满足客户需求的过程，就是获得客户信任的过程。而客户喜欢和信任的公司和人长期合作。云服务和客户成功的底层理念之一也是和客户建立深度信任，这样客户才敢把重要的应用、数据交给公司。

4）**客户体验已经成为核心竞争优势**。通过人性化的、便捷的工作体验来激励和赋能员工是很多组织的期望。目前在客户成功服务发展趋势上有一个越来越重要的点就是客户体验，把客户体验提升这件事情做好，已成为B端业务的核心竞争优势。不重视客户体验的B端业务将会被用户吐槽，最终威胁到双方的合作。

5）**企业服务相互整合形成一个生态圈**。随着客户需求快速变化、个性化程度加大、行业属性增强，一个产品和服务提供商已经很难满足一个客户所有的需求。这时我们发现，在云端整合云服务并一站式提供给客户，是最优解。所有企业服务厂商最终会成为两类组织的其中一类。这两类组织中一类是具有生态服务集成能力、开发能力和运营能力的平台厂商，另一类是某一个平台或多个平台中某一个服务的供应商。平台厂商往往会通过PaaS平台来实现目标。从这个角度来看，未来有野心的企业服务厂商大多会研发PaaS平台。

综上所述，对于企业服务厂商来说，客户成功也是非常重要的理念和体系。客户成功团队可帮助企业服务厂商构建以客户为中心的流程和能力，获得持续发展的动力和可持续的高增长。

1.3.3 泛服务业与客户成功

泛服务的确是未来很好的发展趋势。从企业的本质来看，所有的行业都是在为客户提供服务，而服务的内涵和边界也在发生着变化。特别是在数智时代，很多服务都可以通过新技术，围绕客户需求进行持续创新。在一个企业内，所有和客户的触点都是需求满足的场景。下面简要总结泛服务的一些应用场景，帮助大家了解客户成功如何帮助泛服务实现成功。

1）构建一站式服务平台，满足客户全方位需求。我们会发现，很多互联网平台的业务在不断地扩张边界，例如某打车平台提供丰富的用户服务，如保险业务等，某外卖平台提供了打车业务。通过某一应用场景的用户极致体验获得海量用户和高日活后，扩展更多的服务对于互联网服务提供商而言都是一个不错的选择。互联网服务提供商可以通过多元的服务获得收入，用户可以在既有的互动习惯和会员等级上获得更方便和实惠的服务。

2）打造以员工为粒度的个性化客户体验。员工是否是创造客户个性化体验的主要载体？答案是肯定的。无论迪士尼，还是海底捞，都用自己的实践很好地证明了这一点。在迪士尼，关键岗位并不是那些经理和演员，而是在迪士尼各处做清洁的卫生员。在这个童话般的城堡里，如何满足成人和小孩的基本需求，成为客户最佳体验的驱动因素。在海底捞，创造个性化客户体验的责任和权利交给了服务客户的每一个人，所以才创造出"地球人都拦不住海底捞"的服务口碑。从客户成功文化视角看，这是两个非常成功的案例。

3）**基于客户旅程，打造全流程、全场景的客户体验**。服务客户无处不在，如果我们能在公司全流程中体现出客户成功的理念，那么这种服务的设计一定会被客户所感知。如果把目前的以产品为核心的商业设计模式，转变为以客户为中心的解决方案模式，我们的客户一定会喜欢，服务口碑随之而来。口碑驱动的增长是未来清晰可见的趋势。

1.3.4 数智企业与客户成功

自从 2010 年 Gartner 提出"数字化转型"，其在商界日渐火热，并且引发营销、采购、财务和 IT 等很多领域的革命性改变，对相关企业的效率和效益都产生了重大影响。在数智商业时代，企业新范式是数智企业。用友网络董事长兼 CEO 王文京先生指出，企业数智化的本质是通过数据流动优化资源配置，是运用新一代数字技术与智能技术实现企业转型升级的过程。企业数智化是运行基于新一代数字技术与智能技术的各类云服务，通过网络协同、数据智能，连接资源，重组流程，赋能组织，处理交易，执行作业，融入数字经济，以企业战略为核心目标，推进企业业务（研发、生产、营销、服务等）创新，管理变革，从而转变生产经营与管理方式，实现更强竞争优势、更高经营绩效、可持续发展的过程。

在打造数智企业的过程中，客户成功能发挥以下作用。

1）**聚焦战略与业务结果**。客户成功的方法和流程在数智企业中可以得到很好的应用。在数智化的基础上，我们可构建以愿景和战略为核心目标的流程和方法体系，确保达成公司愿景和战略，实现业务目标。

2）**构建以客户为中心的数智化转型路径**。对于转型前的传统企业来说，客户成功的定位往往是客户服务，起到的作用是业务保障，对于已经销售给客户的产品和服务，倾听客户的反馈，解决客户的问题。在组织中，客户服务往往处在客户价值链的末端，被定义为让客户能够顺利使用产品和服务的支持角色，而这种定位大大忽视了客户成功可以提供的战略潜力。而对于以客户为中心的数智企业来说，客户成功则要求关注每个客户如何成功，即从一开始就帮助每个客户制订成功计划，并在客户全生命周期中保持互动。此时的客户成功团队已经深入了解每个客户的特定价值目标、个性化需求、业务关注点和行业规则等，其目标不仅仅是主动帮助每个客户成功，还为了让公司与客户发展同步，确定产品研发方向，设计长期服务规划，同时通过捕捉客户的发展动态，预测公司风险和增长前景。这些全新的互动方式、持续的价值探索和交付能力的打造，为以客户为中心的数智化转型提供了全新思路和路径。客户成功团队不仅可以解决战术问题，还可以提供对市场和客户最真实、未经过滤的洞察。这些洞察具有高度的战略性和变革性，因此客户成功团队对于数智企业而言不仅会推动提升战略收益，还可发挥变革作用。

3）打造良好的数智服务体验。如何让用户更好地应用系统成为数智化企业成功的关键。在客户成功体系赋能下，我们能更好地感知用户行为，实时了解用户在各个环节的体验和问题，通过线上社区和其他行业的用户群体进行系统研讨和共建，不仅提升了用户体验，更重要的是提供了业务交流机会，让业务在数智化赋能下持续发展。

这就是客户成功的力量。综上所述，如果用一个公式来表达的话，那就是商业成功 = 数智企业 + 客户成功。

1.4 从 3 个不同的视角看客户成功

当学习一个全新概念的时候，有一个比较好的方法就是尝试从不同的视角去解读它。本节将采用这种方式分别从客户视角、公司视角和员工视角来解读客户成功。

1.4.1　客户视角下的客户成功

在笔者的职业生涯里,有一段非常特别和有意思的经历,就是在我从事客户成功工作以后,为了探索客户业务、加深对客户成功的理解,我成为一个真正的客户(作为甲方从事业务和数智化工作一段时间)。在这段时间,我真正理解了客户视角下的客户成功,并发现已有多年丰富经验的我依然用的是厂商视角,并没有真正地为客户着想。

根据自身经历和体会,笔者将客户视角下的客户成功总结为3个背景和3个期望,供读者参考。

背景1:复杂多变的商业环境。在VUCA时代,传统的行业悄然发生变化,颠覆无处不在,公司无时无刻不在进行形势评估、行业对标和战略重构,试图在不确定性里发现确定性,快速取得战略突破。

背景2:层层传递的业务压力。在纷繁复杂的商业环境中,公司战略和财务结果预期一旦没有达成,压力将是巨大的。特别是在公司战略转型的同时还要达成业绩目标时,公司内部就会出现两个声音:一个是坚定地进行战略转型与突破,另一个是先把业绩做好再说。随着业绩不理想状态的持续蔓延,所有人都要被问及一个问题:你以及你的团队对公司战略和业绩的贡献在哪里?所有的项目和工作都要以数字和业绩说话,每个人都能够感受到来自市场的压力,都在积极思考如何应对市场变化,提升业绩。

背景3:亟待突破的管理体系。从这个角度看,笔者发现数智化与业务之间存在巨大鸿沟。在加入甲方以前,笔者的专业背景是人力资源和数智化,无论从事开发顾问工作,还是咨询和实施顾问工作，都非常善于通过技术改善管理。但是从客户视角看，客户要的是业务结果，仅有数智化是很难达到预期效果的。在公司的要求下，我们研究了海尔的平台化组织和小微组织，以及如何通过集团内部创业机制，激活团队与员工。管理体系制定后才是数智化落地。也就是说，业务结果 = 管理体系 + 数智化平台 + 团队能力。对于客户成功经理来说，客户期望这个角色不仅仅是技术专家和产品专家，最好对行业和业务有深入的了解。这样，客户成功经理不仅要向客户提供数智化转型的建议和方案，更重要的是能够为客户提供管理和业务建设的思路，更好地帮助客户达成业务目标。

期望1：帮助公司保持竞争优势。公司高层无时无刻不在思考的问题就是如何在商业中持续处于优势位置，因为只有这样，公司才有可能实现伟大的愿景和梦想。这样说并不意味着我们要给客户做战略咨询，而是要明白无论从哪个环节切入，首先都要帮助客户达成这样的愿景和目标。正如哈佛商学院教授迈克尔·波特在《竞争优势》里提到的，公司在为客户创造价值的价值链上，要找到创造高价值的关键业务环节，在关键业务环节持续突破，进而形成公司的竞争优势。笔者作为甲方开展人力资源业务时，基于业务变化所需要的人才供应链，通过内部创业体系激活组织和个人，并通过员工体验战略驱动客户体验管理，这些都是从公司竞争优势出发所做出的 HR 策略。从这个视角出发，客户更重视，从而更容易获得好的效果。

期望2：帮助公司取得业务进展。在组织内部，帮助各个业务团队有效达成公司战略目标，在工作中取得突破，是客户成功团队全力以赴的事情。客户的期望是首先通过数据进行执行回顾，根据业务执行过程进行问题定位，进而敏捷决策、敏捷执行。彼得·德鲁克有一句名言：没有度量就没有管理。要实现战略推进和业务执行，首先要建立度量体系，制定执行回顾机制。这里的执行回顾包括整体完成情况、各组织完成情况、同比和环比完成情况，以及行业排名其他客户的完成情况。在进行策略制定时，客户期望了解行业排名前 10 的公司在遇到类似问题时所做的核心策略，通过什么样的机制和体系来更好地达成业务目标。

期望 3：帮助团队获得优秀绩效。如果我们的方案能帮助客户关键绩效指标提升，客户会非常认同和配合。

1.4.2 公司视角下的客户成功

一个伟大的企业服务公司往往有一个伟大的愿景，能让公司全体员工和生态伙伴紧紧围绕着客户成功构建一个平台——客户成功平台。在公司视角下，客户成功平台大致分为 3 个层次，分别是客户成功、伙伴成功和员工成功。

1）**客户成功**：将客户成功的理念向市场和客户传递，让市场和客户认识到公司的核心理念就是帮助客户实现商业和业务目标。这种理念有助于形成品牌效应。在云服务业务中，客户喜欢与拥有客户成功理念的公司合作，确保客户每一分钱的投入都获得良好的回报。

2）**伙伴成功**：生态是每一个 SaaS 服务获得持续发展的重要的增长驱动力量，包括专业服务伙伴帮助客户进行咨询实施，ISV 伙伴帮助客户进行行业级和领域级解决方案实现，集成和被集成服务的 SaaS 伙伴将服务进行方案整合，以更好地帮助客户达成目标等。

3）**员工成功**：公司里所有的事情都是员工负责落地和执行的，企业管理本质上也是人力资源的管理。当我们在构建客户成功平台时，员工就是我们最核心的组成部分，重视员工成功可确保公司客户成功价值观的有效落地。

1.4.3 员工视角下的客户成功

客户成功在员工眼中具有重要的价值和意义,特别是对于价值观是利他的员工,可以激发员工的自我价值感和内在的工作动力。我到现在还记得刚加入用友时激动的心情,因为我了解到用友这个公司名字的含义是"用户的朋友",在这样一个公司里工作实在是太棒了。每一位员工借由客户成功都可以与客户共同成长,并收获美好的生活。

1)员工幸福:教练技术告诉我们,我们每一个人都是很棒的,每个人天生都拥有无限的潜力和能量,只需要被激发出来。客户成功可以很好地帮助员工激发潜能。我们可以试着想象这样一个场景:自己在工作中无比愉悦,思路如泉涌一样迸发,收获满满的成果,同事间相处非常愉快。为什么可以达到这样的状态?我们激发了自己什么样的工作动力?深入探索自己的内心,找到自己的工作价值观,想象一下自己的价值观对世界的意义是什么。如果我们的工作实现了自己的价值观,我们很难不热爱工作,很难不在工作中感到幸福。在激发员工层面,客户成功可以起作用。

2)员工成长:成长来自服务客户的过程,如果我们心存善念,极致地服务每一个客户,成长将是巨大的。无论客户成熟度如何,我们都将受益匪浅,但前提是在客户成功理念的指引下。如果客户成熟度高,我们可以把客户当作老师,向客户学习,学习客户对战略、业务、流程和数智化的认知、思路和做法。这些做法经过领先公司的验证,通常会成为领先实践。这些领先实践经过总结和提炼,可以成为知识,供其他客户参考。主动向客户学习并不意味着我们没有任何能帮到客户的东西,我们可以整合公司的行业知识库和专家资源,为客户提供资源。如果客户成熟度不高,那将是我们很好地帮助客户的时机。在这个过程中,我们自己也能很好地总结和运用知识和技能，这对自己的成长也会有莫大的好处。

3）**员工发展**：职场中每一位员工都是从小白开始，持续进步，最终成为专家。在晋升过程中，员工需要评估的内容包括组织贡献度、知识提炼与传播能力、价值观、能力准备度和关键绩效等。员工所服务的客户群体持续达成预期目标。同时，公司的人才机制和晋升体系也需要向员工传达客户成功对于他们的发展至关重要。

1.5 本章小结

本章的核心目的是让大家了解客户成功的概念和范畴，看到客户成功对公司发展的价值和意义。客户成功源自 SaaS 商业模式的需要，在 SaaS 公司成长过程中发挥了巨大作用。在客户成功 2.0 时代，不仅仅是 SaaS 公司，所有公司都可以建立自己的客户成功体系，从而获得商业成功。

第 2 章
客户成功重新定义与客户的互动

在数智化重新定义企业的时代,用友网络董事长兼 CEO 王文京先生提出,企业数智化必须以企业的业务价值为核心。他认为,企业服务厂商必须提供领先的应用系统、专业服务、人才服务,工作的开展必须以企业的业务价值为核心,不只是推广一个产品,更重要的是怎样为企业创造业务价值,和企业客户长期合作,不断迭代发展。

为企业创造业务价值是企业服务提供商的生存和发展之道,也是客户成功的核心。随着科技的创新以及互联网技术渗透到各行各业,实现企业业务创新,以及管理的高效在线化协作逐渐成为大家的共识。商业模式和远程办公模式的变化更加激发了企业运营在线化和数智化的需求。在这样的背景下,以 SaaS 模式为主的 ToB 企业迅猛发展。

SaaS 模式的企业服务不同于传统企业服务。在过去的软件时代，一套系统的前期投入费用极高，以 ERP 系统为例，至少也要几十万元，甚至上百万到上千万元。传统企业服务提供商为了满足客户需求，交付周期可能长达数年，收入重心也相对靠前，在交付之后即获得大部分收益。由于前期较高的时间成本和经济成本投入，客户更换企业服务提供商变得无比艰难，企业服务提供商在合作中占据主导地位。

而 SaaS 模式是由云平台提供服务，通过网络直接交付，具有不需要或仅需要少量本地部署的特点。SaaS 公司的收入模式也发生了根本性改变，收入重心后移，初期销售签单收益仅占 25% 左右，主要依靠后期的向上销售和交叉销售来获取收益。SaaS 公司为客户提供便利、低价的服务的同时，也面临一个重大问题：较低的更换成本，导致客户留存率低，客户无疑在合作中占据主导地位。随着企业服务提供商与客户主导地位的转变，与客户之间的互动也发生了根本性变化，亟须重新做出定义。

客户成功是全公司的终极使命。在服务客户的价值链条中，所有的团队都需要坚守客户成功理念，才能实现客户成功，最终实现企业高速发展。所以，无论顶层设计、文化塑造、运营标准，还是数据驱动和数智化运营，整个体系都需要从客户成功视角重新审视。构建以客户成功为驱动的高增长体系成为 SaaS 公司乃至整个 ToB 领域企业立于不败之地的强大内核。

2.1 顶层设计：构建客户成功驱动增长体系

传统的企业服务提供商，特别是服务于中大型公司的 ToB 企业，大多是以销售驱动的，为客户提供软件、硬件、咨询、方案等各项服务，通过维护客户关系、客户咨询和培训、客户引导等多种方式促进签单，从而获得增长。整个企业运营需要较为庞大的销售体系支撑，大多数客户资源掌握在"大V"销售手中。

然而，随着收入模式发生根本性改变，不仅需要在签单时创造大部分收入，还需要在客户应用之后，通过不断与客户深入互动，实现不断续约和向上销售，获取更多的客户价值。为了确保客户源稳定，同时创造更多的客户价值，构建以客户价值为驱动的增长体系成为ToB企业及至所有领域企业应该考虑的事情。"创造客户价值"应成为所有企业最基本、最重要的目标。企业应基于客户价值，展开每一项经营活动。

什么样的业务驱动模式是真正围绕客户价值展开的？答案只有一个——以客户成功为核心的高增长模式，如图2-1所示。

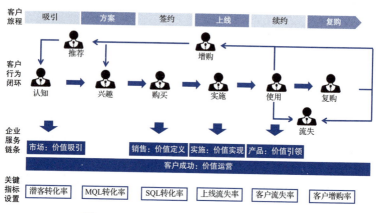

图 2-1 以客户成功为核心的高增长模式

以客户成功为核心的高增长模式是针对客户旅程和客户行为闭环展开的。企业的整个服务链条与客户行为对应：市场部门在客户的认知阶段负责价值吸引；销售部门在客户的签约阶段负责价值定义；交付部门在客户实施阶段负责价值交付；产品部门在客户使用阶段负责价值引领；客户成功部门作为整体的价值驱动部门，对客户整个生命周期负责，在每个阶段满足客户需求，创造客户价值，与客户一起达成战略和业务成功，驱动高速增长。

2.1.1 回归初心，始终围绕创造客户价值

一直以来，企业大多在考虑怎么实现客户价值最大化，而往往忽略了客户价值实现。客户成功的出现，让我们回归初心，明确一切的企业运营活动均应围绕创造客户价值展开。

对于客户价值的定义，用友网络董事长兼 CEO 王文京先生做过精彩的论述：客户价值是客户从企业的产品和服务中得到的需求的满足，也是客户从某种产品或服务中所能获得的总利益与在购买和拥有时所付出的总代价的比较，即 $V_c = F_c - C_c$（V_c 为客户价值，F_c 为客户感知利得，C_c 为客户感知成本）。具体到企业服务类公司从事的业务，客户价值就是：以合理成本帮助客户解决了关心的问题，显著提升了客户绩效。

不同类型的客户有着不同的绩效指标。企业客户的绩效指标包括财务绩效指标（利润增长、收入增长、成本降低等）、非财务绩效指标（核心竞争力、绿色成长、社会责任履行等），如图 2-2 所示。政府及公共组织客户的绩效有其他的衡量指标。

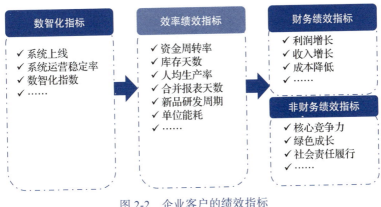

图 2-2　企业客户的绩效指标

以客户为中心，为客户创造价值，首先要求我们要从客户视角考虑问题，真正从客户工作效率提升、客户经营管理水平提高、客户业务增长角度去思考。当我们真正换位思考，切换到客户视角的时候，我们会发现与之前仅仅为客户提供软件产品、技术服务、解决方案等的工作方式完全不同。

企业与客户的所有互动均围绕创造客户价值展开：产品实现价值引领，市场营销实现价值吸引，销售实现价值定义，客户成功实现价值运营，如图2-3所示。

图 2-3　以客户价值为核心的闭环体系

2.1.2　从漏斗式模型到蝴蝶结式模型

对于传统的以销售为核心的增长引擎，从潜在客户、MQL、商机到签约客户，形成一个漏斗式模型。销售部门通过提升每一层级的转化率、缩短转化时长、降低销售成本、争取更多的签约客户来提高收入，驱动整个企业的增长，如图2-4所示。

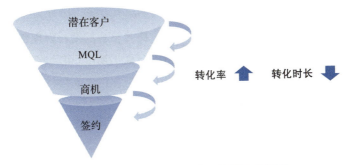

图 2-4 传统的以销售为核心的漏斗式模型

在客户完成签单之后,企业已经获得客户价值链上的大部分收入,通过后续的运维服务等获取较低的收入。企业收入模式大多是一次性的,并非可持续的。此种增长引擎导致销售人员经常费尽心思去获取客户,但并未关注获取的客户是否为可发展客户,也并不关注客户的长期发展和客户的增长潜力。

对于以客户成功为核心的增长引擎,以客户成功为导向的运营,不仅能为客户带来更愉悦的体验,而且会增加增购及交叉销售的机会,让整个增长模型变为蝴蝶结式,如图2-5所示。

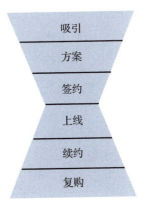

图 2-5 以客户成功为核心的蝴蝶结式模型

在客户签单之后，企业通过客户成功运营，增加整个客户全生命周期价值。同时，在以客户成功为核心的增长引擎的推动下，企业收入模式从一次性转变为可持续、稳定、可预测。

2.1.3 产品：价值引领

产品作为客户价值链条的底座，是创造客户价值的基础。好的产品应该在实现客户价值的基础上做到行业级客户价值引领。价值引领实现主要分为3个层次——用户体验价值满足、业务价值满足及客户价值引领，如图2-6所示。

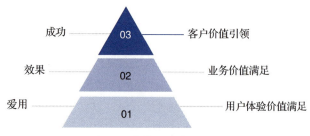

图 2-6　价值引领实现层次

用户体验是好产品的重要衡量标准。越来越多的厂商致力于打造极致体验的产品，帮助用户达成消费目的，满足用户最本质的需求。在 ToB 产品中，用户体验越来越重要，已经成为客户成功的一个重要标志。用户体验价值满足是价值引领实现的基础，处于客户爱用产品的层次。

在用户体验价值满足层次之后是业务价值满足层次。业务价值满足是企业通过对产品不断地进行价值验证、升级与迭代，更好地满足客户在各个数智化业务场景中的应用需求，凸显产品的业务价值。

最高层的客户价值引领是在满足客户所有需求的基础上，结合客户的使用场景、行业情况、业务流程等,站在客户角度制定最优解决方案,引领客户的整个价值实现,帮助客户达成商业成功目标。

产品的价值引领体系要通过客户成功体系进行有效落地,需要客户成功经理去客户现场进行沟通和确认,并把声音反馈给产品经理。

2.1.4 市场营销:价值吸引

市场营销是企业将价值传递给客户的首个环节。市场营销是一个和客户互动的过程,是销售的前置环节。传统的市场营销主要是指面向市场开展经营活动,包括大型活动、产品促销等,往往花费巨大的人力和物力,但没有很好地达成潜在客户期望的目标。

市场营销是指企业为了从客户处获得利益回报而为客户创造价值并与之建立稳固关系的过程。基本的市场营销过程包含5个步骤,如图2-7所示。

图 2-7 市场营销过程

在前四个步骤中,企业通过对客户的深入研究,明确客户的需求和期望,根据客户需求设计营销策略,建立稳固的关系。在最后一步,企业因创造卓越的客户价值而得到回报。

在客户成功价值链条影响下的市场营销起到引导客户认知、对客户进行"教育"的作用。企业通过对客户及业务背景进行深入研究，挖掘客户痛点并进行解决，而市场营销让客户发现企业提供的解决方案并进行评估，让客户感受到产品和服务可以充分满足需求，进而达成价值吸引的目标。

客户成功团队通过打造标杆级客户领先实践，给市场营销提供最好的素材和案例。这些领先实践是经过客户验证的，已经帮助客户实现商业目标。重要的是，和这些领先实践类似的产品和服务可以参考，降低了失败的风险。

2.1.5　销售：价值定义

客户价值是客户对企业的利益贡献。对应到销售部门，客户价值可以进行简单的分解：客户价值 = 产品实际价值 × 客户认知。客户价值并不仅仅是客户从产品中得到的实际价值，还会受到客户认知的影响。认知是一种主观行为，相同产品的实际价值在不同客户看来，有巨大偏差。例如：客户 A 和客户 B 一同参加企业组织的商业培训，培训的实际价值是一致的，客户 A 在培训中解决了困扰了很久的业务难题，他对此次培训的认知大于 1，最终获得的价值大于培训实际价值；客户 B 由于培训内容和本身工作无关，感觉耽误了时间，他对此次培训的认知可能为 0 甚至是负数，最终获得的价值也会非常低。

所以，销售是创造客户价值的重要环节。销售人员在创造客户价值过程中的主要职责是通过与客户接触，对价值做出准确无误的定义，直击客户痛点，深入剖析客户隐含需求，并不断进行价值传递，帮助客户了解、提升认知，与客户成功经理一起规划客户成功计划，推动客户成功，最终达成客户价值最大化。

2.1.6　客户成功：价值运营

毫无疑问，客户价值运营是提升客户价值的最关键部分。早期的客户成功团队一般是在客户上线之后才开始介入客户价值运营的。其实，客户成功团队应该在客户生命周期的最开始阶段就介入价值运营，通过成熟的客户成功方法论，以数据驱动方式实现规范化、智能化的客户价值运营。

中国的客户成功团队在近几年逐渐凸显其在客户价值运营上至关重要的作用。一些优秀的企业服务提供商正在通过客户成功方法论，逐步展现客户成功在价值运营上无可替代的作用。例如，以用友为代表的中国企业服务公司，在结合了国外客户成功经验与理论之后，融合本土企业特征，创立适用于中国企业的客户成功体系和用友客户成功方法论。该方法论通过 EPAV 四步，探索客户期望（Expectation）、共建客户成功计划（Plan）、赋能成功应用（Adoption）、运营数智价值（Value），从客户成功视角出发，深入探讨客户需求，基于用友 YonBIP 产品，帮助客户实现商业创新。具体的客户成功方法论将在第 7 章详细介绍。

2.1.7 人力资源：员工成功成就客户成功

前面提到的客户价值链实现了客户和企业双赢，然而一切运营活动都是由人来实现的，所以想实现客户成功、企业成功，首先应让员工成功。只有员工价值得到实现，他们才能更好地服务客户，实现客户成功。对于 ToB 企业说，只有先让客户获得成功，企业才能获得成功，而企业的成功又反哺员工，给员工提供更好的发展平台，进一步推动员工成功，形成闭环。

所以，员工成功、客户成功、企业成功中间任何一个环节断掉，整个客户价值链都不复存在，如图 2-8 所示。

推动员工成功可从 3 个角度达成，如图 2-9 所示。

1）企业角度：通过绩效进行约束，使员工更好地工作与成长，同时，给员工提供更多的收入，提供更多的发展机会和平台。

2）**客户角度**：员工通过为客户创造价值以及被客户认可，实现自我价值。

3）**员工自身角度**：公司领导及资深专家对员工进行业务引导和行动指导，让其得到更好的成长并获得成就感，从而形成正向增长循环。

图 2-8　员工成功、客户成功、企业成功闭环

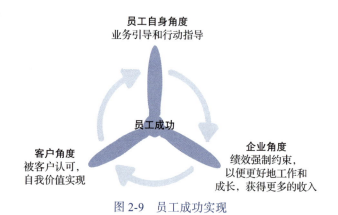

图 2-9　员工成功实现

2.2　文化塑造：建立全员以客户为中心的文化和流程

文化是让客户成功体系有效落地的重要策略之一。建议每

个公司在引入客户成功体系时，要把文化作为重要的、长期的、持续的事情去推进。任何伟大的 ToB 公司都会把服务客户作为自己的重要文化之一，例如 Salesforce 的文化是"信任、客户成功、创新、平等"，将客户成功作为自己的核心文化，又如用友网络的文化是"用户之友，持续创新，专业奋斗"，其中"用户之友"的本质就是创造客户价值，做客户长期信赖的合作伙伴。

文化决定了最终是哪些人因为共同的使命走在一起。这种使命让团队里的每一个人拥有强烈的归属感，也因此而共同信任，确保所做的每一件事都注入文化的基因。当文化真正被公司的每一个人所真正接受并践行时，成功将是巨大的。那么，如何更好地加速客户成功文化的落地？我们总结了"1+2 模式"，即一个关键认知——由外到内的文化视角，两个关键落地策略——领导力 +MOT。

2.2.1　文化由客户来定义

每一位公司创始人都需要了解，真正的文化并不是那些令人激情澎湃的文字，也不是喊出的口号，而是有着深层内涵。一个公司真正的文化是由客户来定义的。客户看到的、听到的和感受到的文化才是公司真正的文化。彼得·德鲁克定义了企业的目标：企业的目标有且只有一个，那就是创造客户价值。每个企业的目标和使命都是去满足客户需求。企业打造的文化，本质上来说也是为了满足客户需求而生，为了创造客户价值而生。

为了让读者更好地了解由客户定义的文化与企业内部定义的文化的区别，我们总结了图 2-10。

我们可以看到，由客户定义的文化在运营体系、关键举措上和企业内部定义的文化有一些区别，解释如下。

1）运营体系：与企业内部定义的文化不同，由客户定义的文化强调的是全面的客户文化管理，从具体的行为一致性到客户实时反馈机制，以及基于客户认知的复盘和学习，让客户深刻感受到客户成功理念。事实上，如果没有反馈机制，很多文化会流于形式，变为业绩达成的绊脚石。

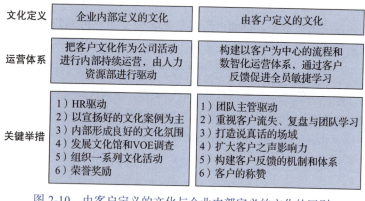

图 2-10　由客户定义的文化与企业内部定义的文化的区别

2）驱动组织：企业内部定义的文化打造是由人力资源部驱动的，而在由客户定义的文化打造中人力资源部不再是关键，而是每个团队的主管。按照戴维·尤里奇《变革的HR：由外到内的HR新模式》一书中的理念，人力资源部门的关注点应聚焦在两个方面：人力资源组织框架和平台的搭建，研究如何激发员工的潜力。组织战略的真正落地组织是业务部门，让业务部门承担起组织战略落地的责任是HR工作的核心。

3）案例驱动：企业内部定义的文化基本是在宣扬好的优秀案例，让员工努力学习这些榜样。这样做是有一定价值的，特别是在营造正面的、积极的、向上的工作氛围方面效果显著。而由客户定义的文化更重视客户失败的案例，需要团队认真复盘，共同分析客户失败的原因，要做哪些事才能让客户成功，如何避免客户失败，并把这些因素在整个企业运营体系中进行迭代。

4）组织场域：在职业生涯早期，笔者认为领导力的体现就是营造和谐的工作氛围，让每个员工乐在其中，开开心心地把工作干好，这也是企业内部定义的文化的体现。直到从事客户成功工作，以及接触了帕特里克·兰西奥尼的组织健康系列书籍，笔者才发现以前的认知有局限。客户成功不是一件容易的事情，很多时候需要跨部门协作，问题需要从客户方层层传递到所有服务客户的链条上。由客户定义的文化打造需要在组织内形成严肃的场域，如果像企业内部定义的文化的场域（偏和谐）一样，那么很多问题会被掩盖，不会被不接触客户的团队成员认识到。

5）**范围影响**：企业内部定义的文化更多的是依靠 VOE（Voice Of Employee，员工之声）意向调查来打造的，通过员工反馈满足诉求，营造好的工作氛围，在员工群体和公司内部产生影响。而由客户定义的文化是通过 VOC（Voice Of Customer，客户之声）来打造的，把客户的每一个反馈及时传导到公司里的每一个相关角色，洞察客户需求和期望，以便公司提供给客户超出期望的产品和服务，让客户成功。该文化注重的是客户影响，让客户成功成为整个企业的奋斗目标和使命。

6）**运营计划**：在企业内部定义的文化中，其运营计划是基于企业内部，通过内容和活动运营形成良好的工作氛围，让自己和团队感到愉悦。而从由客户定义的文化角度看，企业要让客户的反馈实时传达给相关主管和岗位角色，以便更好地理解客户感受，洞察客户期望和需求。为了更好地让客户感受到我们的文化，一个通常的做法是构建全流程 NPS 调研机制，即在客户旅程中用 NPS 来调研客户的真实想法。对于这些评分和反馈，公司建立一个从高层到执行层的互动和复盘机制，让客户反馈的问题得到很好的解决。

7）**文化认可**：企业内部定义的文化对于员工认可的表现形式多为荣誉奖励，是对员工的内部激励。由客户定义的文化对于员工认可的表现形式多为客户真诚的称赞。

2.2.2 领导力是客户成功文化塑造的关键支撑

想要快速了解一个团队的文化，看团队的主管就知道了。根据客户成功文化塑造的实践经验，领导力塑造客户成功文化有两个关键点：一个是组织的最高层自上而下地统一思想，另一个是各级主管将文化传递到每一个员工，如图 2-11 所示。

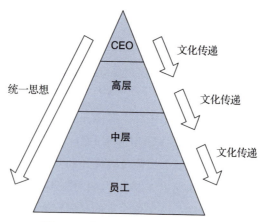

图 2-11 领导力是塑造文化的关键

为什么用这种直接主管来推动的模式？我们不妨从员工视角开始探索其中的本质。员工行为模式来自两个关键学习链条：一个是个人认知行为改变链条，另一个是团队共建学习行为改变链条。

个人认知行为改变链条是：**全面了解→深刻理解→高度认同→行为改变**。可以看到，一个人的行为改变是需要过程的，对应到一个概念从提出到真正落地，需要一系列动作确保。

1）员工是否了解这个概念的完整含义。

2）员工是否理解概念背后的逻辑、意义和价值。

3）员工是否能够发自内心地认同这件事情，认为这么做是对的，也是自己的目标。

4）员工开始根据自己的认知改变行为。这时，上级主管则开始进行辅导，根据员工的表现进行评估和反馈，帮助员工做得更好。

团队共建学习行为改变链条是：**共同感知→复盘反思→团队共识→行为改变**。团队是一个重要的工作场域，根据戴维·尤里奇的《变革的 HR：由外到内的 HR 新模式》，团队共建学习是打造组织能力的重要策略之一。通过团队共建学习达成文化落地，是每一个主管可以尝试的策略。

1）当出现一个正面或者反面事件时，主管可以召开团队共建会，会议的第一个流程就是讲述事件的来龙去脉，并告知团队客户的感受和体验，以及给客户带来的影响。

2）团队共同分析事件过程，并分析事件对客户产生的影响。对于正面事件，总结经验和如何能做得更好；对于反面事件，分析如何避免类似事件再次发生。这种分析需要每个员工参与，积极互动。

3）基于团队的互动，主管总结团队共识，并对未来的目标和行为提出要求和期望。

4）团队员工在工作中相互监督、相互学习、共同进步。

以上解释了主管是推动文化落地的关键，值得每一位 CEO 和主管思考。

2.2.3 客户成功文化的有效落地工具：MOT 课程

MOT（Moment Of Truth，关键时刻）课程是由 IBM 研发的，是业内非常优秀的客户文化课程。2003 年，用友和 IBM 在战略合作时引入了该课程。

MOT 其实也可以理解为"当下的真相"：我们在给客户提供服务的当下发生了什么，这些真相为未来和客户合作提供了哪些机会，或者带来哪些威胁。公司里的每一个人都是客户价值链条上的重要环节，共同服务客户。我们期望和客户的所有互动都能够达成满意的效果。如何让公司里的每一个人都能通过简单的行为模式来达成这个目标？MOT 可通过非常基础的技能和常识来达成卓越的客户体验。在 MOT 实践中，我们总结了一个简化的落地流程。

- 转为客户视角（以客户的认知为唯一标准）。
- 探索客户期望（通过企业利益和个人利益，挖掘客户需求）。
- 最佳方案提议（确保对双方公司和双方个人都有益）。
- 言而有信执行（持续以客户为中心，持续沟通，防患于未然）。
- 客户满意确认（让客户认识到我们满足了他们的需求）。

1）**转为客户视角**。坦诚地说，这是看似简单却最难的一步。纷繁复杂的市场环境和高强度的工作，很容易让我们迷失在业务流程中，忘记了客户的需要到底是什么。首先我们要了解，客户满意意味着客户认可我们的工作，意味着客户愿意和我们合作更多，意味着公司的业绩健康、持续增长，意味着每个人更好的职业发展和丰厚的回报。这一切都要先从转为客户视角开始，因为如果不这样做，很可能我们没有真正地倾听客户声音，从而逐渐失去客户的信任。

2）**探索客户期望**。如何深入探索客户期望？MOT 课程里有一个简单的公式：企业利益＋个人利益。按照笔者的理解，企业利益等同于客户成功里的业务结果，而个人利益等同于客户成功里的客户体验。MOT 课程里的客户期望探索环节很好地把客户成功的核心内容都包含了。客户成功里的业务结果往往是从客户视角看，实现客户的商业和业务目标，给客户创造价值。这些价值不是给客户提供的产品，也不是给客户提供的服务，这些只是达成客户商业和业务目标的工具。

3）**最佳方案提议**。我们真正探索清楚客户的期望后，接下来就是利用专业知识帮助客户成功的时机。经过实践，一个比较好的选择是通过领先实践来帮助客户。领先实践可以是经验模式，也可以是产品模式，还可以是整合模式。整合模式的领先实践包含业务价值、核心流程、业务最佳做法和产品应用方案等多种要素。如果是和客户进行一次简单的互动交流,我们可提供经验模式的领先实践让客户去比较和选择;如果客户提出的是一个产品级需求,我们还需要和客户沟通产品的设计逻辑是什么,也有可能产品的确存在问题,我们可反馈给产品和研发团队,让产品和研发团队去分析和决策,必要时和客户进行线上交流;如果客户提出的是一项商业挑战和业务需求,我们就要提供整合模式的领先实践了,确保客户能在产品既定逻辑下,实现业务目标。假如客户认同我们的提议,我们就要安排好执行计划,有效推进和落地。

4)**言而有信执行**。在执行环节,我们需要和客户保持沟通,并对计划定期进行审视,确保防患于未然,按时达成目标。即便在这个环节,我们也要始终站在客户视角,从客户角度考虑问题。在执行时,我们难免会遇到各种各样的问题,要实事求是,坦诚地和客户沟通,并主动协调资源和调整计划,确保获得客户的认可。

5)**客户满意确认**。我们帮助客户达成了预期目标,最后还要做一件事情,就是和客户进行满意确认。这个环节有两个作用:一个作用是让客户把满意亲口表达出来,加强客户的价值认知;另一个作用就是,依然站在客户视角,探索客户的期望是否全部被满足,避免有所遗漏。

2.3 运营标准:和客户深度互动,设计客户商业价值和业务结果

在搭建了以客户成功为核心的增长驱动体系,并统一了全员以客户为中心的文化之后,客户成功落地就有了顶层构建和文化基础。下一步,我们要切实落实以客户成功为核心的增长引擎,制定客户成功运营标准。

2.3.1 客户成功运营标准制定的步骤与整体架构

客户成功运营标准是基于与客户深入互动制定的，包含几个步骤，如图 2-12 所示。

1）在深入了解客户的基础上，构建客户画像，细分客户层级，完成客户全旅程设计。

2）进行客户商业价值和业务结果设计，明确与客户价值和业务目标相统一的客户成功运营服务的基础目标。

3）通过客户触点和客户内部运营旅程的梳理和建立，完成客户互动与服务设计。

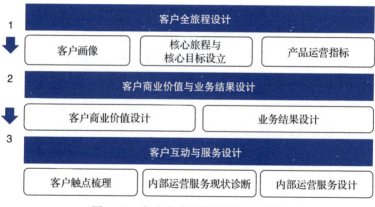

图 2-12 客户成功运营标准制定步骤

2.3.2 客户全旅程设计

怎么才能真正为客户做好服务，设计满足客户需求的服务呢？首先是充分了解客户，了解客户在公司的全生命周期，了解客户全生命周期中的子旅程及其与公司的触点。此时，我们需要做客户全旅程设计。

客户体验是指客户在使用产品和服务过程中的主观感受。所以，提升客户体验要提升的是客户在整个生命周期中的感受，而不是某个单点的感受。更进一步，细化客户旅程是针对每一个客户旅程点设计互动方案，并针对互动方案充分挖掘客户的潜在需求和痛点，提前预知及满足客户的每一个需求，实现客户成功及客户价值最大化。

客户全旅程设计一般包含以下几个步骤。

1）构建客户画像。客户全旅程设计的第一步是针对客户构建画像。我们要服务客户，首先应该明确客群、客户行业特征、客户基础特征（比如属于什么阶段的企业、年收入、具有什么特征等）、业务特征、管理特征、经营特征、产品需求特征等。通过客户画像，我们可以对客户特征以及目标客户有一个整体的概念，如表 2-1 所示。

表 2-1 客户画像的基础度量模板

	客户画像	重要特征
企业属性	行业特征	
	企业特征	
	业务特征	
	管理特征	
	产品需求特性	
干系人属性	干系人职业属性	
	干系人个人属性	

2）梳理客户核心旅程及设立各阶段核心目标。在客户画像基础上，我们可根据与客户的互动，梳理客户核心旅程。客户旅程是客户从接触企业开始，一直到客户生命周期结束的互动全景。根据客户生命周期中不同阶段的特征，我们可以划分出不同的旅程阶段。

以 SaaS 公司为例，我们可以把客户核心旅程划分为吸引阶段、方案制定阶段、签约阶段、上线阶段、续约阶段、复购阶段。针对每一个旅程阶段，基于客户价值进行描述，明确该阶段要达成的目标。之后，我们可以通过将客户旅程对应到内部运营旅程，达成每个旅程阶段的客户价值与企业价值的联系与统一，最终通过数据驱动完成客户价值的达成。

其他企业也可以根据自身与客户接触的情况，设计符合自身情况的客户核心旅程。在设计客户核心旅程时需要注意的是，客户核心旅程的设计是站在客户角度的，是基于客户整个生命周期的旅程，而非基于企业本身的，应一切以客户价值为中心。

3）细分客户子旅程。在进行客户核心旅程设计之后，下一步是对客户核心旅程进行细分。每一个旅程阶段中，客户还存在的那些与企业的触点和经营活动，被称为客户子旅程。通过客户子旅程，我们可以了解客户在整个生命周期中的行为，便于后续对每个子旅程进行内部运营旅程对应、数据指标建立、客户触点建立，真正通过数据指标对整个客户旅程进行管理。

以客户核心旅程中的吸引阶段旅程举例。大多数客户在该旅程中还会需要如线上的广告触达、线下的市场活动、推荐等子旅程，我们也可以根据这些子旅程再进行更细的拆分，如线上的广告触达又可以进一步拆分成官网广告触达、互联网营销广告触达、线上营销活动触达等。当整个客户旅程被拆分成子旅程之后，客户整个生命周期就会一目了然地呈现在我们眼前，每个旅程中客户及企业要达成的目标、客户在旅程中存在的痛点、要解决的客户问题也会更加明确，这为我们后续进行客户价值分析及客户互动与服务设计奠定了良好的基础。

2.3.3 客户商业价值和业务结果设计

与企业接触的每一个旅程节点，其实都是企业服务客户、促成客户成功、与客户双赢以及与客户建立长期密不可分关系的关键时刻。

与客户每一次深入互动的前提,是企业对客户商业价值和业务结果的规划与设计。传统的 ToB 企业与客户的互动往往是从企业自身出发,与客户的沟通主要集中于宣传自己的品牌、给客户介绍自己的产品和服务。然而,客户在经营中本身存在的问题、痛点以及这些痛点需要通过怎样的产品、服务或者综合解决方案去解决,诸如此类从客户角度出发的问题都没有纳入考虑范围。

要实现真正从客户角度出发,推动客户成功,首先应该了解客户的期望,并与客户一同设计客户商业价值与业务结果,根据客户的目标、时间等与客户共同制定客户成功计划,提供可以高效解决客户痛点的产品和服务,并推动客户获得商业成功,最终通过数智化手段实现客户数智化价值,这是达成客户成功目标的最基本路径和方法。

客户商业价值和业务结果的设计要从两个维度来考虑:首先是客户总体要达成的商业结果和业务结果;其次是根据我们已经细化的客户旅程,对客户的每个旅程阶段、要完成的商业价值及业务结果目标进行确定。在每个旅程阶段的商业价值和业务结果设定后,我们接着可以设定具体的完成时间节点。拆分过的目标较为细化,便于根据时间节点进行后续客户互动触点的设计,同时,明确的目标会让客户更加有信心,让客户真正与企业形成捆绑和共赢关系,提高客户黏性。

2.3.4 客户互动与服务设计

在建设了完整细化的客户旅程及明确了每个阶段的客户价值与业务结果目标之后,我们确认了客户的需求和痛点,接着应该针对客户的需求和痛点进行企业内部客户互动触点和服务的设计。

客户互动触点和服务设计主要分为以下几个步骤。

1）根据客户旅程梳理客户触点。根据客户旅程，我们要梳理客户与企业有哪些接触，了解客户需要通过与企业接触达成什么样的目标，对企业有什么需求。

以 ToB 企业 A 为例，客户旅程阶段和客户触点建设规划如表 2-2 所示。

表 2-2 客户旅程阶段和客户触点建设规划

客户旅程阶段	序号	客户触点	触点说明
吸引	1.1	广告	客户通过广告初步了解 A
	1.2	品牌影响力	通过宣传品牌影响力吸引客户
	1.3	推荐	通过推荐的形式使客户了解 A
	1.4	搜索	客户主动搜索发现 A
	1.5	咨询（电话、客服）	客户通过咨询了解 A
	1.6	参会	客户通过参会发现 A
	1.7	产品体验 Demo	客户通过初步的产品体验发现 A
	1.8	内部需求评估	客户内部需求评估
方案	2.1	同行业对比	客户通过同行业对比评估
	2.2	方案比较	客户通过多种方案比较评估
	2.3	竞品比较	客户通过竞品比较评估
	2.4	POC	客户业务场景验证
	2.5	产品试用	产品试用与评估
签约	3.1	内部审核决策	客户内部审核决定是否购买产品
	3.2	商务流程	客户购买前的商务流程
	3.3	合同签订	购买时签订商务合同
	3.4	下单	客户购买下单
上线	4.1	确认目标	A 与客户确认目标
	4.2	项目计划	制订项目计划
	4.3	共建方案	A 与客户共建实施方案

(续)

客户旅程阶段	序号	客户触点	触点说明
上线	4.4	构建验证	构建验证方案
	4.5	上线数据收集准备	上线准备数据初步收集
	4.6	系统初始化	上线系统初始化
	4.7	客户培训	上线客户培训
	4.8	新手指引	用户手册和学习资源获取
	4.9	上线确认文档	上线确认文档
	4.10	上线阶段评价	客户上线评价
续约	5.1	用户活跃	用户活跃度度量
	5.2	问题清单	列举问题清单
	5.3	工单提问	工单提问
	5.4	评价反馈	评价反馈
	5.5	价值认知	价值认知
	5.6	满意度评价	客户满意度
	5.7	断约/续约	是否继续合作
复购	6.1	增购/向上销售	是否增购、交叉销售和向上销售
	6.2	NPS	是否向其他人推荐

2）根据客户旅程设计内部运营旅程和服务。在梳理了整个客户旅程之后，客户旅程与企业产品和服务及内部管理如何匹配？这就要依靠与客户旅程相对应的内部运营工作了，如之前举的例子，我们在初步设立了"吸引阶段——方案阶段——签约阶段——上线阶段——续约阶段——复购阶段"六大客户核心旅程阶段之后，又细分出客户与企业的触点，与之相对应的，企业内部部门如何设置，部门职能是什么，哪些部门负责这些触点管理，内部运营旅程应该如何设计，应该给客户提供哪些服务。

基于客户旅程的内部运营旅程建设框架如图 2-13 所示。

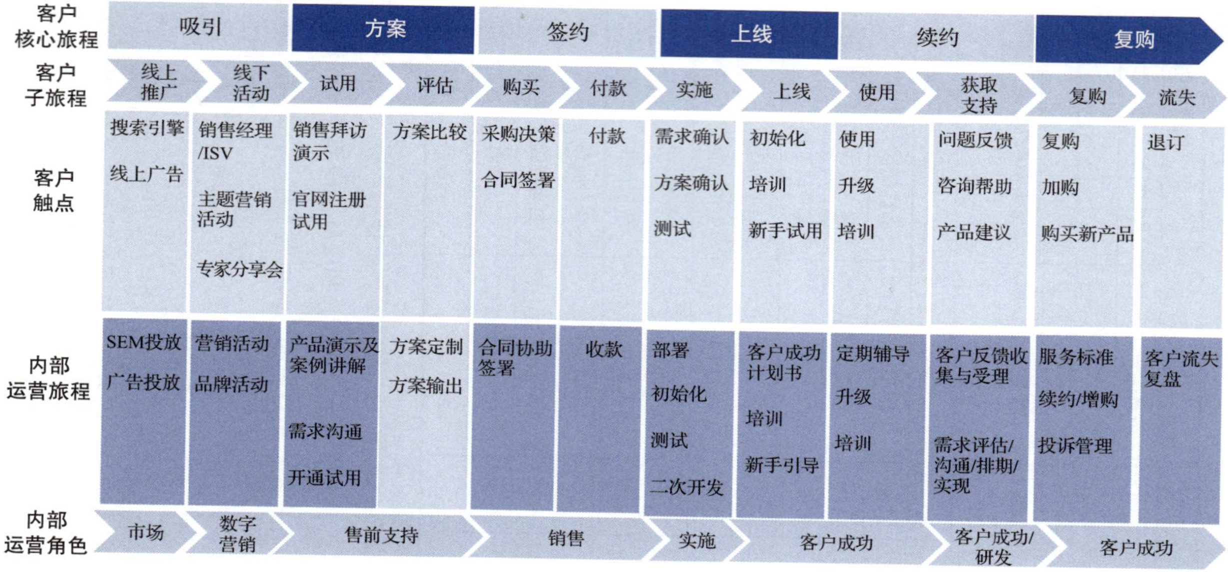

客户核心旅程	吸引		方案	签约		实施	上线	使用	续约		复购	流失
客户子旅程	线上推广	线下活动	试用	评估	购买	付款	实施	上线	使用	获取支持	复购	退订
客户触点	搜索引擎 线上广告	销售经理/ISV 主题营销活动 专家分享会	销售拜访演示 官网注册试用	方案比较	采购决策 合同签署	付款	需求确认 方案确认 测试	初始化 培训 新手试用	使用 升级 培训	问题反馈 咨询帮助 产品建议	复购 加购 购买新产品	
内部运营旅程	SEM投放 广告投放	营销活动 品牌活动	产品演示及案例讲解 需求沟通 开通试用	方案定制 方案输出	合同协助签署	收款	部署 初始化 测试 二次开发	客户成功计划书 培训 新手引导	定期辅导 升级 培训	服务标准 续约/增购 投诉管理	客户反馈收集与受理 需求评估/沟通/排期/实现	客户流失复盘
内部运营角色	市场	数字营销	售前支持		销售		实施		客户成功		客户成功/研发	客户成功

图 2-13 基于客户旅程的内部运营旅程建设框架

另外，建设内部运营旅程之后，我们可以通过以下度量模型诊断现有内部运营旅程的现状，以及规划后续的服务，示例如表 2-3 所示。

表 2-3　内部运营旅程的现状度量模型及后续服务规划

客户旅程		吸引	方案	签约	上线	续约	复购
客户	互动触点						
	触点来源						
	业务目标						
	业务痛点						
	客户感受						
内部运营	现状	流程						
		岗位						
		流程标准						
		执行情况						
		考核 KPI						
	方案	服务设计目标						
		服务流程/产品						
		服务标准						
		考核 KPI						

通过以上度量模型，我们可以了解与客户旅程相对应的内部运营旅程全貌、现状，从中了解到当前内部运营的优势与劣势，以指导后续内部运营旅程建设。

想要切实落地客户成功增长体系，首先应建立客户成功运营标准。本节重点介绍了客户成功运营标准建立的具体方法与步骤。首先，设计客户全旅程，充分了解客户在企业中的生命周期全貌。其次，进行客户商业价值和业务结果设计，明确企业给客户提供的产品和服务，以及最终要达成的目标。最后，基于客户旅程和客户商业价值进行客户互动与服务设计，明确服务标准、评价指标与考核规范，为后面的数据运营驱动进行服务标准设计。

2.4 数据驱动：建立度量体系来管理客户成功

前文设计的客户成功服务标准，如果可以得到落地与实现，客户需求无疑是可以被完全满足的，我们也可以实现客户成功的目标。但在实际执行中，还有很多问题需要解决：以上设计的客户服务是否完全落地了？在每个阶段，哪些部门参与了客户服务？它们应该有哪些服务动作？每个部门是否按照顶层设计完成了服务提供？是否达成了制定的服务目标？服务的效果如何？还有哪些地方需要提升和改善？在设计的服务中，客户的感受和反馈如何？服务设计是否与真正的客户预期有偏差？

我们仅仅依靠感觉和碎片化信息来回答这些问题，肯定是不现实、也不准确的。我们可以建立客户成功度量体系，并通过系统落地的方式对指标进行数智化度量，落地数智化度量看板，实时对度量指标进行呈现和监控，还可以给到相关岗位人员具体流程的指标监控数字，帮助团队快速决策。

2.4.1 客户成功度量体系

1. 客户成功度量体系建立步骤

《贝佐斯的数字帝国：亚马逊如何实现指数级增长》一书讲授了亚马逊在十年内增长了3000%的终极密码，核心就是为客户设计端到端的、个性化的、极致的惊奇体验，并通过打造跨部门、跨层级、端到端的数据分析指标和平台有效落地。

客户成功度量体系（见图 2-14）建立主要分为 5 步：客户全旅程建立——企业内部运营旅程建立——服务标准建立——指标体系构建——数智化度量体系落地。

1）客户全旅程建立：通过客户全旅程的建立，我们可以洞察客户对企业提供的产品和服务的痛点。客户全旅程中的每一个节点直接影响着客户体验，是客户成功度量体系构建的基础。

2）企业内部运营旅程建立：客户成功不是一个部门的事情，而是全公司共同的使命。内部运营旅程是基于业务视角将客户成功覆盖到全序列伙伴，与客户旅程高度匹配，并从客户价值出发，在与客户的各个触点上持续提供高价值的产品和服务，通过高效协同全面提升客户体验。

3）服务标准建立：在 SaaS 模式下，根据客户的不同需求提供对应级别的客户成功服务标准，制订统一的客户成功计划，通过高科技、高价值和高体验的客户成功服务，帮助客户更快地将商业愿景变成商业价值。

4）指标体系构建：指标体系是有效度量的一把"尺子"。我们可通过指标体系对业务进行多维度梳理和评估，通过实时跟踪和指标拆解找到业务中的痛点，通过研究评估进行改进和优化。

5）数智化度量体系落地：以数据驱动数智化度量体系落地，为度量提供工具和平台，通过直观的指标看板和报告呈现数据分析结果，并对可能出现的风险自动预警。

2. 客户成功度量体系构建维度

针对以上覆盖客户全旅程的客户成功度量指标体系，我们从以下 3 个维度进行构建，如图 2-15 所示。3 个维度的指标就像一个三维立体图形，缺一不可，共同评价客户成功运营成熟度，实现客户体验的全方位监控。

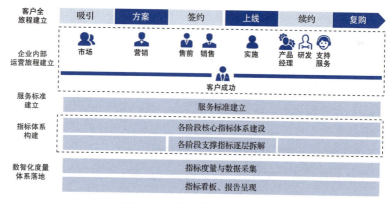

图 2-14　客户成功度量体系

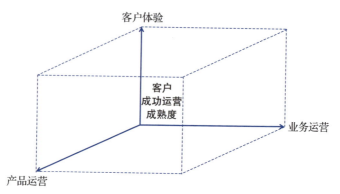

图 2-15　客户成功度量体系的三维模型

接下来，我们详细介绍这 3 个维度的指标建设。

2.4.2　度量业务运营

客户成功度量体系的第一个维度是业务运营。业务运营度量在客户成功度量体系中处于底层，在企业运营管理中起到最基础的作用，是整个客户价值创造的基础。

1. 基于客户旅程的业务运营核心指标构建

基于已经建立的客户全旅程与企业内部运营旅程，我们可以确定各阶段的主要负责部门和业务运营核心指标。业务运营核心指标可以整体评估各阶段最核心的运营目标和效率。

建议采用转化率和成本类核心指标度量业务运营。根据客户全旅程和企业内部运营，业务运营核心指标设置示例如表2-4所示。

表2-4 业务运营核心指标设置

客户全旅程阶段	企业内部运营旅程	业务运营核心指标
吸引阶段	市场部	潜客转化率
方案阶段	营销部	MQL转化率、单一MQL成本
签约阶段	销售部	SQL转化率、CAC
上线阶段	实施交付部、各产品管理部	上线流失率、按计划成功上线率、交付成本（成交实施费）
续约阶段	客户成功部、各产品管理部	客户续约率、客户流失率、客户活跃度
复购阶段	客户成功部	客户续费率、客户增购率、LTV

同时，在业务运营核心指标基础上，建议在每个旅程阶段，根据业务发展需要建立相应的北极星指标，通过北极星指标监控每个旅程阶段业务的健康情况，随时发现业务中存在的风险并传给对应的责任部门。

2. 支撑指标体系的建立

业务运营核心指标数据可以让企业管理者比较直观地看到企业整体运营效率、成本和存在的问题。但当某个北极星指标或核心指标数据出现异常时，我们该如何定位问题出现的根源？这时就要进行核心指标的逐层拆解。一般情况下，核心指标受多个支撑指标影响。我们逐层拆解并观测支撑指标之后，就能找到核心指标受到影响或波动的根源。

下面介绍从业务运营核心指标到支撑指标的具体拆解方式，以客户旅程中吸引阶段的核心指标拆解为例，已经定义该阶段业务运营的核心指标是潜客转化率。该指标是指从客户关注企业到成为一个合格的被营销认可的销售线索的转化率。这个比率直接影响后续的 SQL 转化率、付费客户数等，是客户转化漏斗的第一层。为了更好地监测这个指标，我们可以将潜客转化率进一步按客户子旅程拆解出支撑的二级指标——（客户留资阶段的）"留资率"和（留资转化阶段的）"留资-MQL 转化率"。留资率又可以进一步拆解成三级支撑指标——潜在客户数和留资客户数。以此类推，逐层拆解，最终拆到可监控的最小颗粒。另外，与潜客转化率相关的，我们还可以进一步拆解出其他维度的二级支撑指标，比如潜客转化时长、单一 MQL 成本，同样，支持逐层拆解，最终拆到最细小颗粒，如图 2-16 所示。

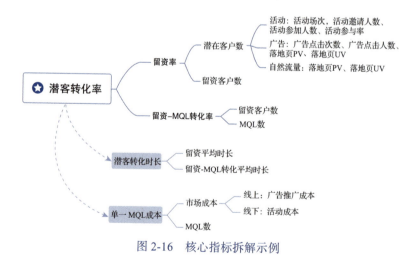

图 2-16 核心指标拆解示例

接下来，我们可以针对业务运营核心指标和主要支撑指标建立实时预警机制，通过数智化方式监控整个业务进程，实现整个业务运营的数智化监控。关于具体的数智化运营体系搭建，我们在后文中会详细介绍。

3. 业务运营绩效考核指标体系构建

在完成了整个业务运营核心指标和支撑指标体系构建之后，整个业务运营度量体系应该已经非常丰富了，根据业务的复杂程度，可能会包含几百甚至上千个指标。通过这些指标，我们可以监控业务运营情况，并通过核心指标向下拆解到每一个业务细节，做到业务指标体系的全覆盖。但为了对业务目标完成情况进行更好的监控，我们还可以在业务运营度量体系基础上，进行业务运营绩效考核指标的选取，建立业务运营绩效考核指标体系。

业务运营绩效考核指标体系是基于业务目标构建的，不是一成不变的，即随着业务进程的推进，考核指标体系会对应业务目标，不断地变化、更新，但一定是在业务目标基础上，结合客户价值构建的。

2.4.3 度量产品运营

客户成功度量体系的第二个维度是产品运营。产品运营度量指标的选取与客户体验息息相关。在客户成功度量体系的三维模型中，产品运营决定着客户价值创造的深度。业务运营即使再优秀，如果没有优秀产品的支撑，也无法创造客户价值，无法提升客户体验。

产品运营度量指标的选取不仅应从产品运营流程出发，还应基于客户旅程和触点。只有选取基于客户视角的产品运营指标，我们才能真正监测到产品运营问题，提升客户体验和客户整体价值。根据已经建立的客户旅程，ToB 企业的产品运营指标集中于与客户有产品接触的上线和续约阶段。

基于客户视角的产品运营指标主要分为产品使用类指标和产品质量缺陷类指标，示例如表 2-5 所示。

表 2-5 产品使用类指标和产品质量缺陷类指标

客户旅程阶段	客户子旅程	产品使用类指标	产品质量缺陷类指标
上线阶段		产品试用活跃度	产品发布延期率
续约阶段	客户使用	客户健康度	质量事故导致服务中断时长
		客户登录	质量事故次数
		客户高价值应用活跃度	质量事故影响客户数
		客户核心业务流程活跃度	质量事故等级
			质量事故赔偿金额
	客户提问	支持服务提问量	支持服务 Bug 率
		支持服务解决率	支持服务 Bug 解决率
			支持服务 Bug 解决时长

基于客户旅程和触点，对产品使用和产品质量缺陷两类问题匹配相应的核心指标，再按照实际产品的情况，拆解指标影响因素，最终确定指标各影响因素，并通过数智化的方式，对产品运营质量和效率进行把控，随时监测并预警产品运营中存在的风险，评估产品运营对客户体验及客户价值最终的影响程度。

2.4.4 度量客户体验

客户成功度量体系的第三个维度是客户体验。该维度指标是站在客户角度设置的。相对于业务运营度量和产品运营度量，客户体验度量是客户对企业的主观评价。无论业务运营和产品运营多好，如果客户体验很差，其实站在客户立场，企业为客户创造的价值仍然是不足的。所以，客户体验决定了客户价值创造的最终高度。

1. 主要客户体验指标

（1）净推荐值

净推荐值（NPS，Net Promoter Score）是由美国贝恩咨询公司的弗瑞德·莱克霍德（Frederick F. Reichheld）设计并发布的。它通过一个简单的问题——是否会把产品或服务推荐给周围的人，来衡量客户对产品或服务的体验与评价，是目前在客户体验度量体系中最受关注的指标之一。

NPS 的计算公式是：NPS =（推荐者数／总样本数）×100%-（贬损者数／总样本数）×100%。

如图 2-17 所示，企业想要了解客户是否会将产品或服务推荐给他人，那么就可以在给客户提供产品或服务的触点中设置如下问题："你有多大可能把我们的产品或服务推荐给朋友或同事？请打分。"企业把评分中的"0～6 分"称为贬损者，把评分中的"7～8 分"称为被动者，把评分中的"9～10 分"称为推荐者，推荐者的比例减去贬低者的比例，就是该品牌产品或服务的 NPS。

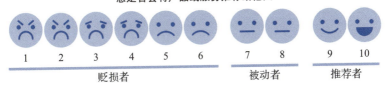

图 2-17　NPS 调研示例

通过 NPS 的分析，企业可以观测到客户体验效果，同时可以对客户进行分层处理、分析，达成最终监测与提升客户体验的目的。

（2）客户满意度指数

客户满意度指数是最早出现的客户满意度（CSAT，Customer

SATisfaction)指标,也就是我们常说的"客户满意度"。客户满意度主要是度量客户期望值与客户体验的匹配度。匹配度越高,客户满意度也就越高。

客户满意度度量方式非常简单,一般是提问一个简单的问题,比如"您对产品或服务的总体满意度如何",答案包括非常满意(5分)、满意(4分)、一般(3分)、不满意(2分)、非常不满意(1分),如图2-18所示。

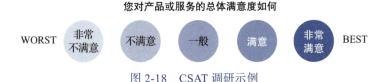

图 2-18　CSAT 调研示例

CSAT的计算公式是CSAT =(满意客户数/总样本数)×100%,其中满意客户数指评分为4分和5分的客户总数。

客户满意度一直以来被认为是增强客户黏性、提高客户复购率的关键观测指标,已经沿用了几十年,是客户体验度量中最经典的指标之一。

(3)客户费力度

客户费力度(CES,Customer Effort Score)即客户费力指数,用于评估客户在使用产品或服务过程中的费力程度,与客户忠诚度负相关,费力度越低,忠诚度越高。客户费力度评估同样采用简单的问题设置来实现,如图2-19所示。

图 2-19　CES 调研示例

2. 客户体验度量体系建设

(1) 基于客户旅程的客户体验度量体系建设

我们可以选定一类客户体验指标作为企业客户体验度量的核心指标，根据已经建立的客户旅程，分阶段设计客户触点，采集每个旅程阶段的客户体验指标数据。

建议将 NPS 作为客户体验核心指标，基于客户旅程的客户体验度量体系建设如图 2-20 所示。

图 2-20　基于客户旅程的客户体验度量体系建设

(2) 基于企业内部运营岗位的客户体验度量体系建设

另外，建议基于企业内部运营的各个岗位，将 CSAT 作为一级指标，并逐步对一级指标进行拆解，以达成客户体验度量的目的。示例如表 2-6 所示。

表 2-6　基于企业内部运营岗位的客户体验度量体系建设

运营岗位	评价一级指标	评价二级指标
销售人员	销售服务满意度	销售服务人员可靠性 销售人员专业度 销售人员态度 信息传达清晰度
售前人员	售前服务满意度	售前服务人员可靠性 售前服务人员专业度 售前服务人员态度
交付人员	交付顾问满意度	交付顾问专业度 交付顾问态度
支持服务人员	支持服务满意度	支持服务人员专业度 支持服务人员态度

(续)

运营岗位	评价一级指标	评价二级指标
客户成功人员	客户成功服务满意度	客户成功人员可靠性 客户成功人员专业度 客户成功人员态度
产品及技术人员	产品日常使用满意度	产品稳定性及可靠性 产品易用性及美观性 产品功能完整性 产品需求满足度

通过上述指标，我们能从客户角度有效地通过客户主观感知评价每个岗位的建设情况和目标完成情况。

2.5 数智化运营：通过数智化运营改善客户成功效率和效果

通过前文，我们充分了解了客户，设计了运营标准，也在运营标准基础上构建了客户成功度量体系。那么，运营标准和客户成功度量体系如何落地，并真正起到驱动业务作用呢？下面我们详细介绍如何在度量体系基础上，进行有效的数智化运营，改善客户成功效率和效果。

2.5.1 数智化运营建设

1. 明确数智化运营建设目标

我们要进行数智化运营建设，首先应该明确数智化运营的整体目标。数智化运营建设应该围绕客户旅程进行客户价值管理和客户体验管理，如图 2-21 所示。

图 2-21 数智化运营建设目标

客户价值管理目标和客户体验管理目标两条线可以被划分为不同的阶段,每个阶段都有着细分目标。

(1)客户价值管理目标

1)价值吸引阶段的目标是通过塑造品牌形象,并有效传达给目标客户,在客户心中树立品牌地位与理念,实现价值吸引。

2)成功规划阶段的目标是在确定目标客户的情况下,对成功度量、实现路径、合作范围与步骤等做出规划,包括规划客户成功路径和制订可达成目标的详细计划,定义客户价值创造的最终目标与途径。

3)新手启动阶段的目标是实施交付部门通过引导客户上线,实现客户购买产品的基础目标,首次实现客户购买产品后的第一价值。

4)成功应用阶段的目标是价值实现,不断发现客户在使用产品过程中存在的问题,并及时予以修正,赋能与支持不同客户的产品应用,贴合客户目标业务流程,确保系统与业务流程完美结合,展现出整个产品的价值。

5)效果实现阶段的目标是价值总结,不断对产品与服务产生的效果进行总结,并在总结的基础上不断进行完善,与客户保持高频次的有效沟通,让客户完全感知到获得的价值。

6)应用推广阶段的目标是价值扩大,根据与客户初步的成功合作,不断挖掘客户的商业和业务需要,根据客户的业务流程或者新的业务需求,与客户一同制定更深入的解决方案,通过解决方案,满足客户的新需求。

(2)客户体验管理目标

1)价值吸引阶段的目标是品牌认知,根据客户画像,深入研究客户特征与自身特征,挖掘客户的内在需求,对客户进行精准推荐和营销,使客户了解品牌理念。

2)成功规划阶段的目标是理念认知,要站在客户的视角,秉承着帮助客户成功的理念和心态,与客户一同规划客户成功路径、方法,结合产品和服务能力现状,完成成功规划,让客户在此阶段感受到产品的价值与服务。

3)新手启动阶段的目标是专业认知,在这一阶段通过价值交付实现,完成客户第一价值的交付,并对交付产品进行新手引导,完美实现产品上线后的初步效果。

4)成功应用阶段的目标是用户体验,通过问题解决闭环、客户主动调研和方案迭代共建等方式,逐步根据客户业务场景,完善客户使用方案及改善客户体验,协助客户解决在使用产品过程中存在的问题,帮助客户更好地应用产品。

5)效果实现阶段的目标是价值认知,在不断与客户共创业务解决方案的过程中,持续为客户提供专业的服务,让客户感知到产品和服务带来的价值,使产品产生的效果得以完全体现。

6)应用推广阶段的目标是客户推荐,在长期合作愿景下,进一步挖掘客户价值,发现客户加购、交叉销售的机会点,与客户进行更深层次的合作,使客户产生推荐行为。

2. 基于客户旅程构建数智化运营架构

基于已建立的客户旅程,同时根据客户所处的阶段和客户特征,规划及建立数智化运营的整体架构。我们可以根据客户特征和企业客户触点特征将客户划分为五大类：社会化客户、潜在客户、进入客户运营系统的客户、签约客户、成功应用的客户，如图 2-22 所示。

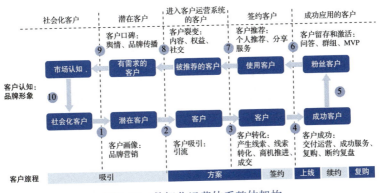

图 2-22 数智化运营体系整体架构

从社会化客户开始，客户进入与企业接触的旅程，通过对企业的初步了解，有相关需求的客户成为潜在客户。在这个阶段，企业对客户的基本情况还不了解，所以运营策略主要集中在对客户的了解上，对潜在客户构建画像与分层，针对不同类型的客户进行精准化营销。

在精准营销之后，潜在客户进入客户运营系统，成为系统客户。在这个阶段，企业的主要运营策略是引流，让更多的用户注册。之后，通过在系统中对用户进行引导和教育，使客户与企业签约，真正成为签约客户，这个阶段，企业的运营策略无疑是客户转化，通过提升线索量、发掘商机和提升整个客户转化漏斗中每一阶段的转化率，整体提升客户转化率。

在成为签约客户之后，客户开始正式应用企业提供的产品和服务。在这个阶段，企业的主要运营策略是满足客户需求，挖掘客户价值，最终实现客户成功。客户在更加深入地与企业接触过程中，忠诚度及黏性迅速提升。企业通过互动问答、调研、访谈等各项运营活动,完成客户的留存与激活,逐步形成粉丝群体。

粉丝在应用产品和服务时,基于良好的应用体验,不断进行个人推荐与分享,形成更多的客户使用群体,同时增加签约客户。在巨大的粉丝推荐影响下,被推荐的客户在运营系统中经过内容、权益、社交等方面的不断运营,逐步转化为有需求客户。对于规模逐步扩大的有需求客户,企业的运营策略重点集中在舆情处理和品牌宣传中,对客户形成价值吸引。最终,客户通过市场认知,转化为社会化客户,形成客户增长飞轮的闭环。

企业在每个阶段深入客户的需求和痛点,规划符合其需求的运营方案,并通过智能化系统实现落地,确保客户在每个阶段的核心需求均被满足,形成客户增长闭环,持续推动客户的飞速增长。

3. 数智化客户成功系统架构建设

为了实现系统化、数智化客户运营方案,企业需要建立数智化体系运营平台(如图2-23所示),跟踪客户成功的效果,并通过数据服务,提升客户成功运营整体效率。

基于客户旅程的数智化体系运营平台主要按照五大层次进行搭建。

1)基础数据层:连通公司所有阶段数据,构建数据基础。

2)指标体系层:根据客户旅程构建核心指标及支撑指标体系,覆盖所有应用场景,覆盖监控整个业务进程。

3)增长模型层:构建各阶段客户增长模型,通过模型智能化推动业务增长。

4)预警机制层:在模型建设的基础上,建立各个指标的预警规则和阈值,当客户存在风险或有推荐机会时,自动触发CTA模式,按照设定规则流程,系统化推动客户成功运营工作。

5)智能运营层:通过各项机制智能化运营客户,创造客户价值,推动客户增长。

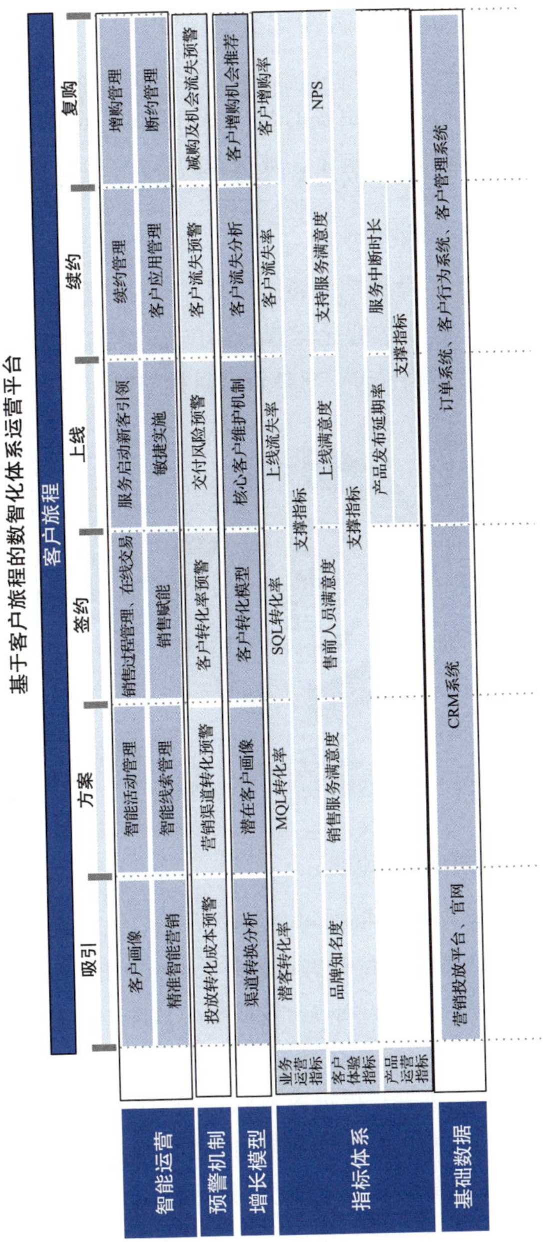

基于客户旅程的数智化体系运营平台

		客户旅程			
	吸引	方案	签约	上线	续约	复购
智能运营	客户画像	智能活动管理	销售过程管理	服务启动新客引领	续约管理	增购管理
	精准智能营销	智能线索管理	销售赋能	敏捷实施	客户应用管理	断约管理
预警机制	投放转化成本预警	营销渠道转化预警	客户转化率预警	交付风险预警	客户流失预警	减购及机会流失预警
增长模型	渠道转换分析	潜在客户画像	客户转化模型	核心客户维护机制	客户流失分析	客户增购机会推荐
指标体系	业务运营指标: 潜客转化率	MQL转化率	SQL转化率	上线流失率		客户增购率
	客户体验指标: 品牌知名度	销售服务满意度	售前人员满意度	上线满意度	支持服务满意度	NPS
	产品运营指标	支撑指标	支撑指标	产品发布延期率	服务中断时长	
				支撑指标	支撑指标	
基础数据	营销投放平台、官网		CRM系统	订单系统、客户行为系统、客户管理系统		

图 2-23 数智化体系运营平台

2.5.2 基于客户旅程的数智化运营策略

基于客户旅程，我们可以创建数智化运营策略，策略的主要目标是满足客户生命周期中的需求。在生命周期的不同阶段，客户的需求不尽相同，客户成功策略的目标也会发生相应变化。

1. 数智化运营策略目标

通过在客户全生命周期的各个阶段（吸引、方案、签约、上线、续约、复购）进行数智化运营，客户需求均被满足，价值均被挖掘，客户体验全面提升，具体策略目标如图2-24所示。

图2-24 数智化运营策略制定目标

2. 数智化运营策略阶段细分

数智化运营策略可以根据每个阶段不同的特征和关键场景，设定核心指标、数智化中台提供的服务及运营角色，通过每阶段客户的数智化精准营销，实现每阶段的核心目标。

（1）吸引阶段

1）**社会化客户运营**：根据客户画像进行品牌营销，主动扩大品牌影响力。核心指标首要提及率如表2-7所示。

2）**潜在客户运营**：从客户吸引到引流阶段，完成基于角色价值的内容吸引和互动。核心指标浏览量如表2-8所示。

第2章 客户成功重新定义与客户的互动

表2-7 核心指标首要提及率

核心指标	关键场景	中台服务		运营角色	价值与目标
首要提及率 (TOM)	内容管理	营销服务→内容中心		市场部	建立内容共享库和共享机制，整合品牌营销内容
	渠道运营	营销服务→渠道中心		市场部	提供统一的多渠道管理，为品牌内容传播扩大范围
		营销服务→网站管理中心	域名管理	区域运营	定制化官网，更具区域特色
			网站后台		
			定制页面		
				市场部、区域运营	集中优势资源，提升投入产出比，更好地汇聚流量；创建定制化页面
	数据监测分析	营销服务→运营服务→智能分析		市场部、销售全员	提升多渠道运营能力：通过数据，进行智能化渠道运营；提升渠道转化效率；以返利的形式给销售全员提供权益变现

表 2-8 核心指标浏览量

核心指标	关键场景	中台服务	中台服务	运营角色	价值与目标
浏览量	内容生产	营销服务→内容中心			提高内容生产效率
	目标客户管理	营销服务→ABM	目标客户管理		研究目标客户，并通过社会化大数据进行数据完整性补充，形成用户画像
			客户决策链管理		
			用户画像		
			社会化大数据		
			客户360°视图		
	内容推送	营销服务→运营服务→智能分析	潜在用户画像		提升内容传播有效性
			内容智能推荐（千人千面）		
			推荐算法模型库		
			数据监测与分析		
			客户行为分析		
			邮件、短信模板		
			社交媒体模板		
			AI自动优化建议		
	内容发布	营销服务→内容中心	内容一键发布	市场部、生态伙伴	提升内容发布效率
		营销服务→表单管理	表单设置、分组、分享		引流获客

分类	营销服务	渠道整合	说明
渠道运营	营销服务→渠道中心		提供统一的多渠道管理，为内容传播扩大范围
渠道运营	营销服务→网站管理中心	内容管理、案例管理、资料管理、活动发布、A/B测试	集团资源共享，增强网站内容丰富程度，更好地吸引客户
		SEO、关键词选优化、网站代码优化、站内/站外链接	为网站提供SEO优化工具
		SEM、账户管理、核心卖点优化、投放策略	为网站提供SEM优化工具
数据监测分析	营销服务→运营中心→智能中心		通过数据、智能化运营渠道
客户互动	营销服务→互动中心→客服中心		提高客户留存率
	营销服务→互动中心→社区		提高社区活跃度
活动运营	营销服务→活动管理		对活动进行线上化管理，方便与潜在客户进行实时和批量化的互动
	营销活动→营销自动化		活动管理的营销自动化

（2）方案阶段

从客户转到线索转化，进行客户的精准运营与孵化。核心指标有效线索量如表2-9所示。

表2-9 核心指标有效线索量

核心指标	关键场景		中台服务	运营角色	服务价值
有效线索量	客户触达	营销服务→运营服务→触达工具	400热线智能外呼	市场部	提升触达效率
			邮件精准批量发送		
			活动短信自动批量发送		
			邮件模板		
			短信模板		
	精准活动营销	营销服务→活动管理	活动报名、活动跟进、反馈		优化活动流程，提升线索产出量
			调研问卷自动发送		
			客户互动反抽奖		
	客户内容精准推送	营销服务→运营服务→智能触达	目标客户画像		为客户提供针对性内容，提升转化率
			智能内容（产品、案例、方案）推荐		
			渠道监测及客户行为分析		
	清洗线索	营销服务→线索管理→标签管理	线索有效性标签		线索管理清晰高效
		营销服务→线索管理→自动匹配	线索跟进自动匹配市场活动资源		线索跟进与活动资源更有效结合

分类	流程	细项		说明
线索分析	营销服务→运营服务→智能分析	线索有效性分析 渠道分析 ROI分析 资源匹配度 客户行为预测（邮件打开率、社区互动等）		数据分析，提供线索转化全流程的分析支持，提升转化效率
伙伴赋能	伙伴管理→伙伴线索运营	活动、直播、在线培训工具 运营工具	生态伙伴	为伙伴进行线索转化提供工具和运营支撑，提升转化效率
分配线索	营销服务→线索管理→线索分配管理	线索分配规则 业务规则库 资源自动匹配 线索自动分配 线索提醒 线索反馈 线索回收 社会化大数据 社交媒体数据 内部营销数据	市场部	提升市场与销售协同，提高线索时效性

（3）签约阶段

从客户转化商机推进，进行客户价值的方案匹配。核心指标商机量如表2-10所示。

表2-10 核心指标商机量

核心指标	关键场景	中台服务		运营角色	服务价值
商机量	创建商机	CRM→商机管理	客户360°看板	销售	提供更多商机
	推进商机转化	CRM→销售过程管理	客户关系管理		精细化销售过程管理，提高销售转化率
			销售行为管理		
			商机/订单管理		
		CRM→销售智能	客户历史数据		为销售进行客户数据的补充与推荐
			社交媒体数据		
			市场数据		
			社会化大数据		
	支撑伙伴商机转化	伙伴管理→伙伴商机运营	支持客户参加线上活动、直播	生态伙伴	为伙伴提供更多商机
			提供在线产品介绍及方案呈现		
	在线销售	CRM→销售赋能	在线协同	电销	扩大生态产品推广和交易渠道
			个性化报价单、合同模板		
			电话录音		

项目协同	CRM→销售赋能→售前资源管理	售前资源智能匹配	销售资源总监、导师指导智能匹配	售前	提升资源支持效率
	CRM→销售赋能→商机辅助管理			销售	提升销售打单转化率
销售过程内容支持	CRM→销售赋能→知识库	资料、案例		销售	为打单过程提供支持
		企业分析（内、外部数据）			
		关系图谱			
		在线购买流程指引			
		报价单（自动计算）			
销售管理	CRM→销售管理	销售过程管理		销售总监	提供流程优化与管理工具
		业务流程自动化（报价、价格、费用等）			
		销售过程互动			
	CRM→数据分析	仪表盘、市场覆盖度、客户经营覆盖度		业务总经理	提供管理工具和分析工具
		漏斗转化率分析、销售人员管理			
		流程管理、资源匹配分析			
营销看板	CRM→看板（PC、移动端）	关键客户信息		销售	销售、关键业务一站式看板
		正在跟进的线索、商机、交易信息			
		关键客户重要新闻推送			
		客户最近互动信息推送			

(4) 上线阶段

以客户成功视角的高质量交付,快速实现客户的第一价值。核心指标实施满意度、客户活跃度如表 2-11 所示。

(5) 续约阶段

通过客户成功服务实现客户价值的持续闭环,探索、交付和提升。核心指标客户健康度、NPS 评分、续约率如表 2-12 所示。

(6) 复购阶段

基于客户成功的产品复购及断约复盘实现客户价值的商业化与运营优化。核心指标续费率、流失率如表 2-13 所示。

表 2-11 核心指标实施满意度、客户活跃度

核心指标	关键场景	中台服务	运营角色	服务价值
	新客户服务启动	客户成功计划	客户	根据客户所购不同的客户成功计划服务产品,自动管理客户服务状态,开通与监控匹配的支持渠道
		新客快速引领	客户	根据客户所购买产品模块,客户成功计划服务产品,以邮件、短信等方式告知新客户产品首次使用方式,交流社区,支持服务渠道。核心服务团队包括但不限于 CSM 总监及云实施总监等
		智能实施推荐	客户、实施	根据客户所购服务产品及模块,自动匹配对应的成功实施计划模板和推送自助实施方案

				实施满意度、客户活跃度
敏捷实施	实施团队管理	客户、CSM、实施、销售、售前	系统集中管理实施过程的相关人员，包括客户干系人、售前、销售、CSM、项目经理和实施顾问等	
	成功规划管理		实现客户实施目标与计划的线上沟通、共建、确认与全员共享	
	构建上线管理		按照场景解决方案，实现成功实施计划的CTA目标和阶段任务的沟通、推进、验证	
	持续运营管理	客户、实施	上线后持续提升客户使用时间，推动客户满意度提升、完成结项确认	
	自助实施管理		系统根据客户待实施产品推送敏捷实施方案，客户自助配置产品	
	智能客户交接	实施、CSM、客服	客户确认实施完成，系统化完成服务团队线上交接和客户服务状态更新	

表 2-12 核心指标客户健康度、NPS 评分、续约率

核心指标	关键场景	中台服务	运营角色	服务价值
客户健康度、NPS评分、续约率	问题管理	流程预警提醒	CSM、客服、产品研发	客户中心跟踪问题处理进度，对超期未处理的问题，系统会自动预警
		自动跟踪反馈	客户	系统跟踪每个问题的处理进度，自动反馈给客户
	成功应用	客户触点管理	客户、全员	管理各类客户线上触点的推送，监控与反馈，包括但不限于邮件、短信、在线会议、视频直播等方式
		客户价值管理	客户、CSM	按照客户确认的年度服务规划目标反路线图，完成客户成功计划CTA目标和阶段任务的沟通、推进与价值确认
		智能数据服务	CSM	系统提供客户成功各阶段数据报告，包括但不限于产品活跃度、业务应用数据、问题清单数据等
		客户健康度管理	CSM	系统自动跟踪、管理、优化客户健康度
		调研渠道管理	客户、客服、产品研发	管理各类客户线上调研渠道的推送、监控与反馈，包括但不限于邮件、短信、产品、客服等方式

NPS 调查	异常评价管理	客户、全员	系统以短信、邮件、消息等方式实时通知调查责任人各类异常评价情况，客服对异常评价客户完成线上回访与反馈
	多维评价分析	全员	通过 NPS 数据分析看板，从多维视角展示客户评价
风险预警管理	风险预警监控	CSM、销售	系统对话跃度下降、问题超期、产品异常等各类风险指标通过消息提醒、推送预警 CTA 等方式进行及时管控
	风险优化管理	客户、CSM	根据客户认可的风险优化策略和改善计划，系统推送匹配的领先实践改善方案，避免风险发生
续约管理	智能续约提醒	CSM、销售	系统针对不同产品和服务期限，在到期前特定时间自动生成续约 CTA 和实时提醒消息
	续约进度管控	客户	系统以邮件、短信等方式通知客户到期续约，监控、推动客户线下签约和线上交易系统自助续约完成

表 2-13 核心指标续费率、流失率

核心指标	关键场景	中台服务	运营角色	服务价值
续费率、流失率	增购管理	商机数据挖掘	CSM	系统化实现商机数据挖掘，推送商机，确认CTA
		智能增购推荐	客户	根据已挖掘商机，系统自动推送增购领先实践、新产品试用给客户
		增购试用监控		对客户自愿试用的新产品活跃度进行监控
		成功续费分析	用友全员	对客户续费数据进行分析，提升商机推荐转化率，形成智能数据闭环
	断约管理	断约预警提醒	CSM、销售	系统针对产品和服务到期未续约客户，在超期一个月后的特定时间自动生成断约预警CTA和实时提醒消息
		断约复盘管理		系统自动生成客户本服务期内运营数据报告和断约复盘，协助客户服务角色完成断约复盘，制定挽回策略
		赢回策略管理	用友全员	根据客户确认的策略和计划，系统推送匹配的挽回方案，快速采取挽回措施
		潜在流失分析		系统根据断约复盘问题特征，结合客户本服务期内运营数据，优化该类产品和服务的流失客户模型，对存量客户进行潜在流失分析

2.5.3 数据服务设计

为了实现已经规划的运营策略,所有的策略都需要引入数据中台,为企业内外部客户提供相应的数据服务。数据服务基于之前的数据驱动建立的指标体系和数据运营架构方案,直接通过更加直观的方式呈现在内外部客户面前,采用服务化的方式直接支撑业务。

基于数据指标建设和数智化运营策略建设,数据变为一种服务,融入业务,并为业务带来直接的价值。数智化运营数据服务体系如图 2-25 所示。

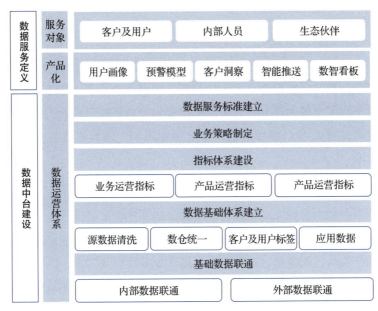

图 2-25 数智化运营数据服务体系

我们提供的数据服务可以分为以下几种类型。

1. 精准营销类

通过客户画像充分了解客户特征,设置分类客户标签,标签化定义客户特征，协助内部运营人员了解客户特征，通过数智化方式实现对客户的精准推荐和营销。另外，通过客户画像特征向客户推荐相关行业信息，助力客户成功。

2. 风险预警类

在数据指标体系基础上，构建风险预警规则与风险预警模型，通过设置各运营指标风险规则的方式，有效监控业务运营进展，对存在的风险点提前预知。同时，制定风险评级规则，并根据风险类型、风险等级，制定规范化解决方案，使风险实践前置化、数字化，风险处理规范化，降低风险发生对业务的影响。

3. 客户洞察类

基于对客户订单数据、客户行为数据、客户画像特征数据、客户行业特征数据等全方位的分析，洞察客户需求，并将洞察应用于高层决策和业务运营中，超前规划及满足客户需求，提升客户满意度及客户黏性，延长客户生命周期，从而创造更多客户价值。

4. 智能任务推送类

在客户服务标准和数智化运营策略基础上，提供智能任务推送服务，即在某时间点，精准将客户服务推送给一线运营及客户服务人员，规范化、系统化客户运营服务标准及要求，以客户服务领先实践标准统一一线服务人员客户服务动作，实现精准的数智化运营。

5. 数智化看板类

建立全数智化看板体系，可视化数据结果指标及过程指标，以多维形式进行数据展现（展现形式包含数据大屏、仪表板、自动化数据报表、客户运营报告等），为不同角色人员提供专属的、精准的数据看板服务，使数据更加便捷、直接、形象地呈现在使用者面前，推动数智化运营。

2.6 本章小结

本章阐述了客户成功如何重新定义与客户的互动，并介绍了如何让客户成功更好地驱动增长。企业可通过对产品、市场营销、销售、客户成功和人力资源各个方面的顶层设计，建立全员以客户为中心的流程，在与客户全旅程深度互动过程中，以数据驱动建立度量体系。

数智化运营落地的架构仍然是基于之前已经建立的客户全生命周期旅程。针对不同的客户旅程特征，设计符合其需求的数智化运营策略，通过每阶段客户的数智化精准营销，实现每阶段的核心目标。数智化运营的落地体现在数智化运营系统中，可以给企业客户提供多维度的数据服务产品，通过数据服务产品的落地，使数据更加直观、形象地呈现在企业客户面前，有效推动数智化业务进程。

第 3 章
客户成功如何驱动公司高速发展

在 ToB 领域，如何保证客户的留存，从而实现持续健康的高速发展，是摆在每家企业面前的永恒命题，而客户成功在这其中扮演着重要角色。

通俗来讲，衡量客户成功的标准是客户是否愿意为产品和服务带来的价值而持续付费，对应到客户成功实际业务当中，这一标准便是要持续地为客户创造价值。

这就要求 ToB 企业的营销、销售、交付以及运营都要基于客户成功的视角进行价值实现，而在实现客户价值过程中还要运用科学的方法论和数智化运营工具来对客户的全生命周期进行经营和管理，全面提升客户体验。

本章将详细介绍如何通过客户成功更好地达成续约续费、增购、交叉销售以及推荐等客户生命周期中重要的指标，从而驱动公司高速发展。

3.1 减少客户流失

如果把OP时代的客户经营比作"猎人",那么目前SaaS模式下的客户经营就好比是"农夫"。在客户经营过程中,只有站在客户视角,以客户价值为中心,发扬"农夫精神",才能帮助客户实现业务增长,从而实现客户的持续留存。

客户流失造成的结果与客户成功的目标完全背离,直接影响着ToB企业赖以生存的订阅服务收入,甚至连之前为此客户付出的交付成本、售前成本一并损失。但同时,挽回一个流失的ToB客户更是异常艰辛,通常需要付出首次获客的数倍精力和成本。另外,客户流失后,极有可能会选择竞争对手。

所以,降低客户流失率,保证客户持续健康留存,是客户成功的核心,也是ToB企业获得高市场份额需要练就的"硬核内功"。

有人算过一笔账,假设一家企业有10个客户,每月新增2个客户,其MRR是600元。如果该企业的客户流失率为2.5%,在第24个月,客户的现金总收入为109286元;如果该企业的客户增长率为2.5%,在第24个月,客户的现金总收入为194094元,相差近一倍;第5年末,后者现金总收入是前者的4.4倍;第10年末,后者现金总收入是前者的19.3倍。示例如表3-1所示。

表 3-1 流失率与增长率的对比分析

时间		当月收入(元)			累计收入(元)		
		流失率 2.5%	增长率 2.5%	月收入 倍数	流失率 2.5%	增长率 2.5%	累计收入倍数
第1年	第1月	6000	6000	1	6000	6000	1
	第2月	5850	6150	1.1	11850	12150	1
	第3月	5704	6304	1.1	17554	18454	1.1
	……						
	第11月	4658	7681	1.6	58339	74901	1.3
	第12月	4542	7873	1.7	62880	82773	1.3

(续)

时间		当月收入（元）			累计收入（元）		
		流失率 2.5%	增长率 2.5%	月收入倍数	流失率 2.5%	增长率 2.5%	累计收入倍数
第2年	第1月	4428	8069	1.8	67308	90843	1.3
	第2月	4317	8271	1.9	71626	99114	1.4
	第3月	4209	8478	2	75835	107592	1.4
	……						
	第11月	3438	10329	3	105934	183507	1.7
	第12月	3352	10588	3.2	109286	194094	1.8
第5年		1347	25755	19.1	187460	815950	4.4
第10年		295	113316	384.2	228498	4405956	19.3

高客户流失率使得 SaaS 业务不再具有指数性增长的"魔力"。客户流失率直接影响着决定 SaaS 模式成败的关键指标——续约率，当续约率低至一定水平，SaaS 模式就不复存在了，NRR 增长乏力，甚至亏损，最终公司难以为继。客户流失带来的影响不局限于 SaaS 企业，而是整个 ToB 领域的企业。

3.1.1 为什么减少客户流失对企业至关重要

SaaS 模式对客户经营提出更高的要求，也让企业越来越重视客户的持续健康留存。在软件时代，销售售卖给客户的是永久资产，是一次性投入，客户购买后如果没有深度应用好，往往会损失投资或再加大投入进行全面升级，风险大部分在客户这边。而在云服务时代，客户购买的是一种服务，通常是按年订阅付费，如果我们提供的云服务不能切实帮助客户取得业务成果，真正实现客户成功，客户往往会及时止损，不再支付订阅费。同时，客户很有可能会选择竞争对手，为竞品代言。客户一旦解除这种服务关系，对客户和企业来讲都是损失，甚至对企业来说风险要更大一些。因此，减少客户流失对 ToB 企业至关重要，长远来看，甚至会影响企业的持续健康发展。

多年来，企业在选型数智化系统时，往往会看行业龙头或同行选择了什么产品，作为选型和邀标的重要参考。重要客户的流失会有口碑效应，往往会影响同行业的其他公司，甚至会传导至上下游企业。尤其是行业龙头企业或标杆企业的贬损对 ToB 企业的影响更大。项目决策人或干系人离职并到其他企业履新后极有可能替换产品，这样的案例屡见不鲜。

因此，流失一个客户往往会让同行、上下游等其他既有客户抛弃我们，或者影响一些尚在选型的客户的决策。正因为 SaaS 服务的替换成本很低，也较快捷，所以客户很容易受到贬损客户的影响而转投竞争对手的怀抱。

移动互联网时代，每个用户都可以发声，负面信息的散布速度比较快，传播范围比较广，如果负面信息通过网络平台不胫而走形成舆情，不仅对正在选型的潜在客户影响很大，而且给竞争对手创造了"不战而胜"的绝佳机会。

另外，客户流失直接影响续约率指标，对经营业绩影响很大，对企业的现金流、员工的稳定性、管理层的策略、投资人的信心、市场口碑、市值股价等影响都很大。因此，减少客户流失对企业至关重要。

3.1.2 构建减少客户流失的运营体系

要想减少客户流失，企业需要以客户价值引领为动力源，以基于双赢的客户成功方法论和基于客户全生命周期的数智化运营平台为双轨，市场部门做好基于客户成功的价值营销，销售及售前部门做好基于客户成功的价值销售，交付部门做好基于客户成功的价值交付，客户成功部门做好长期的价值运营，充分保证全程良好的客户体验。只有这样，减少客户流失的运营体系这趟高速列车才能进入客户成功的快车道，如图 3-1 所示。

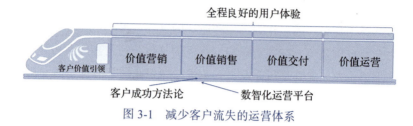

图 3-1　减少客户流失的运营体系

1. 以客户价值引领为动力源

当今云时代，一切以效果说话，用友网络董事长兼 CEO 王文京先生提出"一切基于创造客户价值"的理念和要求，充分展示了企业高层对客户价值的珍视。创造客户价值是 ToB 业务开展的最终目标，只有一切基于创造客户价值，让客户感知到价值所在，以效果付费，才能确保客户在订阅模式下按期续约续费，从而促进公司业务的高增长。要做到客户价值引领，客户成功经理就必须具备较高的专业性，无论专业知识、产品知识、领先实践，还是项目经验、管理思维、客户成功理念，都能够引领客户，让客户感受到专业度，并通过方案解决业务痛点，从而提升客户满意度，同时实现客户成功。因此，构建减少客户流失的运营体系，必须发挥好客户成功方法论和数智化运营平台的双轨作用，保证客户成功"列车"高速平稳行驶。

2. 基于双赢的客户成功方法论

客户成功方法论是以 ToB 企业和客户双赢为目标，实现客户成功的方法论。客户成功方法论是企业在数智化目标实现过程中各类行为的基本规律、实现路径与秩序的总结。其最重要的特点在于，它不仅是理论认知工具，还是认知和方法的统一，对客户成功体系构建及客户成功具有指导意义。

客户成功方法论由探索客户期望（Expectation）共建客户成功计划（Plan）赋能成功应用（Adoption）、运营数智价值（Value）4部分核心内容构成（在第7章做详细解读），如图3-2所示。

图3-2　客户成功方法论

客户成功方法论4部分核心内容环环相扣，层层深入，以终为始，实现客户全生命周期的价值管理。

3. 基于客户全生命周期的数智化运营平台

SaaS系统对于厂商来讲有一个明显的优势：安装在第三方IaaS服务商的云端，可以清晰呈现客户对产品的应用程度、满意度等指标，使厂商能够敏捷洞察客户全生命周期对产品和服务的体验指标。所以，对于客户成功运营来讲，基于客户全生命周期的数智化运营平台是必不可少的。

在用友，由客户成功部自主研发运营的用友客户成功平台——友户通，将客户运营流程全部在线化清晰呈现，在客户运营和提升客户体验方面发挥了重要作用。其主要的功能如下。

1）平台化运营服务：用友集团将客户成功业务尽可能全部线

上化，包括销售、售前、交付、客户成功经理，甚至产品经理、服务顾问等各个角色负责的业务。从售前环节到交付环节、客户成功环节，再到NPS调研环节，各阶段的工作尽可能线上化，使全员工作都在内部的数智化系统中留痕，确保客户成功经理对各项工作可查询、可统计。

2）智能客服：通过智能客服规范服务流程，对服务质量和产品质量进行有效监测，并通过在服务过程中积累的知识库、语料库为客户提供精准、高效的智能化服务。

3）在线支持服务：通过数智化运营平台上的企业服务中心实现用户在线支持服务，包括实名认证等。

4）智能运营：数智化运营平台提供各类KPI看板，支持定期、定时自动给总经理、客户成功部总监等发送邮件，并给客户成功经理推送客户提前90天、60天、30天的续约提醒，通过推送信息的方式联动其他机构、伙伴开展客户健康度分析，改善客户体验，进行客户风险管理、客户成功目标管理，确保客户按时续约，提高客户留存率。用友通过数据智能驱动客户全生命周期各类运营目标与任务的达成，实现可持续推动客户成功并达成复购。

通过平台的全线上NPS闭环管理功能，用友可精准捕获客户对用友云产品与服务的反馈，及时洞察令客户不满的原因并驱动对应的行动进行解决，给客户提供更多、更贴心的服务，提高客户满意度。

5）用户社区：数智化运营平台提供7×24小时在线用户社区服务，通过问答、协作交流、文库、帮助等模块帮助用户解决问题，有效缓解人工服务压力；通过学习认证，引导用户和合作伙伴自助学习、了解产品；通过创意交流实现以客户为中心，收集需求与反馈，助力产品发展。

4. 基于客户成功的价值营销

客户是企业赖以生存的土壤，为客户创造价值的能力是企业盈利的决定因素。客户成功是企业增长的强劲动力。企业在制定营销策略时，要以客户成功为根本，以价值引领为抓手，一切基于客户价值创造，针对不同级别的客户采取与客户价值相配套的营销策略。

根据二八定律，20%的大型客户能为企业带来80%的收入。大型客户作为企业利润的主要来源，具有稳定性高、忠诚度高、数量偏少、CAC低等特点，因此，企业免不了要为其提供个性化的产品和服务。具体来说，企业应派专属的客户成功经理接洽和服务大型客户，了解大型客户尤其是关键客户的体验及潜在需求，确保与客户始终保持良好的关系。同时，企业要牢牢掌握客户的消费需求和不同层次的管理目标，为客户提供更加匹配、更加贴心的个性化服务，在改善客户体验以及吸引客户购买更多产品和服务的同时，基于客户成功做好价值营销，确保客户成功。

中小型客户期望通过低成本投入在短期内创造价值。在价值营销方面，企业要侧重于将产品和服务结合客户业务场景进行营销而非推荐产品和服务的功能或细节。首先，企业可以邀请中小型客户参加行业沙龙、私享会、产品体验会等，让客户切身感受到产品和服务的价值，享受到被尊重的快乐；其次，企业应充分利用技术优势，提供免费试用、在线下单、自动开票等便利服务，让客户感受到易得、易用、高价值的意外惊喜。

小微客户对价格敏感，对易用性要求高。因此，企业在营销策略上应更多注重品牌营销，更多推荐行业化、标准化产品，为客户提供"小而美"的产品，提供自助交付或免交付服务，满足其日常业务的刚性需求，确保客户成功。

5. 基于客户成功的价值销售

在售前阶段，客户成功团队与售前团队的高效协同是更好地创造客户价值的重要保证，应始终从客户视角看问题，洞察客户的真实需求，并制定与之相匹配的解决方案，做到既不过度销售产品，也不过度承诺服务，确保卖给客户的产品和服务能够成功交付、成功上线和成功使用。

要想做好不过度销售，客户经理或售前顾问在签约前可以填写一份客户成功规划表。客户成功规划表的内容由客户成功团队定义，并根据情况定期更新。客户成功规划表达成客户期望探索的目标，内容包括客户的商业目标或业务目标、期望达成的关键效果，以及成功路线规划等。

客户成功经理应监督和督促客户经理及售前顾问对每个项目都要做客户成功规划分析，防止过度承诺导致后期交付困难，客户不成功，企业受损失。用友某分公司在销售产品和服务时，针对每个项目都会与客户成功部门提前沟通，针对客户非标准化产品的需求，如果客户成功部门评估可以交付给客户，客户经理才会销售；如果客户成功部门评估交付有难度，客户经理就不会推进后续销售进程，除非客户放弃相应的需求或变通解决。

每次销售活动结束后，客户成功团队和销售团队需要进行客户成功规划复盘，一方面为后期销售总结经验，另一方面为客户成功规划迭代积累经验。如果在后续交付过程中出现问题，申请人、审批人都需要进行书面的复盘。

在价值销售环节，企业应该制定相应的规章制度，防止客户经理向客户承诺当前产品和服务满足不了的需求、尚未发版的功能模块等，避免出现签约后产品功能无法满足客户需求的情况，最终导致客户断约或退货。

6. 基于客户成功的价值交付

以价值为导向的项目管理也是 PMI 关注的焦点。面对复杂多变的项目环境，价值驱动型项目管理是大势所趋。价值驱动型项目管理要求项目经理拥有全面的视角，不能只盯着短期的时间、范围、成本，还要聚焦长远的战略和可持续价值。

在知识经济时代，市场需求的个性化和复杂化使企业必须重新设计客户价值交付流程。客户价值的确定和交付是顾客价值管理中最为核心和重要的内容。卓越客户价值交付流程应包括客户价值识别、价值交付、价值传递、价值评估 4 个方面。

客户成功方法论正是以客户成功为目标，以客户的愿景为出发点进行价值识别，聚焦长远的战略和可持续价值，而非局限于项目管理的"铁三角"；以客户期望为价值评估基础，以终为始，确保双方对客户成功的评估标准一致；通过共建客户成功计划，确保努力的方向正确；赋能成功应用，保证客户将流程和数据管理到位，深度应用好产品；持续运营好数据，确保客户成功。

价值交付是以客户成功为动力的交付，从客户的业务场景出发，在客户需求基础上进行评估和计划共建，主动为客户提供合理的建议，通过交付真正满足客户的需求。而功能交付是为了满足客户需求进行的交付，没有从客户实际业务场景出发，往往会造成客户对产品的应用不够，容易导致客户流失。所以，不同的交付理念会对交付效果产生不同的影响，如图 3-3 所示。

7. 基于客户成功的价值运营

客户成功之所以近些年风靡全球，尤其深受 ToB 领域企业的追捧和客户的信赖，是因为它定位为利润中心，是主动式运营，帮助客户实现目标，确保客户成功。正因为客户成功定位为企业创造利润，所以无论在服务的深度、广度、目标方面，还是在用心程度、思维方式方面都是截然不同的，尤其是对于更换成本很低的订阅服务，只有用心为客户着想，客户才会持续续约。

图 3-3　不同交付理念对交付效果的影响

悉数成功 ToB 企业的运营策略，无一不是站在客户角度，为了客户成功而用心经营，例如年度服务规划、业务推进计划、QBR、客户成功服务运营、活跃度运营、产品问题反馈、CSP 运营、重点客户拜访、风险预警管理、续约管理、交叉销售均是以客户成功为本的主动运营。

3.1.3　持续改善 SaaS 服务的用户体验

现代社会是一个信息获取无限快捷、供应链高度发达的社会，现代企业之间的竞争已经变成用户体验的竞争，追求极致的用户体验也正是 SaaS 企业运营的魅力所在。因此，企业的核心竞争力就是为客户提供性价比更高、用户体验更好的产品和服务。企业管理的目标就是提供满足客户需求的产品和服务，持续改善用户体验，提高客户满意度，不断提高续约率，最终实现自身价值。

用户体验是 SaaS 服务赖以生存的基石，尤其是在移动互联网盛行的今天，人们常说"用户已经被互联网宠坏了"，人们对产品体验要求达到近乎苛刻的级别，而且用户在某些场景下能够与专业的 UE 设计师一同探讨交互设计。

因此，我们必须认识到用户体验是 SaaS 服务的生命线，是 SaaS 客户续约的"晴雨表"。在订阅经济时代，用户体验不好，直接影响续约、续费，尤其是对于 ToB 产品，有一部分客户的体验不佳，或者少数关键用户的体验不佳，续约、续费就会受阻。特别是 OP 转 SaaS 的公司，很容易出现不重视用户体验的情况，造成 SaaS 转型困难。

SaaS 服务设计最关键的不在于实现了多少功能，而在于 UE 设计，尤其是移动端的 UE 设计。UE 设计直接影响到产品的用户体验，决定了产品的受欢迎程度。

另外，ToB 产品最重要的不是逻辑，而是场景。不接触客户，闭门造车，不可能设计出高用户体验的产品和服务。因此，ToB 企业的产品经理必须有定期拜访客户的计划。只有经常到客户现场，了解客户实际的使用环境、操作习惯、业务场景、使用特点，观察用户全场景的应用体验，倾听用户对产品的建议和吐槽，才能设计出用户体验好、满意度高的产品。

3.1.4 案例介绍

江苏某公司 X 拥有专业的技术和高知名度，产品远销 60 多个国家和地区，按照"统一平台、业财一体、精细化管理、数字化运营"的目标进行系统升级。升级后，库存模块、生产模块、审批流程和智能分析报表等相继上线。上线后，因为客户的业务发生调整，客户需求发生变化，客户内部出现抱怨声音，X 公司通过客户成功系统检测到客户活跃度发生异常，于是主动联系客户，了解最新的业务和产品应用情况。

面对挑战，X 公司非常重视客户，积极组织项目团队，从组织架构、解决方案、运营管理等方面进行根因分析，深刻剖析，直面问题，对症下药；在组织架构方面，迅速构建了 CSM 团队、销售团队、SSC 团队"三位一体"的"铁三角"团队，定期与客户沟通，共建计划；在客户运营方面，迅速复盘客户诉求，按周主动拜访，以 MOT 课程中的行为方式与客户进行深度沟通，进行数智化转型业务再规划，重新评估客户愿景和战略，对关键场景的需求实现进行深度研讨，提出基于行业标杆的方案建议，优先解决关键环节的问题、关键决策者重点关注的问题和需求，同时针对关键业务场景、技术、流程和数据问题及时拉通产研，专项攻关，通过周会等形式迭代推进；建立与决策者高频沟通、及时共建的工作交流模式，重塑信任；与干系人共情项目价值，剖析客户深层次价值需求，深度应用产品，多渠道解决关键问题，提升客户满意度。

最终，通过"铁三角"团队的共同努力，X 公司与客户一起成长，实现了从经验决策到数据决策、从功能适配到价值驱动的跨越，市场占有率增加 35%，销售利润上升 74%，公司业绩提升 126%。客户高度认可项目运营的价值和项目团队的专业性，按原价正常续费，还计划增购 CRM 系统。这是一个典型的减少客户流失成功并逆转实现交叉销售的案例。

3.2 实现客户成功续约

3.2.1 信任是持续性收入的核心

正因为订阅服务的替换成本非常低，与客户的每一个触点都可以看成售前行为，客户在下一个续费周期很可能就不再续费。在销售阶段无视客户成功的过度承诺行为通常也会导致交付困难，在交付的过程中客户往往也会选择退货，最终导致企业得不偿失。即便是 400 热线这种与客户较为短暂的触点，如果处理不好也会引起客户的不满，甚至投诉，有时也会导致客户体验糟糕，放弃购买或续约而选择竞争对手。

服务闭环管理主要是主动调查、受理客户对云服务产品和服务的意见，这对于提高客户满意度、提升客户体验有不容忽视的作用。任何制度和流程都有执行的偏差，服务闭环管理可以有效规范服务、提升服务质量，进一步提高客户服务满意度，从而确保客户成功落到实处。

总之，我们在与客户互动时都要以长期合作为目标，始终坚持客户成功原则，一切基于创造客户价值，主动关怀客户，所有的行为都要让客户产生进一步信任和正向效果，以便续费时客户立即会想起项目产生的价值，回忆起合作的愉快之处。这样，续约、续费就水到渠成了。

3.2.2 90/60/30 天续约管理

ToB 领域 SaaS 服务的特点之一是客户续费金额相对偏低、客户量大，因此客户成功系统一般都具有续约自动提示功能。SaaS 客户一般是按年续费的，通常续约到期前 90 天开始进入续约管理的关键时期，这段时间内客户经理需要做的工作还是非常多的，而且有些工作关系到续约、续费是否成功，例如客户盘点、年度服务报告、风险预警管理、商务洽谈、挖掘增购和交叉销售机会等工作，对客户续约、续费影响很大。

90/60/30 天续约管理主要包括续约意向确认、续约流程跟进、续约达成及订单开通 3 个阶段，各阶段具体的工作内容示例如表 3-2 所示。

表 3-2 90/60/30 天各阶段续约管理工作内容

关键目标	90~60 天 续约意向确认	60~30 天 续约流程跟进	30 天以内 续约达成及订单开通
关键行动	到期前 90 天，CSM 及时发现和化解续约风险	CSM 出具年度服务报告，并组织年度客户成功会议，促成续约	确认续约结果，订单开通及跟踪
主要动作	1）客户成功在线运营平台推送到期预警 2）了解客户应用情况、价值认可、健康度、活跃度 3）根据风险等级，制订行动计划并落地 4）配合销售通过电话面谈等方式、初步确认客户续约意向（如有续约风险，启动风险控制流程） 5）挖掘增购/交叉销售机会 6）90 天内到期续约跟进	1）CSM 邀请客户高层、内部销售参会，分享年度关系，统应用目标、价值达成、着重展示合作成果，与客户共建后续规划，讨论并确定续约计划 2）确认合同流程及付款周期，避免延期（如有续约风险，启动风险控制流程） 3）60 天内到期续约跟进	1）确认续约进展，如商务洽谈中、合同审批中、付款中 2）续费订单开通及跟踪如有断约风险，制定赢回策略（详见断约管理） 3）30 天内到期续约跟进（如延期，须说明具体原因并提前做好延期申请）
CTA 反馈成果呈现	1）续约意向预测，包括确定续约、有风险、暂不确认 2）客户应用反馈说明（如有续约风险，了解具体原因并说明）	1）确定续约流程周期 2）文档输出，如年度服务报告 3）本次续约是否有变动，包括产品、价格、增购机会等	1）确定续费金额 2）预计回款时间

3.2.3 基于效果的价值评估

1. 原因

我们给客户提供产品和服务时，不能只讲功能多么强大，必须要进行效果展示，客户才能感受到产品和服务的价值所在。通常，客户分为高层决策人员、中层管理人员、基层业务人员三大类。

基层业务人员数量众多，IT应用水平参差不齐，高频业务集中，使用系统频繁，是业务数据的生产者及产品和服务的使用者，经常因为各种特殊的业务需求而抱怨系统功能不够强大，不够智能。

中层管理人员数量较少，IT应用水平最高，工作繁忙，是业务数据的应用者和系统配置的管理员，通常因为所辖业务的成熟度和应用水平不一而对产品和服务评价不一。

高层决策层人员数量很少，通常只看统计数据和分析报表，对系统感知甚少，主要听取中层管理人员，特别是关键用户对系统的评价。

因此，我们必须给客户做基于效果的价值分析，才能使客户更深切地体会到产品和服务带来的价值。否则，客户往往只看到应用过程中的问题，并不断提出新的需求。久而久之，客户失去信心，无论我们怎么做也很难挽回，厂商失去耐心，不愿再投入，最终导致项目难以为继，续约、续费无望。

我们必须基于效果做价值评估，向客户出具价值总结报告，这是客户成功经理非常重要的工作之一。

2. 实践

年度服务报告是我们与客户方，尤其是客户高层沟通交流的宝贵时机，客户成功经理一定要把握这个来之不易的机会，高度重视并扎实做好每项工作，充分做好事前准备、事中汇报和事后总结，让客户清晰地感受到我们的产品和服务的价值。

针对老客户，我们必须要对其做全面的阶段业务总结、运营数据分析、日常问题总结、领先实践分析、新功能速递，并明确本年度业务目标及达成路线图等。常见年度服务报告的目录大纲示例如表 3-3 所示。

表 3-3　年度服务报告的目录大纲示例

一级目录	二级目录	一级目录	二级目录
一、项目背景		四、日常问题总结	
	合作背景		问题解决情况
	建设目标		遗留问题解决计划
	总体架构图	五、优化推广建议	
	业务流程图		功能优化建议
	项目里程碑回顾		流程优化建议
二、系统建设成果			管理优化建议
	项目范围	六、领先实践分析	
	核心功能		案例一
	ROI 分析		案例二
三、运营数据分析		七、新功能速递	
	线上应用情况概览		功能一
	用户分布情况		功能二
	活跃度情况		功能三
	用户行为分析		……

阶段业务总结是客户成功经理与客户关键干系人通过定期会

议的方式，明确当前在服务达成路线图中的位置，总结过往服务价值，计划下一步行动。与年度服务规划相比，阶段业务总结更侧重已达成服务的价值总结及下一阶段计划制订。

为了有效推进客户业务目标达成，与客户建立紧密的信任关系，并突出客户成功经理在其中的价值贡献，阶段业务总结的关键点是：充分准备产品和服务的相关价值点，以影响客户关键干系人；关注客户成功路线图；明确目标或者客户期望；与客户共建业务方案；达成一致的行动计划及流程，并推动双方共同执行。

客户续约前一次的阶段业务总结要包括整个年度的服务价值总结。一般来说，对于大客户，我们往往通过现场沟通的方式进行阶段业务总结；对于中小客户，我们可酌情通过现场沟通、远程交流、电话沟通等方式进行简要的阶段业务总结。

3. 变化

传统 B2B 销售是基于对解决痛点的承诺，客户通常购买的是产品价值，是预付费的。客户无论将来能不能获得预期效果，前期都需要高额投入。在 OP 时代，客户通常要购买硬件、买断软件，并成立一个 IT 运维团队进行后期运维，在没有看到任何效果之前，便投入巨额资金，成本高，风险大，有时因为需求不明、方案无法确定等种种问题，系统上线延期数年。

如今，SaaS 商业模式对客户成功的定义是截然不同的。客户是按效果付费的，交付不是重点，持续产生效果才是重点。SaaS 时代，客户通常按年、按季，甚至按月付费，再也不用购买硬件、无须买断软件，也不用配备相应的 IT 运维团队，前期不用投入大额资金，成本低，风险小，如果服务期到，客户仍未看见效果，不再续费，可以很轻松地更换新的服务提供商。按价值付费和按效果付费的区别如图 3-4 所示。

图 3-4 按价值付费和按效果付费的区别

3.2.4 案例介绍

北京某企业成立于 2020 年,主要开展软件服务和服装销售等相关业务,注册资本 500 万美元,运营状况良好,现金流充足。

该企业于 2021 年 7 月购买用友 YonSuite 的总账服务、应收管理、应付管理、现金管理、固定资产管理、财务报表管理、采购管理、库存管理等模块。该客户信息化水平有一定提升空间,对国际化业务场景诉求较高。用友顾问在调研客户需求后,与产品经理一同跟客户共建解决方案,虽然在产品和业务解决方案设计过程中遇到了不少困难,但项目团队表现出用户之友的精神,与客户主动沟通,模拟业务,反复测试,最终成功完成关键国际化业务测试,并于 2021 年 9 月上线。

业务上线后,客户在某次季度 NPS 调查中反馈系统部分体验问题。客户成功经理迅速联系客户,经过探索发现,由于客户项目负责人变更和专业人员补充不到位,除总账服务和财务报表管理模块外,其他模块无法正常投入使用,而且相关人员操作系统不熟练导致出现一些异常问题。

客户成功经理马上安排客户专项培训计划,帮助客户顺利应用系统,并根据客户的团队情况建立了专项赋能计划,确保在未来不再发生类似的问题。针对这次 NPS 调查的反馈和互动,客户也给予了非常好的评价。

临近续约期 90 天时，客户成功经理在客户成功系统的提醒下，与客户进行续约确认，发现了一个非常危急的情况：客户财务侧负责人更换，对前期系统建设方案提出质疑，并对项目是否续约提出异议。客户成功经理与客户沟通组织一次年度总结汇报。在会上，客户成功经理展示了用友对客户战略和业务的理解，并将推进客户战略和业务的关键指标进行了分析，发现经过近一年 YonSuite 产品的应用，业财管理效率、库存周转率、采购准确率等都提升了。同时，客户成功经理根据客户业务发展，给出了专业的建议。最终客户转忧为喜，被用友项目团队的专业和真诚所打动，与用友再次牵手，顺利续约、续费。

3.3 推进客户增购与交叉销售

3.3.1 基于客户成功目标的增购与交叉销售逻辑

与 OP 时代一次性尽量签全模块、签大单的思路不同，SaaS 时代是先签满足客户核心诉求的模块，让客户快速上手，真正用起来，深度应用，感受到 SaaS 服务带来的价值。按照客户成功方法论，先让客户根据关键指标认可 SaaS 服务，再逐步扩展，实现增购和交叉销售。

在基于交易的经济模式下，企业对客户需求的主动洞察能力不足，往往将所有的产品和服务卖给客户，而客户不清楚产品和服务是否真正能满足业务需求，这样就导致客户一次性投入大，后期替换成本高，有些客户因为感受不到服务甚至不愿再续费。而基于客户成功的经济模式，企业从客户真正的需求切入，通过持续的客户成功运营和客户深入应用，不断地续约、续费，并进行复购、增购、交叉销售和推荐。基于交易的经济模式与基于客户成功的经济模式对比如图3-5所示。

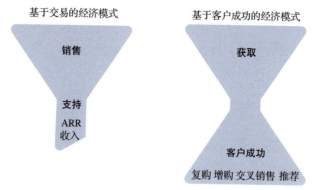

图3-5 基于交易的经济模式与基于客户成功的经济模式对比

综上所述，基于交易的经济模式着眼于厂商利益和当期收益，是眼前经济；基于客户成功的经济模式着眼于客户成功和未来收益，是未来经济。显而易见，企业要想实现持续发展，必须重视未来经济，这也是客户为什么青睐SaaS服务的根本所在。

3.3.2 客户价值管理

创造客户价值是所有企业的使命，更是ToB企业的生命线和强劲增长动力源。对于客户来讲，相对产品和服务功能而言，他们更关心产品和服务能够解决什么业务痛点，在商业竞争中能带来哪些竞争力。

从客户的名字出现在客户成功平台的那一刻起，我们便与客户产生了联系，之后的每一次互动都影响着客户对产品和服务价值的感知，所以我们要始终和客户站在一起，甚至比客户更关心他们业务的进展，提供与客户业务场景相匹配的解决方案，再通过建议或实施交付让方案落地。这种持续满足客户需求的过程被称为客户价值实现。

在引导客户进行深度应用阶段，客户关键干系人甚至最高决策者会注重投入产出比，通俗讲就是"钱花得值不值"，衡量的重要标准就是产品和服务的实用性，只有让客户持续、高效地深度应用，我们才有让客户续约、增购的机会。

1. 价值感知

对于 SaaS 项目管理，最终项目是否成功并不在于乙方是否提供了合同约定的项目成果、甲方是否出具了项目验收报告，而在于结项时客户对厂商交付项目成果的价值感知与价值认同，以及项目投入运营后为企业和社会创造的价值。SaaS 项目管理将价值创造以及客户对产品和服务的价值感知、价值认同作为客户成功的唯一标准，这将为 SaaS 行业的发展指明方向。

对于 SaaS 服务，客户期望获得的是产品和服务带来的价值，而非技术层面的产品功能本身，如果只注重产品功能，就不能体现 SaaS 服务的核心优势，SaaS 服务的本质在于价值的快速实现。客户价值体现包括 3 个层面：一是对客户行业竞争优势的提升，二是对客户经营绩效的量化改善，三是对客户具体业务场景和流程的量化改善。因此，对于 SaaS 客户来说，我们更应该强调产品和服务带来的价值而非功能。

2. 价值实现

让客户感受到价值所在如此重要，那么如何帮客户实现价值呢？首先，必须不断地探索客户期望的价值；其次，按预期交付价值，将客户成功的目标聚焦于解决方案，交付就会变得越来越有趣；最后，持续提升产品和服务的应用价值，具体如图 3-6 所示。

探索价值就是要与客户共建、交流，明确客户的愿景和战略、成功指标，进行应用深度研讨，然后根据客户的实际数据进行运营，对比运营效果与目标进行差异分析，最后迭代完善整体规划。交付价值就是部署和配置系统相应的功能及流程，落地并实现产品和服务的新特性，按领先实践快速落地相应的流程，并进行需求迭代。提升价值首先要设定价值提升目标（即成功基线），然后在实践中监控、持续改善和优化，并将知识转移至关键用户，让客户深切体会到产品和服务的价值所在，最后总结、提炼出最佳业务实践。

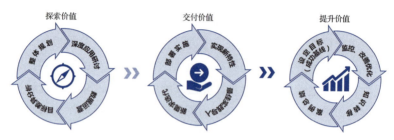

图 3-6　客户成功整体价值管理

那么，我们如何有效地进行产品和服务价值落地与实现？需要重点关注 ROE（提升股东价值）、客户体验与成功管理、数智化竞争优势、人力资本增值 4 个方面。这 4 个方面有一定的层次性，也有强逻辑相关性。我们可通过数智化转型，实现人力资本增值，从而提高企业竞争力，实现良好的客户体验与客户成功，持续为股东创造价值，从而达成价值实现目标，如图 3-7 所示。

在图 3-7 中，每项价值都有详细、具体的指标度量。下面我们以人力资本增值为例，说明价值定义的方法。人力资本增值定义：以业务目标、驱动因素为财务杠杆，通过人工成本管理、人才结构优化等措施摸清人才资产与负债情况，从而得到人力资本 ROI（包括人力资本投资收益、人力卓越运营等），最后实现企业科学合理的人才流量分析和管理（包括人才流失监控、人才流动洞察、人才吸引力建议等），如图 3-8 所示。

图 3-7　客户价值实现

财务杠杆	人才资产与负债	人力资本ROI	人才流量
业务目标、驱动因素	**人工成本管理** 提高资产净值 降低全职员工的费用 提升每个员工的其他资产 合理规划外包成本 提升生产效率 降低劳动力总成本占比 **人才结构优化** 提升品牌就业实力与卓越性 提升内外部招聘管理水平 降低招聘成本 提升招聘效率 提升招聘质量 提升雇用人员满意度 提升新员工满意度 提升员工对管理者的满意度 提升雇用员工保留率 提升雇用员工服务满意度 提升雇用员工薪酬满意度 提升雇用员工培训满意度	**人力资本投资收益** 提升营业利润 提高员工收入 **人力卓越运营** 提升每个员工的培训投资 提升员工培训数量 提升人力资源服务和交付水平 提升培训效果 提升职业发展规划水平 提升教育水平 扩大职业发展的控制范围 加大管理者任期管控 提升人力资源卓越运营健康度与安全性 加大人力资源卓越运营费用管控 加大人力资源编制管理 提升人力资源卓越运营的服务与交付水平 加大卓越运营的HR交易记录管控	**人才流失监控** 规划人才结构 人员差异 提升员工占比 延长员工任期 提高工作出勤率 **人才流动洞察** 提高职业发展的能动性 组织变更带来的变动 离职带来的成本变化 新员工离职带来的数据变化 绩效表现在离职人员中的数据表现 职位保留 员工退休数据 其他离职数据 **人才吸引力建设** 提高高绩效员工占比 绩效评估 提高生产率 提升服务水平 加大薪酬与福利管控 加大临时雇用劳动力成本管控 加大股权控制 加大其他报酬管控 加大工资管控 加大薪酬总额管控 加大可变薪酬管控

图 3-8　人力资本增值定义

客户价值管理非常重要，具体表现为对产品和服务的实用性要求高、快速交付。

3. 实用性

2022 年 3 月 25 日，用友网络董事长兼 CEO 王文京先生在集团

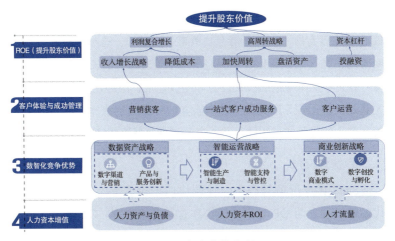

客户成功人才训战营启动会上讲话时指出：不同角色对客户成功的核心关注点有所不同，领导层（董事长、CEO、总经理）最关心战略落地，尤其是数智化转型战略落地；管理层（CXO、各板块的主管）最关心公司考核的关键任务和绩效达成；最终用户（基层用户，尤其是关键用户）最关心产品和服务的体验、价值。但他们都非常关心产品和服务的实用性，关心产品和服务是否能给企业带来价值。

4. 快速交付

SaaS 客户价值管理中，强调快速把价值展示出来。SaaS 时代的销售理念与 OP 时代的销售理念有天壤之别。OP 时代下企业追求"签大单"，厂商期望客户一次购买尽量多、尽量全的产品模块，希望金额大、提成高，与客户绑定。SaaS 时代下企业追求"与客户共赢"，根据客户愿景和战略，先卖给客户匹配战略实现的"小而美"的产品模块，让客户感受到产品实实在在的价值，产生信任感，再持续续约并不断扩大销售。

例如：Zoho 公司的销售理念是追求"免交付"，即客户在线下单后，进行简单的自助配置即可使用，节省厂商上门安装实施、赋能培训、驻场运营等昂贵的成本，节省了大量人力、物力，几乎将交付周期缩短为零。

3.3.3 案例介绍

北京 A 公司是澳大利亚某协会的一个派出机构，使用 YonSuite 系统实现信息化建设"本土化"。但是，当时的会员系统更多是支持零售业务，对以会员管理为中心的 A 公司来说并不是非常合适。面对 A 公司总部即将停止系统支持的情况，用友交付团队连同产研团队以最短的时间完成了整体方案设计并获得了客户方的认可，在系统切换过程中充分尊重客户意见，对客户需求进行迭代，受到了客户的好评。

客户在深度应用过程中提出需要部分报表来提高管理效率。为了能及时有效地解决业务痛点，用友交付团队与开发团队夜以继日地制作出令客户满意的报表。

后来，对于客户又提出的一些新需求，客户成功经理用心倾听，逐条分析，对合理需求进行了确认并共建解决方案。随着应用深度不断拓展，体验不断提升，客户选择用友合作的决心更加坚定。

后期，客户需要增加财务部分的应用时，毫不犹豫地签约用友 YonSuite，有效实现了交叉销售。

3.4 推进客户推荐

知名商业媒体 Business 2 Community 将客户推荐定义为"鼓励热情的客户和拥护者在他们个人社交账号上直接推荐企业的产品和服务"。行业内关于推进客户推荐的领先实践经验如下。

1）十分之九的客户购买决定是根据同行推荐做出的。(Harvard)

2）有推荐的 B2B 公司的转化率提高了 70%，产品披露的时间缩短了 69%。(Influitive)

3）直接推荐线索的价值比电话陌拜产生的线索价值高 36 倍以上，比贸易展会线索价值高 10 倍，比网络线索价值至少高 4 倍。(InsideSales)

我们发现客户推荐已被证明是对任何企业都有效的商机来源，也是客户成功体系关键的增长工具。

3.4.1 ToB 客户旅程的 NPS 调研设计

1. 分周期阶段

NPS 是一个直观展现客户体验的指标，其调研结果会在客户生命周期的不同阶段（见图 3-9）出现偏差。为了获得最真实的客户反馈，我们需要分阶段收集 NPS 数据。

图 3-9　客户生命周期的不同阶段

企业需要在客户生命周期的关键阶段设置收集点以获取 NPS 数据，例如：在成功规划阶段与销售团队的初始客户联系并获取售前反馈，在成功应用阶段与交付运营团队的项目客户联系并获取体验数据，在效果实现阶段通过与支持服务团队交互获取评价、建议。

2. 分用户角色

针对不同用户角色，NPS 调研可以有效揭示产品适用于哪些用户群体，不适用于哪些用户群体。特别是不同岗位用户，我们需要按行业、领域、角色细分收集 NPS。

用户角色细分如下。

- 行业：软件和信息技术服务业、金融业、房地产业、租赁和商务服务业……
- 领域：财务、人力、协同、供应链……
- 角色：核心干系人、活跃用户、访客……

3. 分渠道入口

NPS 主要的调研渠道包括电子邮件、网站和产品、移动端。

1）利用电子邮件调研 NPS：一种是使用调查问卷链接，另一种是嵌入电子邮件正文中的调查页面。按照过往几年的反馈情况，第二种方法对用户来说更方便，会产生更高的响应率。

2）利用网站和产品调研 NPS：SaaS 服务都是通过服务网站或在线产品应用来实现的，它们是客户群的关键入口。我们可以在服务网站和产品界面嵌入弹出式调查或通过悬浮反馈按钮向客户展示调查问卷。

3）利用移动端调研 NPS：如果当前业务客群主要通过移动设备使用 SaaS 服务，我们可以通过应用程序、短信等方式来触达用户。

3.4.2　实时敏捷 NPS 模式

对于客户成功体系来说，NPS 主要有以下 3 个关键价值。

- 客户持续连接：客户成功经理可以在客户生命周期的各个阶段直接与客户联系，例如在客户首次购买应用之后或者到期前 30 天、60 天、90 天的续约跟进。
- 体验主动管理：通过客户深度应用、持续互动后反馈的 NPS 值，有效评估客户在产品和服务方面的体验变化，主动提升客户体验。
- 竞争基准对标：调查所有潜在目标客户对产品和服务反馈的 NPS 值，直接对比潜在竞争对手的品牌认知。

基于以上价值实现，我们可以总结出一套实时敏捷的 NPS 闭环调研模式，如图 3-10 所示。

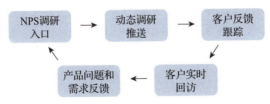

图 3-10　实时敏捷的 NPS 闭环调研模式

1）调研入口：服务网站与移动端社区、全产品线统一入口。

2）动态调研推送：每个工作日客户成功系统自动定量调研。

3）客户反馈跟踪：客户成功系统统一查询，智能推送预警邮件、消息。

4）客户实时回访：根据线上回访记录，客户成功系统自动推送产品问题和需求。

5）产品问题和需求反馈：对反馈的产品需求和问题，通过工单流转、跟踪解决。

实时敏捷的NPS闭环调研模式的一些领先实践如下。

1）实现全产品、全平台统一账号注册，集中收集、管理客户联系数据，以便精准地跟进客户。

2）从获客（产品购买、交付完成等）开始，留出48～72小时时间再进行调查，以便客户有足够的时间体验产品。这个时间根据产品和服务的复杂度不同而有所不同，否则NPS值可能会受到第一印象的影响。

3）在贬损者回复后24小时内快速回访，回访目的是解决核心问题，并在第一时间推动产品和服务体验的优化。

3.4.3 一站式客户服务平台设计

服务设计和产品设计的主要区别在于服务是无形的。服务设计是规划和组织服务的人员、基础设施、通信和材料组件的活动，以提高服务质量以及服务商与其客户之间的互动。而服务设计的目的是改善服务的运作方式，以优化客户体验，使本公司的服务领先于竞争对手。

如图3-11所示，以用友客户成功平台——友户通为例，用友基于客户成功体系构建了面向内外部服务对象、支持多种类产品应用、覆盖多类型服务渠道、以人机智能服务方式为核心的一站式客户成功服务平台。

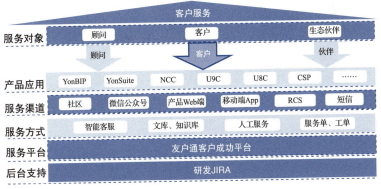

图 3-11 用友客户成功平台——友户通全景

一站式客户成功服务平台的特点如下。

- **统一云用户服务界面**：自建统一客户服务系统，实时连接云用户，保障海量用户数据和隐私安全，同时通过大数据服务快速提升智能化解决问题的能力。
- **业务场景深度融合**：融合用户社区、客户成功运营、服务单处理、NPS调研等场景，提供服务管理、多渠道服务能力。
- **可拓展服务生态**：聚合生态厂商服务、渠道专属服务、移动微服务，成为连接客户、用户、生态、渠道、顾问等的桥梁。

3.4.4 案例介绍

2020年，陕西某高科技企业购买了某公司的客户成功系统。在首次交付上线使用后，客户成功系统对使用该企业产品的活跃用户自动推送了NPS调查问卷，结果收到客户干系人真诚的反馈。

客户反馈通过客户成功系统的智能预警直接触达该公司相关

业务负责人，相关业务部与客户成功部立刻协同采取行动，联合实施交付、服务支持团队主动拜访客户总部高层领导，直接倾听客户诉求，对客户的问题进行详细分析并明确了解决方案；同时优化了实施交付环节的流程，保障系统上线后快速应用。

依托实时敏捷的 NPS 闭环调研模式，该公司适时采取主动行动、及时响应，让客户感受到了充满诚意的服务和改善产品的决心，最终不但成功挽回了客户，还获得了客户的信任。该企业连续三年续费增购并高频使用该系统。

3.5 推动产品改进与发展

企业提供产品和服务的目的是帮助客户获得商业成功。持续改进产品可确保增加客户使用量。随着业务的发展，客户比以往任何时候都要依赖企业的产品，这使得以产品为导向的客户成功成为企业可以采用的最高价值实现策略之一。客户成功可以让企业实现以下目标。

- 了解客户使用产品和服务的旅程。
- 了解产品差距并用数据展示产品和服务优化路线图。
- 通过调整客户旅程提高产品和服务的采用率。
- 捕捉用户情绪和评价结果。
- 为潜在的快速增长铺平道路。

3.5.1 PLG 战略的 3 个关键阶段

在 Jim Collins 的 *Good to Great* 一书中，他谈到了飞轮效应："在建设一个伟大的公司或社会部门的企业中，没有单一的决定性行动，没有宏大的计划，没有一招制胜的创新，没有单独的幸运突破，也没有什么奇迹时刻。相反，这个过程就像持续地推动一个巨大而沉重的飞轮,让它一圈接着一圈旋转,不断增加动能,直至达到突破点,甚至超越。"这体现了产品驱动增长(PLG,Product Led Growth)的战略价值。

飞轮图是可视化客户旅程和绘制指标的最佳方法,上一阶段的每个结果都应该为旅程的下一阶段创造动力,从而产生飞轮效应。下面通过用友客户成功平台友户通来说明支撑 PLG 战略 3 个关键阶段的具体任务实践,如图 3-12 所示。

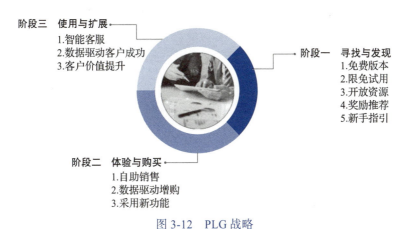

图 3-12 PLG 战略

1. 寻找与发现

在该阶段,客户还没有正式购买产品,处于问题定义、方案寻找和评估的环节。在该环节,我们所做的是尽可能让客户发现提供的产品和服务能够解决问题,或者提供的是最佳解决方案,具体方式如图 3-13 所示。

2. 体验与购买

使客户能够更有效购买产品并追加销售的方式,如图 3-14 所示。

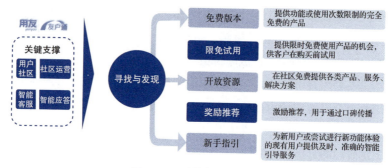

图 3-13　寻找与发现方式

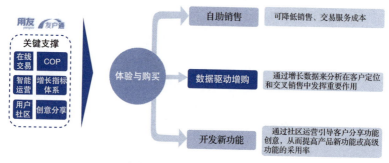

图 3-14　体验与购买方式

3. 使用与扩展

确保客户持续订阅并随着时间推移增加产品支出预算的方式，如图 3-15 所示。

1）智能客服：通过智能客服洞察推动产品持续优化，在产品和服务优化中持续提升客户体验。在产品使用过程中，了解客户的反馈是至关重要的，在任何时候我们都要把客户价值放在首位。

2）数据驱动客户成功：客户成功团队专注于解决客户的难题，利用产品数据、远程信息处理技术有效诊断和解决问题。并不是所有的问题都可以通过自助和智能方式解决，在必要的时候,专业的客户成功团队需要介入。

3)客户价值提升:客户成功团队专注于更困难的任务,如提高价值销售、提高投资回报率和推动持续销售。

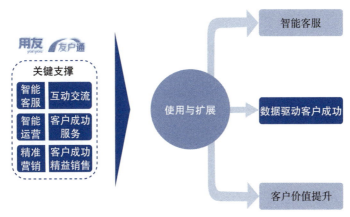

图 3-15 使用与扩展方式

3.5.2 如何向产品和研发团队有效传递客户需求

在 SaaS 商业模式下,最难的是如何持续了解客户。我们在客户经营过程中经常会自省以下问题。

- 这是客户想要的吗?
- 我们在浪费时间、人力和金钱吗?
- 我们确定正在构建正确的产品,提供适合的服务吗?

实时地与客户产生连接,并将其需求有效地传导至企业各组织环节特别重要,尤其是客户体验中最重要的产品和服务需求,而 ToB 客户的生命周期更长,业务需求变化也更复杂,这就对客户成功团队提出了更高的要求。

我们参考企业家和斯坦福大学兼职教授 Steven G. Blank 在 *The Four Steps to the Epiphany* 中提到的客户开发模型(Customer

Development Model），以及结合多年来的客户成功实践经验，总结和重构客户成功体系的客户需求传达链路，如图3-16所示。

图3-16 客户成功体系的客户需求传达链路

1. 客户发现

企业往往存在证明自我产品价值的信念偏见，而客户发现阶段更多的实际情况是"打破原有的产品需求假设"，而不是确认它们，更重要的是在针对潜在客户时建立客户群组，更好地持续交流。

推荐解决方案：提供一个客户自由分群的交流平台——用户社区。

2. 客户验证

在确认了产品需求并形成假设之后，我们需要检验假设的扩展性和复用性，最佳的方式是调动更多的现有客户或潜在客户评估这些需求假设，这样一方面可以快速拉近与客户的关系，另一方面可以通过验证吸引更多潜在客户。

推荐解决方案：用户社区提供客户自由发起产品需求的功能模块——创意交流模块。

3. 客户创造

经过上述共创步骤，我们已经积累了一定量的早期关注客户，此时可以通过激活营销、销售渠道，利用现有解决方案，快速确定客户价值，并引流到适合的业务市场。

推荐解决方案：用户社区的创意交流模块提供用户创意评价和需求评选功能——需求推举评分。

4. 企业构建

企业利用前面获得的所有需求和信息，组织相关部门研发产品和服务，同时执行营销和销售计划，使项目尽可能持续复制与扩展。

推荐解决方案：用户社区的创意交流模块对创意进行评价排名，待需求正式采纳后跟踪开发进度，将成果反馈给用户并及时发布通知——需求采纳与成果反馈功能。

其他客户需求传达链路如下。

- 问题用户——客户成功系统智能客服——服务团队评估——需求工单产品研发。
- 贬损用户——客户成功系统线上回访——服务团队评估——需求工单——产品研发。

3.5.3 用户社区与共创平台

什么是共创？Gartner认为共创是公司与其客户之间的一项协作计划，可实现产品和服务的联合设计。这些协作包括创造商品、服务和体验，通过纳入客户智力资本来实现更好的成果。Cynthia Johnson在"Why Co-Created Brands Will Thrive in Web3"中提到共创是协作产品和服务开发的实践。共创是一种开放式创新，信息和想法是共享的，由客户来决定什么最重要。共创具有包容性、透明性和自组织性。共创的中心思想是合作更好。采用这种协作增长理论的品牌将提供恒定的价值，因为这是客户渴望的，而不是被迫接受的。

客户共创并不是新鲜事，在21世纪90年代后期就已经存在。苹果、谷歌、宜家、乐高和宝马等许多全球领先的企业已经证明共创的价值。2018年年初，宜家推出了"共创宜家"平台，鼓励顾客和粉丝开发新产品。2008年，乐高推出了LEGO Ideas平台，鼓励玩家发挥想象力，发布自己的作品，吸引全球玩家通过投票的方式找到创新的想法和建议。2010年，宝马宣布首个开放式创新竞赛，主题为"明天的城市交通服务"。该竞赛由宝马的共创实验室发起，为车迷和客户提供了分享产品创意和意见的机会。这些公司采用了共创模式后彻底改变了与客户的联系方式，让客户不断参与到产品构思、生产和营销中。

关于社区，就像Simran Jagdev在"Why Community Is Key to Web 3"中提到的，Web 3是面向社区的、以社区为中心的，并且在许多方面都是由社区运营的，因此客户共创也是发生在社区，由社区用户决定什么是必不可少的，而品牌主要扮演积极倾听者和执行者的角色。同时，共创让客户建立对品牌的信心，并营造更强大的社区意识。乐高就是一个很好的例子。诚然，该公司已经拥有一个完善的粉丝社区，但LEGO Ideas平台通过提供有趣和协作的设计练习，为完善该社区做了很多工作。

LEGO Ideas平台的成功也进一步说明了共创需要通过一个数字化平台实现。我们需要为员工和客户创建实时连接的在线体验环境，以便员工和客户随时随地在全球范围内分享想法、领先实践等。同时，共创涉及很多不同的创新流程，而每个流程通常涉及自定义目标，需要由统一的平台协同管理成果。

为了帮助企业顺利实施共创战略，Gartner进一步提出了4个关键步骤，供大家参考。

第一步：确定共创者。

第二步：激励共创者。

第三步：确定共创的平台和工具。

第四步：开始与共创者合作。

3.5.4 案例介绍

用友友户通用户社区是用友产品官方知识共享、互动交流的开放平台。在这里，用户可以使用"问题帮助"寻求产品问题的解决，可以对用友产品提出建议，还可以与其他圈友组团交流学习。用户社区有五大主要版块。

1）**广场**：支持查看全社区最新热门动态、最热资源。

2）**圈子**：社区内容按圈子（产品线）分类整合。用户进入圈子即可查看所属产品相关内容，亦可在此交流互助，发表文章并成为意见领袖。

3）**学习中心**：主要提供产品的视频课程。客户成功部和交付事业部共同输出内容，以专业视角帮助用户了解产品、用好产品。

4）**资源**：包含部分产品的官方知识库和官方文库，支持以产品领域和主题方式查看，便捷实用，同时嵌入"产品帮助中心"，以便快捷获取资源。

5）**交流**：用户可以加入感兴趣的群组，与有相同爱好的圈友进行交流。

用友友户通用户社区为用户提供了一个开放、专业并具有社交属性的共享平台，也为用友和客户建立起一座沟通桥梁。在厂商侧，用户社区有产研、交付、客户成功等全序列伙伴参与，在解答用户问题的同时，也将涉及的产品问题反馈给产研部门，作为产品改进和优化的有效输入；而在用户侧，用户通过社区运营团队的引流进入社区，获取知识和问题答案，大大提升了问题解决效率和产品深度使用能力。所以，友户通用户社区是厂商与客户的重要触点，是一个共创交流平台，不仅可以提升用友服务效率，也可全面提升用户体验。

3.6 推动精准营销

精准营销是 ToB 企业获客的重要方式。随着 ToB 市场的不断变化和技术的快速迭代，传统的获客方式早已落伍，取而代之的是通过用户行为分析，构建用户画像和业务场景，基于数据进行精准营销。

3.6.1 三个画像：用户画像、企业画像和产品画像

1. 用户画像

交互设计之父 Alan Cooper 提出：用户画像是通过刻画用户特征，使计算机能够程序化处理与用户相关的信息，甚至通过算法、模型对用户进行精准描绘和分析，从而基于广大用户的真实数据抽象出"虚拟角色"。用户画像是企业通过收集与分析用户的社会属性、生活习惯、偏好、消费行为等信息，完美地抽象出的用户标签模型。

利用标签模型来概括、刻画用户形象，不仅可以让企业更直观地了解用户特征，而且能充分应用计算机、大数据、AI 等技术进行用户深度分析。近年来，大数据和 AI 等先进技术发展日新月异，用户画像技术被赋予了更丰富的内涵，在精准营销、个性化推荐、竞争分析、产品设计、体验优化、搜索引擎、数据服务、广告投放等领域被广泛应用。

常见的用户画像包含用户基本信息、工作信息、项目信息、行为信息、偏好信息、交易信息等，如图 3-17 所示。

图 3-17　用户画像全景图

用户画像在 ToC 运营中的应用非常普遍，但在 ToB 运营中通常不会对每一个客户都做运营。ToB 客户主要分为以下 3 类。

- **管理层**：拥有系统采购权和推动系统应用的实权，比如 CEO、CFO、CIO、CHO 等。根据客户成功方法论，管理层是项目干系人管理中重点关注的对象。
- **系统对接人**：系统维护、开通激活的接口人，通常是产品模块的负责人，也会纳入项目干系人进行管理。
- **系统操作用户**：主要是系统的操作使用人员，包括关键用户和普通用户。

客户成功经理不能只和系统对接人保持客情关系。定期向客户的决策层和管理层汇报是客户成功经理的工作之一，因为这类关键干系人可能会在某个节点（如替换危机）起到关键作用。

2. 企业画像

企业画像是在用户画像基础上发展起来的，其研究对象不是

"用户",而是"企业"。企业画像是基于真实的企业数据抽象出来的企业标签模型,是通过对企业信息进行标签化,对企业属性进行划分,最终形成多元化的企业标签体系的技术。

企业画像用形象、简洁的语言将企业的关键特征描述出来,使大家对目标客户有明晰、准确的营销定位,对 ToB 运营具有重大意义,尤其是初创企业在资源、实力有限的条件下,更需要战略聚焦、重点突破。明确的企业画像对公司发展和定位至关重要。

常见的企业画像包含企业基本情况、企业经营情况、企业信息化情况、企业联系人、订单情况等。典型的企业画像如图 3-18 所示。

图 3-18　企业画像全景图

3. 产品画像

产品画像是由用户画像延伸出来的一个分支，只不过其研究对象不是"用户"，而是"产品"。有学者认为：提早明确客户的需求和对产品的要求是未来产品占领市场、取得成功的必然要求，而产品画像正是将客户的要求前置集成到产品设计和研发环节的一个强大工具。

产品画像是由用户画像延伸发展起来的大数据画像技术，是将产品静态信息和用户动态评价作为研究对象，充分利用数据挖掘技术，将产品的特征参数和用户的评价信息整合在一起进行分析，从而建立起产品标签模型的技术。常见的产品画像如图 3-19 所示。

图 3-19　产品画像全景图

3.6.2　通过 AI 运营获得客户增长

在 SaaS 时代，厂商能掌握 SaaS 用户的登录情况、活跃度情况、健康度情况、合规度情况，尤其是 NPS、核心业务流程的健康度、高价值应用健康度等。这些数据是 SaaS 厂商的宝贵财富，是用户使用产品情况的真实写照，指导 SaaS 产品迭代改进。厂商只有充分利用好这些数据，才能让产品更加符合市场需求，让 SaaS 产品的发展进入良性循环。

SaaS这种业务模式为厂商运营奠定了坚实的基础，尤其是SMAC技术的飞速发展使AI运营风靡全球。厂商利用大数据分析技术和AI预测技术，可对用户进行交易、偏好、风险、行为等全方位分析，深入分析用户特征和偏好，并对用户进行精细化运营，从而提升用户黏性和活跃度，改善用户健康度和合规度，挖掘用户价值，完成复购、加购和交叉销售，最终实现提升效率、节约成本、改善体验、强化风控等战略目标。

用友集团在现有系统的基础上进行数据集成，然后构建产品画像、企业画像、用户画像及其他画像，建立AI模型，进行AI运营，实现客户分组、商机线索推送、用户裂变和用户培育，完成了从潜客发掘、商机推荐到客户成功，再到潜客发掘的良性循环，并将运营的数据沉淀、汇集到现有系统，提升机器学习能力，提升AI运营的准确度和科学性，如图3-20所示。

3.6.3 案例介绍

用友集团基于大量客户运营数据、YonBIP商业创新平台，建立了一套精准营销系统，目的是对现有老客户进行再次激活，实现增购、交叉销售。

首先，用友集团整合一部分现有系统中的数据，并搭建了数据中台和AI运营系统作为精准营销系统的支撑应用，然后搭建了一套由触达配置和运营看板组成的客户触达系统，最后通过友空间、微信公众号等应用触达终端用户，如图3-21所示。

基于底层系统的客户历史数据，通过AI运营技术进行企业画像、用户画像、产品画像构建，运营部门得出：U8客户对用友工资条产品的需求旺盛。于是，运营部门专门策划了工资条文案，通过触达系统在微信公众号进行相关文章的发布。

图 3-20 用友集团 AI 运营规划

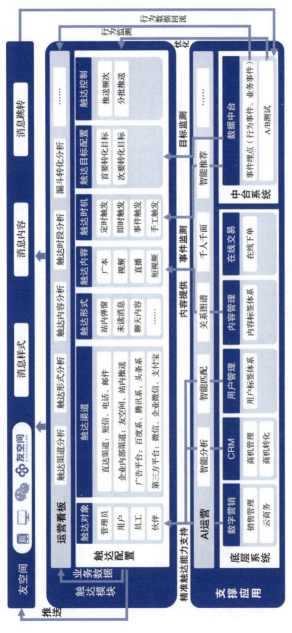

图 3-21 用友集团精准营销系统架构

该篇文章以 U8 移动审批入口升级为切入点，顺带推广工资条产品。文章触达客户近 10 万人，触达率 100%，阅读人数较之前同类文章呈百倍增长，线索数量陡增，线索质量显著上升，有效转化多个商机。具体的案例效果如图 3-22 所示。

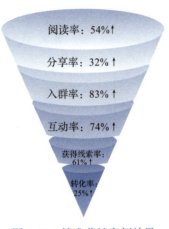

图 3-22　精准营销案例效果

3.7　本章小结

本章从客户流失率这一涉及 ToB 企业经营成败的关键指标切入，围绕订阅服务模式下的客户经营业务展开探讨，并给出减少客户流失的方法，又通过对以客户价值为中心的经营理念、客户成功方法论以及数智化运营平台三方面的详细介绍，在理念、方法和工具上给出客户成功驱动公司高速发展的具体路径。

除此之外，本章还通过对续约、增购、交叉销售等进行分析，诠释客户价值管理的重要性和意义。

第 4 章

客户成功经理职业地图

每个新职业的诞生都会推动时代的发展,在全球一体化浪潮中,我们迎来了客户成功。从数字化到数智化,越来越多的企业随着经济的崛起走向世界。在纷繁复杂的环境下,新技术应用眼花缭乱,新时代的客户成功正在发挥更大的作用,成为企业成败的关键。在客户成功意识觉醒的新时代,客户成功经理是连接客户期望、客户所获得的业务结果和体验、最终客户留存率的桥梁。客户成功经理是公司健康、持续、高速发展最重要的贡献者之一。

4.1 客户成功经理的愿景、岗位使命以及工作职责

ToB 企业为客户提供的是产品,客户通过采购它们的产品提高工作效率、降低工作成本,这是产品的价值。所以 ToB 企业的

产研团队是价值设计者。一个好的产品能够为客户和企业自身带来巨大的收益，甚至能够改变市场格局。CRM 领域的 Salesforce、HR 领域的 Workday、IDaaS 领域的 Okta 等无不如此。

在信息爆炸时代，"酒香也怕巷子深"，如何将产研团队设计的高价值产品推广出去，传递出去，这是销售和售前架构师等需要思考的问题。所以这些角色要准确地传递价值，让客户能更好地了解产品，感受到产品带来的价值，并将价值口口相传，在市场上形成良好的效应。

客户的业务是产品价值的"试金石"，产品强大的原生价值只有付诸于客户的业务，才能真正体现。而交付顾问和客户成功团队的职责就是让产品价值落地到客户的业务上，帮助客户更好地深度应用产品，达成客户战略和愿景，让客户真正体会到产品带来的收益，也就是有超值的投资回报率。

4.1.1 愿景

始终以客户价值为中心，将产品和服务与客户业务场景需求高度匹配，并与客户一起为企业战略和业务结果的达成而努力，成为客户实现持续高增长的商业价值顾问，最终推动企业实现商业创新，获得商业成功。

4.1.2 岗位使命

客户成功协会（The Customer Success Association）对客户成功使命的描述为：客户成功的使命是为客户和公司增加经过实践验证的可持续盈利能力，本质体现在可持续、经过验证和盈利 3 个核心词上。目标是增加，受益者是客户和公司。

客户成功经理使命是通过以客户为中心的理念和数智化运营工具，主动倾听客户需求、洞察客户全生命周期指标、持续提升客户体验，实现产品和服务的价值最大化，通过产品和服务帮助客户解决业务痛点，促进业务高增长，最终达成商业成功，实现客户与厂商的双赢。

4.1.3　工作职责

1. 基本要求

1）客户成功经理不负责实施交付、客服支持服务。

2）客户成功经理具备"主人翁"精神，保证服务的持续性、主动性和前瞻性。

3）在整个组织内布道"客户第一"的价值观及始终围绕客户价值和体验行事。

2. 业务洞察与推动

1）定期检视客户的战略目标和相关业务策略，共建路线图和成功指标。

2）日常客户业务需求分析和洞察，必要时反馈给产品团队。

3）召开季度（半年度）业务需求沟通会，回顾战略和业务目标的达成情况、成功指标的关键进展，共建下一步策略和行动计划。

3. 业务影响力与优化

1）不断地影响客户，要让客户认知到产品对于企业、组织和个人的价值是什么，并安排产品应用辅导和培训，以及制定产品支持策略。

2）客户业务需求的持续沟通与方案引领，通过总结并应用领先实践（行业级领先实践、领域级领先实践、客户级领先实践）驱动客户业务。

3）持续进行产品应用健康度评估、改进策略制定及推行。

4）根据客户的实际情况和期望，整合生态资源，建议发起项目实施，推进实施交付，并跟踪后续价值交付。

4. 价值运营总结

价值运营需建立与客户高效沟通的机制，持续探索客户期望；在对标行业领先实践的基础上共建解决方案；通过平台数智化看板实时呈现客户业务发展情况和成功进展，有效展示产品和服务的价值成果，推动客户的业务改善，帮助客户实现业务目标。

4.2 客户成功经理人才标准

无论对客户还是厂商，一个好的客户成功经理都有着非常高的价值。那么，什么样的人适合做客户成功经理？客户成功经理是培养出来的，还是选拔出来的？要想做出正确的判断，我们首先要看客户成功经理的人才标准。

在人才管理领域领先实践中，定义人才标准的维度有：经验、技能、能力和潜质。结合工作实践，我们总结了客户成功经理的一个通用人才标准，如图4-1所示。

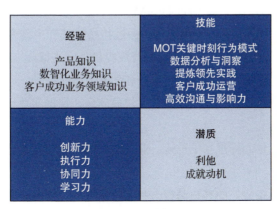

图 4-1　人才标准

4.2.1 经验

客户成功经理经验解析包括产品知识、数智化业务知识、客户成功领域知识。

1. 产品知识

产品的客户价值是 ToB 厂商一切业务开展的基础，所以"懂产品"是客户成功经理的基本功，要通过与产研团队的高效协同和持续学习成为产品专家，在客户运营过程中不断通过客户的业务实现来检验产品的价值，并通过客户的业务反馈，推动产品研发团队不断优化、迭代产品。

1）了解公司产品价值和迭代机制。

2）掌握产品整体架构、业务场景、业务实现逻辑、业务可衡量价值。

3）精通产品实现方案，可以根据客户的实际业务场景，提供产品领先实践解决方案。

2. 数智化业务知识

要理解客户的战略，必须要了解客户所在的行业。客户成功经理要成为产品专家，同时也要成为行业专家、业务专家，实时洞察行业中前沿的数智化信息，通过持续构建和丰富客户成功体系行业知识库为客户成功事业的开展提供强大支撑。

1）了解客户所在行业、业务和领域数智化背景。

2）能够以客户理解的语言去沟通问题，穿透问题和提供问题的解决方案。

3）总结和提炼基于行业、业务和领域的数智化关键需求和解决方案。

4）具备较好的客户洞察力和商业敏感度，能够给客户提供现有业务的数智化优化建议。

3. 客户成功领域知识

通过客户成功体系的赋能机制，客户成功经理可以掌握 SaaS 商业模式、运营模式、制度标准、客户成功方法论、客户成功领先实践等，将知识运用到客户经营实践中，同时要具有分享精神，将自己的领先实践经验分享给伙伴。

1）掌握 SaaS 的商业模式和运营模式。

2）了解客户成功理念和体系，掌握客户成功理念在服务过程中的核心逻辑与价值。

3）了解客户成功体系，能够讲出客户成功体系的内容与价值。

4）掌握客户成功的关键指标和改善措施。

4.2.2 技能

客户成功经理通用技能包括 MOT（关键时刻）行为模式、数据分析与洞察、提炼领先实践、客户成功运营、高效沟通与影响力。

1. MOT 行为模式

厂商与客户互动的每一个触点都可能成为项目成败的关键。MOT 作为全球最具影响力的商业领域经典客户互动模式，所传递的核心价值——"倾听客户、以客户价值为中心"——与客户成功的核心理念高度契合，其所包含的 EOAC（探索—提议—行动—确认）关键时刻行为模式成为厂商与客户互动的领先实践。

1）精通 MOT 客户互动行为模式，通过 MOT 行为模式提升每一次与客户互动的体验。

2）对影响客户核心旅程的关键问题，积极推进解决，确保客户问题得到及时、专业的解决。

3）制订客户主动服务计划，实现服务从被动到主动的转变，从解决客户业务问题到帮助客户业务目标达成。

4）能够识别客户关键风险，包括产品问题、干系人变更、NPS调研等，并制订风险管理计划。

5）主动、积极地倾听客户需求，以便在变化的客户业务中持续提供匹配的解决方案。

2. 数据分析与洞察

ToB业务的一个重要特点就是数据驱动。客户成功经理要善于用数据说话，依托数智化客户成功系统进行数据分析，洞察客户全生命周期，制定客户成功策略，推动产品迭代和优化，降低客户流失率，持续提高客户满意度。

1）通过数智化客户成功系统进行数据分析，制定针对客户的促活、留存、增购、续约等执行方案。

2）重点关注核心应用客户服务期间的业务数据，分析并预测业务发展，并根据业务数据预警。

3）结合产品运营数据和服务历史数据，用合适的指标和指标体系把客户业务表述出来并提炼产品、优化需求。

4）熟练掌握数据分析模型，通过客户健康度模型、用户活跃度决策树、场景化特性模型等数据分析方法，推动客户体验改善、活跃度增强，提高客户留存率，降低客户流失率。

5）实现客户业务数据化，提供周期性业务总结分析，及时关注同行业的对标数据，为客户业务决策提供数据支持。

3. 提炼领先实践

客户成功经理不仅要具备提供与客户需求高度匹配的产品和服务的专业能力，还要具有敏锐的商业嗅觉，善于发挥顾问价值，为客户的决策者和重要干系人提供行业内的数智化实践案例，通过领先实践的提炼与引领，帮助客户应用好商业平台，对齐行业领先并通过数智化商业创新超越竞争对手，实现战略目标达成。

1）洞察客户行业市场和业务发展趋势。

2）进行客户运营分析，包括商业战略、业务战略、商业模式、经营情况、组织架构、关键业务挑战等。

3）根据客户的业务目标，通过领先实践引领客户快速应用产品。

4）掌握产品的应用逻辑，基于客户业务场景，观察客户如何使用产品，并和客户进行互动和共建解决方案，确保客户基于云产品的领先实践进行产品应用，并及时把客户应用场景的关键问题反馈给研发团队，确保产品的持续迭代与优化。

5）从客户成功角度不断提炼客户成功领先实践，并分享给更多的客户以及内部团队。

4. 客户成功运营

客户成功运营是客户成功经理的核心业务，须根据客户成功流程要求，基于客户成功系统做好客户全生命周期运营和管理，提升客户体验，不断提升健康度、满意度等重要指标，持续达成续约率和续费率目标。

1）基于数智化客户成功系统，及时进行客户触点记录和服务维护。

2）针对所负责的客户群体制订年度拜访规划、客户成功计划，跟踪客户年度目标达成情况，记录客户所有的服务触点。

3）及时进行客户季度业务回顾（Quarter Business Review，QBR），通过QBR跟踪客户目标实现情况，推动客户健康度提升、产品迭代。

4）以提高客户体验为目标，推动客户业务问题快速解决。

5）在续约窗口期90天前，完成客户年度总结和拜访，了解客户对解决方案的价值认知,顺利达成续约和深度经营。

6)对断约客户进行深度复盘,拉通销售、交付和产品团队,共同分析根因,并记录于客户成功系统中,以便相关人员实时查看,进行产品优化和改进。

5. 高效沟通与影响力

客户成功经理要具备优秀的沟通能力,倾听客户需求,清晰地向客户传递价值信息,使得信息接收者确切理解并认可;还要具备一定的影响力,可以代表组织高效地输出价值并推动业务健康发展。

1)能够用清晰、明确的方式,直截了当地陈述、表达观点,使他人易于理解,并能全面、准确地理解。

2)在做出进一步沟通或反应之前,能够理解他人的观点,并据此调整沟通的方法和内容。

3)通过积极、有效交流促成相互理解,以获得支持与配合。

4)对组织级关键业务有推动、影响和贡献。

5)有良好的口碑和职业形象。

4.2.3 能力

这里的能力主要是指胜任力,这个概念最早由哈佛大学教授戴维·麦克利兰(David McClelland)于1973年正式提出。胜任力主要用于评估绩优者与普通者的深层次特征。这些深层次特征决定了一个人是否有产生高绩效的行为模式,继而影响绩效。能力是可以提升的,但是相对于技能,提升的速度比较慢,通常需1~2年。如果一个人能力与工作职责匹配,会很快胜任,非常轻松地完成组织交给的各项任务。结合实践经验,笔者总结出客户成功经理的通用能力,如图4-2所示。

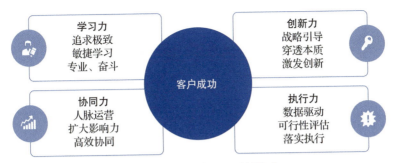

图 4-2　客户成功经理通用能力

1. 创新力

（1）战略引导

战略引导是以企业战略为指导，根据组织和业务特点，通过持续对齐战略认知，推动战略的贯彻落实，从而指导业务全面开展。

战略引导的关键行为如下。

1）了解战略的背景和基础：对标和分析行业领先实践，对组织愿景、目标达成共识。

2）明确战略定位：对应战略，找到促使战略达成的业务，并推动落实。

3）宣贯：推动战略在组织内达成普遍认知。

4）推进：在自己的业务线，推动并跟进战略执行，开展业务时始终将战略目标作为标尺。

（2）穿透本质

穿透本质是通过深入分析和洞察，找到问题的本质，并提出解决问题的方法，并通过高效协同与沟通促使问题全面解决。

穿透本质的关键行为如下。

1）问题穿透：从复杂的多渠道信息中理出头绪，找到问题本质。

2）感知全局：通过全方位、有效的信息渠道感知周围发生的事情。

3）决策结果：在决策时或行动前，全面考虑决策或行动可能产生的结果和影响。

4）预案计划：能够针对事物和环境可能的变化做好应变准备。

（3）激发创新

激发创新是通过对业务的有效洞察，制定创新方案，并在实践中检验创新的价值与可行性、复用性，持续迭代，驱动业务高效发展。

激发创新的关键行为如下。

1）倾听共创：建立良好的沟通机制和团队共建机制，通过倾听和共创推动问题解决。

2）创新意识：将创新意识融入业务，在细节中运用创新思维开展业务。

3）价值认同：认同创新带来的价值，并推崇创新精神。

4）创新转化：将惯有的业务工具进行改进，降低时间成本，提高工作效率。

2. 执行力

（1）数据驱动

数据驱动是通过数据跟踪、洞察、预警客户健康度，并将数据思维常态化运用到推进客户成功业务中。

数据驱动的关键行为如下。

1）感知数据：主动、深刻了解业务数据，感知每项数据的作用和内在逻辑，用数据赋能客户运营中的每一个关键节点。

2）运用数据：通过数据洞察客户全生命周期指标，预警风险。

3）数据结果导向：通过数据度量业务目标的达成情况，优化业务流程。通过数据量化客户价值,向客户呈现量化数据价值。

(2)可行性评估

可行性评估是根据业务排期,评估工作计划的进展,通过高效协同推动计划有序执行,并降低风险。

可行性评估的关键行为如下。

1)计划排期:设计每项工作的顺序,通过科学合理的安排,提高工作效率。

2)评估可行性:对资源进行盘点,组织协调计划开展所需的资源。

3)细化实施计划:按照流程细化指标,对涉及的资源分配进行细化。

4)风险预警:对于在计划中可能出现的风险及时预警,并协同相关部门应对。

(3)落实执行

落实执行是通过对计划的跟踪、分析、复盘,让计划高效落地。

落实执行的关键行为如下。

1)明确目标:为工作计划设定明确目标,并协调资源达成目标。

2)高效推进:组织团队和项目组成员开展工作,对目标达成共识。

3)流程把控:通过高效沟通机制和共建机制,按照进程规划阶段目标,促使流程顺利推进。

4)跟进结果:基于结果评估机制,评估各渠道目标达成情况。

3. 协同力

(1)人脉运营

人脉运营是通过在各种社交渠道开展有效的互动和沟通活

动，建立广泛的人脉关系，帮助客户开展业务。

人脉运营的关键行为如下。

1）拓展渠道：积极通过各种方式建立高质量的公司内部和客户人脉圈。

2）展开互动：与不同角色积极互动，得到有益的业务信息。

3）处理分歧：对于有分歧的观点，冷静分析，以客观、包容的态度进行沟通互动。

4）实现共赢：通过对人脉圈的持续运营，达成共赢。

（2）扩大影响力

扩大影响力是通过自身输出经得起验证的观点，并在实践中通过实际验证让他人认同并支持自己的观点。

扩大影响力的关键行为如下。

1）建立战略意识：将观点与战略、业务结合起来，让观点更有高度和说服力。

2）梳理影响干系人：了解观点影响的人，通过梳理重要干系人形成影响链。

3）达成共识：与他人达成目标共识，并朝目标共同努力。

4）获得支持：确认观点影响涉及的关键人物，并通过合理的价值输出赢得对方支持。

（3）高效协同

高效协同是以业务目标为准，积极协调业务资源、人力资源、政策资源，促进目标的高效达成。

高效协同的关键行为如下。

1）以组织利益为根本：在组织中，个人行为要以组织利益为先，优先考虑组织目标的达成。

2）明晰共同目标。

3）积极输出：主动分享经验，并为协同伙伴着想，提供帮助，共同实现目标。

4. 学习力

（1）追求极致

学习力是为了实现既定目标持续奋斗，通过自我驱动和高效协同，突破瓶颈，达到更高标准。

追求极致的关键行为如下。

1）制定更高标准：目标更具挑战性可激发团队奋斗热情。

2）全力以赴：协调一切资源，突破瓶颈，全力投入目标实现工作。

3）高效推进：提高工作效率，高效、高质量达到目标。

4）承担责任：勇于承担责任，对结果负责。

（2）敏捷学习

敏捷学习是树立终身学习、持续创新的理念，积极学习新的知识和技能，培养创造性思维，不断提高工作质量和工作效率。

敏捷学习的关键行为如下。

1）持续学习：具有强烈的学习愿望，并快速付诸于行动，钻研新的业务知识，追求一专多能。

2）成果应用：把学习成果运用于工作中，改进工作方法或流程，提高工作质量。

3）学习创新：敢于开拓创新，充分发挥想象力和创造力，出色地完成工作任务。

4）实践分享：支持他人的创新行为，积极营造良好的学习型组织氛围。

（3）专业、奋斗

专业、奋斗是按照信息、知识的根本逻辑和规律构建知识体系；将各种知识、经验融会贯通，用浅显易懂的方式解答专业问题；展现专业能力，在专业上影响客户；提出深入和独到的专业见解，启发客户。

专业、奋斗的关键行为如下。

1）**专业化**：树立专业化的标准和规范，敢于提出不同意见，专业地开展工作。

2）**质量把控**：在工作中注重对工作质量的把握，尽力把工作做到最好。

3）**目标统一**：充分认识到自己的工作对组织的意义，把个人目标和组织目标结合在一起。

4）**勇于担当**：工作中出现突发或紧急情况时，能挺身而出，不计较个人得失，主动牵头解决问题。

4.2.4 潜质

如果说能力的提升需要较长时间，并不容易获得，那么潜质改变的难度更大，我们要有善于发现他人潜质的能力，从而找到对的人。客户成功经理的关键潜质包括利他和成就动机。

1. 利他

首先，利他的人的心态是积极的、向上的，愿意真诚地帮助他人，并在帮助他人的过程中获得满足感和价值感。其次，利他容易让人向内看，而不抱怨环境和形势。客户成功的路上充满艰辛与挑战，如果没有这种向内看的心态，是很难找到成功的机会的。利他的客户成功经理会积极响应客户，并主动为客户着想，通过协助客户制订、执行、跟踪有针对性的成功计划，改善客户业务现状。

1）了解不同级别、角色的客户期望、价值，并就客户的目标、目的和成功指标达成一致。与客户一起制订可管理和执行的成功计划，并积极跟踪计划的执行过程和达成效果，主动进行风险管理。

2）能够共情客户并将客户的担忧、愿望准确地传递给公司相关人员。

2. 成就动机

成就动机是人们希望从事对自己有重要意义，并具有挑战的工作，能在工作中取得圆满的结果和优异的成绩，并能超越他人。

1）从客户的角度思考客户的愿景、战略和业务。

2）针对客户业务需求，提供超越客户现有业务实践的解决方案，打造极致客户体验。

3）为客户提供超预期的服务，从客户业务发展角度制定方案，帮助客户实现战略目标。

4.3 客户成功经理扮演的 5 个角色

在实际客户成功工作中，客户成功经理扮演一个全新的角色，重要程度等同于产品经理和销售，甚至发挥更为重要的作用。客户成功经理将以客户为中心的流程协同起来，确保客户价值最大化和公司收益最大化。同时，客户成功经理会承担客户服务和成功服务、销售、市场、产品、研发和运维部门的部分工作。无论哪种组织架构都需要必要的流程将众多角色串联起来，有机融合在一起，形成一个合理的客户成功组织，共同践行客户成功任务。

4.3.1 客户服务和成功服务

1. 主要工作

1）解决客户系统应用问题。

2）分析客户系统应用问题，穿透客户业务场景，发现客户真实需求，推动产品迭代。

3）监控系统。

4）洞察客户系统使用情况，做出预警，制定推广方案，主动提供服务和改进产品。

5）统计分析客户健康度，推动客户成功。

6）提升客户业务能力，实现客户业务目标。

7）基于客户数据总结服务经验，根据情况调整 VIP 支持策略。

8）反馈成功服务体系的关键问题，包括服务标准、服务创新、服务平台和服务质量等方面。

2. 与客户服务和成功服务序列协作

在客户旅程的每个阶段，客户成功经理与客户服务和成功服务序列高效协作以提升客户体验。客户成功经理在不同节点推动客户采用智能服务，持续跟进客户业务目标达成情况，根据客户成功计划，推动客户成功应用服务，制定 VIP 客户服务策略，跟进关键需求和问题解决情况，如图 4-3 所示。

图 4-3 与客户服务和成功服务序列协作流程

4.3.2 销售

1. 主要工作

1）基于客户价值进行客户持续运营，在帮助客户实现价值目标的基础上，发现增购、交叉销售的机会，通过 CRM 系统同步给销售。

2）维护客户成功信息表，基于客户目标制订客户成功计划，通过对客户的定期跟进和拜访，主动发现和洞察业务机会。

3）制订和执行客户运营计划，协调和调动内外部资源，积极促成销售业绩目标。

4）在售前、签约、实施、客开、服务等环节进行全流程、全方位客户成功管理与协同，提升客户满意度和客户全生命周期价值经营水平，实现客户持续续约和扩大合作。

5）在售前环节讲解行业成功实践案例、客户成功服务模式，并定期分享销售成功经验。

2. 与销售序列协作

客户成功经理可基于行业领先实践对客户进行价值引领，帮助客户制订成功计划。在分工上，销售主经营，客户成功经理主运营。

1）明确销售和客户成功经理的协同机制，通过客户成功系统同步客户的基本情况和业务诉求，以便客户成功经理后期运营。

2）明确销售和客户成功经理的激励机制，以及双方利益分割方式。

3）销售需要坚持客户成功理念，避免过度承诺等行为。

4）客户成功经理需要做到在售前环节，基于总结和提炼的领先实践（行业、客户和业务场景）、解决方案辅助销售推动签约；在客户成功环节，配合销售进一步挖掘客户价值，管理客户价值，驱动新的合作，如图 4-4 所示。

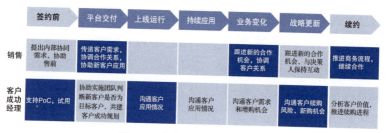

图 4-4 与销售序列协作流程

4.3.3 市场

1. 主要工作

1）打造和运营企业标杆客户，发现愿意分享经验的客户（"英雄"客户）。

2）规划与管理老客户市场活动，包括活动目标确定、活动主题策划、活动节奏与计划管理、活动分工与协同落地等。

3）运营管理客户在线直播活动，推动在线直播与在线社群的深度融合，培育与挖掘商机，促进销售。

4）联合生态伙伴共同组织、策划市场活动，进行联合营销推广。

2. 与市场序列协作

客户成功经理可向市场团队反馈客户画像，包括业务痛点和业务场景，帮助市场团队精准获客，并站在客户成功角度参与市场团队的内容及活动策划。

具体来说，客户成功经理须了解并参与市场推广，比如可通过内部公众号、官网以及员工社区，也可通过有影响力的行业权威媒体，或者高流量的行业自媒体渠道，如图 4-5 所示。

图 4-5　与市场序列协作流程

4.3.4　产品

1. 主要工作

1）整理客户对产品的反馈和需求，提出产品改进建议；通过访问量和客户行为分析，洞察客户对产品的需求和产品停用风险。

2）承担产品价值、产品应用能力的对外输出，赋能客户，了解和熟悉产品应用文档及产品应用方案，输出产品应用领先实践、客户应用领先实践方案。

3）推动客户验证，促进客户对产品的使用，提升客户满意度，助力提升客户续约、续费率。

2. 与产品序列协作

推动问题解决、洞察和反馈客户需求，推动以客户价值为核心的持续迭代。

（1）建立需求沟通和反馈机制

1）进行以客户为核心的需求管理流程定义和平台赋能。

2）建立客户成功团队与产品团队的需求讨论制度，定期交流和互动。

3）实现需求进度管理的线上化和数字化。

4)基于对客户业务的了解,深入客户业务场景,洞察客户需求,并反馈给产品团队。

5)跟踪产品上线后的效果,敏捷收集客户的反馈。

(2)产品侧

1)向客户成功经理提供基于产品的最佳实践文档基线,赋能客户成功经理。

2)向客户成功经理做产品迭代、上线前宣讲,发出提测邀请等。

3)针对客户成功经理整理的需求,给出纳入产品迭代和不纳入迭代的理由、迭代产品的预计上线时间、产品迭代的变更时间等。

(3)客户成功经理侧

1)很好地理解产品的设计思路、设计逻辑和价值,了解产品研发的流程和模式,对于客户提出的需求能深入业务场景,确保给到产品团队的需求分析能让产品经理更好地理解客户业务场景。

2)具备基础的问题定位能力,特别是技术型公司,例如看得懂简单代码、抓包复现等。

3)及时更新关键客户的关键需求清单,定期向产品团队发起讨论会,如图 4-6 所示。

图 4-6 与产品序列协作流程

4.3.5 研发和运维

1. 主要工作

1）参与设计、审核、优化客户使用的各应用系统。

2）负责客户系统升级、扩容与资源落实，配合开发需求，测试、调整运维平台。

3）负责客户网络及服务器的配置、维护和优化，深入了解网络安全监控、系统性能管理和优化、网络性能管理和优化等。

4）协同面向开发部门、业务部门的服务流程和服务标准。

5）负责客户IT系统运维相关流程的规划、设计、推行、实施和持续改进。

2. 与研发和运维序列协作

推动产品稳定性提升和质量问题解决，确保客户在产品应用环节的高可用性、高安全性和高稳定性。

（1）研发和运维侧

1）基于问题分级响应机制，确保问题按计划快速解决（与客户成功服务序列联动）。

2）对于发生的产品事故，持续反馈解决进度，并出具产品事故报告（与客户成功服务序列联动）。

3）采用主动和数智化运维模式，以便提前发现产品问题。

4）主动进行定期安全巡检，确保平台的安全性。

（2）客户成功经理侧

1）处理客户紧急请求，通过绿色通道确定客户问题处理优先级。

2）对于出现产品事故的客户进行关怀和安抚，并出具产品事故报告，如图 4-7 所示。

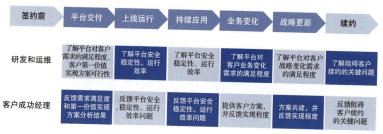

图 4-7　与研发和运维序列协作流程

4.4　客户成功经理的职业发展

在传统的项目实施中，客户成功经理这个角色严格上说是缺失的。合同约定一般在项目实施上线后会有一段时间维保，维保结束后实施服务商收回此次合作的最后一笔钱，双方合同约定告一段落。如果客户后续有新的需求，或者需要自己搭建一个能独立开发产品的团队，又或者需要实施服务商的支持，二期项目就产生了，此时客户需要支付额外的成本。可以看出在整个项目过程中，主要的角色是实施工程师和售后。

SaaS 模式是完全不同的。首先 SaaS 厂商完成产品的交付，由于客户后续可能会有新的需求，或者因为产品迭代要将一些新能力交付给客户，需要给到客户更好的产品体验以完成续约，这就需要一个角色（客户成功经理）在中间做好服务。

现今，客户期望的不仅仅是满足需求的产品。客户期望得到关心客户业务目标的专业人士给出个性化支持。这种期望使客户成功经理这一角色的价值变高。

客户成功领域市场需求增加，但人才相对少，客户成功经理这一角色将从过去的"多面手"进一步走向专业化。客户成功经理晋升路径示例如表 4-1 所示。

第 4 章 客户成功经理职业地图

表 4-1 客户成功经理晋升路径

职位		客户续约助理	客户续约经理		客户成功经理		高级客户成功经理		客户成功总监	
职级		职级 1	职级 2	职级 3	职级 4	职级 5	职级 6	职级 7	职级 8	职级 9	职级 10
工作年限		1~3 年		3~5 年		5~12 年		12~15 年		15~20 年	
关键能力项	技能	客户关键时刻	1	2	2	2	3	3	4	4	5	5
		客户成功方法论	0	1	2	2	3	3	4	4	5	5
		数据分析与洞察	0	1	2	2	3	3	4	4	5	5
		最佳实践提炼与引领	0	1	2	2	3	3	4	4	5	5
		客户成功运营	0	1	2	2	3	3	4	4	5	5
	知识	产品知识	1	2	2	2	3	3	4	4	5	5
		业务知识	1	2	2	2	3	3	4	4	5	5
		客户成功体系知识	0	1	2	2	3	3	4	4	5	5
	能力	高效执行	0	1	2	3	3	3	4	4	5	5
		沟通与影响	0	1	2	2	3	3	4	4	5	5
		学习与贡献	0	1	2	2	3	3	4	4	5	5

客户成功经理将以公司增长为核心，在客户经营过程中发挥越来越重要的作用，并以数据驱动业务，挖掘更大的客户价值。未来 10 年整个经济将以客户为中心，当前以客户成功心态帮助客户取得成功的模式将得到全面支持。

4.5 客户成功团队关注的 3 个指标

客户成功团队作为核心的客户价值运营团队，基于客户价值设定关注指标。建议客户成功团队的目标与前文介绍的指标体系构建维度保持一致，同样设立 3 个维度的指标，即业务运营维度指标、产品运营维度指标和客户体验维度指标。这三个维度的指标建议采用客户健康度、续费率、NPS 作为核心指标。

4.5.1 客户健康度

客户健康度是根据客户行为进行评估的复合型指标。客户健康度主要由两个维度的指标支撑，具体如下。

（1）客户业务健康度评估

客户业务健康度评估的维度包括成功计划规划成熟度及达成度、干系人支持度、客户应用流程成熟度、客户技术成熟度等。

（2）客户活跃健康度评估

客户活跃健康度评估的维度包括客户登录活跃度、客户核心业务流程使用程度、客户高价值应用使用程度。

4.5.2 续费率

续费率是 ToB 企业评价服务效果和客户价值的结果性指标。我们构建的客户成功服务体系是否真正有效服务于客户，最终以客户签约和复购为准。客户复购及交叉销售的金额扩展无疑是评价客户价值的重要指标。

续费率 =（本期应续且已续约 ARR+ 本期交叉销售 ARR）/

本期应续 ARR×100%

1）本期应续 ARR：本期期初在服务期内且在统计期内到期的订单收入。

2）本期应续且已续约 ARR：本期应续约订单中已续约的订单收入。

3）本期交叉销售 ARR：本期在服务期内的老客户的交叉销售订单收入。

4.5.3 NPS

NPS 作为重要的客户主观感知指标，是客户的推荐度指数，也是重要的客户体验度量指标。客户成功团队将 NPS 作为核心考核指标，不仅是从企业角度考核客户成功团队的运营成果，还是从客户角度进行考核。关于 NPS 的定义与调研方法已分别在 2.4 节和 3.4 节详细阐述，这里不再赘述。

4.6 客户成功经理的一周

4.6.1 周一：客户成功规划与复盘改进

1. 客户成功部周例会

在客户成功部每周例会一开始，客户成功总监打开客户成功系统，梳理在过去一周内发现的关键问题及注意事项。接下来，每位客户成功经理汇报自己负责的客户群体运营进展，包括关键产品问题推进情况、重要客户业务需求洞察及销售机会、续约率和续费率情况、客户健康度改善进展等。

其中一位客户成功经理谈到了与交付团队的交接流程存在一定问题，在交付质量和时间上影响到了客户成功应用。客户成功总监问询了其他客户成功经理的意见，决定在月度例会中邀请交付团队的主管进行共建，并落地优化流程，确保交付顺利。

2. 客户年度成功规划

客户成功经理与客户成功总监沟通客户拜访情况，提到某一个客户在战略转型和业务发展中遇到了一些挑战，包括人才储备问题，在业务扩大时如何确保健康运营并及时规避经营风险，如何在年度收入上达成增长 50% 的目标等。

根据客户的关键需求，团队帮助客户做分步规划，并引入几个生态伙伴的产品和专业服务。客户成功经理在总监的辅导下，整理好简报，并和客户约好了时间交流，最后为客户制订了成功计划，并通过客户成功系统追踪目标达成情况。

3. 断约客户复盘会

客户本选择再合作，最后却断约了，这是客户成功运营里的重要事件。客户成功团队召集市场团队、销售团队、产品团队和交付团队，一起对客户断约的全链条进行穿透和复盘：这个客户是通过哪一个活动被吸引到官网进行注册的，销售团队是如何与客户互动的，如何和客户沟通需求的，提供了什么样的解决方案；和客户签约后，交付团队有没有按照客户的期望进行高质量交付，在交付过程中发生了哪些问题；在上线后，客户的活跃度趋势是什么，客户成功经理在什么时间、什么情况下和客户达成了哪些互动。这些数据都记录在公司的客户成功系统中。大家快速进行分析，确定客户断约的主要原因是：该客户非目标客户群体，产品无法有效满足客户的业务需要。市场团队和销售团队将这个发现更新到他们的工作标准和流程中，以避免类似事件再次发生。

4.6.2 周二：客户关键拜访与互动

1. 和活跃度异常客户主动沟通

客户成功经理一上班就打开了客户成功系统，看见 3 个活跃度异常客户提醒。客户成功经理马上联系这 3 个客户的关键联络人。企业客户中每一个客户都会在 SaaS 公有云服务里留下行为线索，这些行为线索可以形成一个可以量化的分数，我们称之为应用活跃度。这是客户健康度评估非常重要的指标。客户断约在早期的一个明显预兆就是活跃度异常。

这种异常如果是活跃度大范围下降，原因可能是客户干系人发生变化，系统的推广存在重大阻碍；也有可能是，客户在试用友商的产品、服务；或者用户群体发生了一些变动，新用户对系统没有那么熟悉。无论哪一种情况，客户成功经理都有机会去主动服务客户，或者提前排除风险。

2. 新客户 On Boarding

销售新签了一个 S 级大客户（通常指最高级别的客户）。根据客户成功系统的提醒，客户成功经理要和销售及交付团队一起去开客户见面会，了解在销售环节确定的成功目标和规划，共建和确认交付团队做的应用实施路线图和交付主计划。这样的客户见面会在 SaaS 领域被称为 On Boarding。

客户成功经理向客户介绍企业整个服务组织，包括咨询部、销售部、交付部和客户成功部，以及客户成功计划、整个对接机制和流程。客户能够感受到，这是一个专业的团队。这次见面会也很好地为将来交付团队达成目标后撤出打下了良好的基础，让客户能非常清晰地了解团队如何运作，如何保障成功。

3. 愿景和战略共建

客户成功经理和战略客户保持密切联系，要和客户进行愿景和战略共建。这是客户成功方法论的一个重要组成部分。在合作初期以及每年的固定时间和客户共建战略，确保知道客户的商业目标和关键诉求。客户方邀请了相关部门的副总裁和主管。客户成功经理采用引导及教练技术和客户进行愿景和战略共建，并明确战略目标和实施优先级。最终确定愿景保持不变，战略目标为：引入客户成功体系，老客户深化经营，将客户复购率提升 10%；提高销售效能，收入增长 30%；提高产品竞争力，NPS 提升至 30。

根据这些战略目标，客户成功经理在客户成功系统帮助客户创建和更新成功计划，确保所有的合作和互动能促进这些目标的达成。在创建成功计划时，客户成功经理发现了多个交叉销售机会，并在客户成功系统上联系了销售人员，与销售人员约定时间协同跟进。

4.6.3　周三：客户产品应用交流与培训

1. 产品迭代培训

客户成功经理从产品团队拿到了最近一个季度的产品迭代培训资料，在学习后，通过客户成功系统组织了一个线上客户产品迭代培训会，并将培训邀请链接发在运营群，特别向在平时互动中对产品迭代表现积极的客户发出了专门邀请。

客户成功经理先是对产品的重大迭代进行了说明，特别强调了这些迭代的价值，以及给客户业务带来的帮助。在此过程中，客户成功经理结合客户业务的实际情况，讲解了如何更好地使用这些迭代功能。在培训内容讲解完后，客户成功经理与客户进行研讨，倾听客户提出的想法和思路。客户成功经理在过程中也做了记录，并一再说明，实现业务目标最好的方式是客户领先实践共创，用最佳的方式来推动业务目标达成。客户在互动中也深刻理解了产品的设计逻辑，结合自己的业务情况着手应用这些新上线功能。

2. 产品应用交流

客户成功经理接到了一个客户的投诉，客户认为最近一段时间产品的稳定性存在一些问题，而且在用户使用过程中总有一些不好的体验，特别是客户这边有一位在业务和系统方面都特别资深的用户，期望能和公司进行交流。客户成功经理认为这是一个很好的产品应用交流机会，于是约了产品和研发相关同事，和客户开了一个视频会议。在会议上，客户召集了一些用户代表和该资深用户，每一位用户都打开系统在线上直接演示操作，并指出系统不稳定及一系列体验问题。

看到这些用户的演示后，客户成功经理、产品和研发团队对用户的痛点恍然大悟；同时，对用户使用不当的地方进行了沟通，对用户有疑虑的地方进行了说明，让用户进一步理解了产品设计逻辑。客户成功经理也将在交付过程中可以改善的地方同步给交付团队。客户成功经理在客户成功系统中创建了一个会议记录文件，来记录这次互动的主题和达成的成果。

3. 解决方案共建

因为业务需要，客户有了一个新的需求，不知道如何实现，于是找到了客户成功经理。客户成功经理首先了解了该需求背后的业务目标，以确保与年度成功计划保持一致，并了解到客户对该需求的价值认可度较大、要求实现优先级较高，但并不在目前的产品规划里。这时，方案共建的意义重大，因为如果不能很好地实现这个业务需求，有可能就会留下隐患。客户成功经理在了解完需求后，和专业服务团队的方案架构师和产品团队进行了沟通，发现这个需求的通用程度不高，并不适合在标准产品服务中提供。目前，生态伙伴提供的服务中也没有相应的解决方案，可行的方案就是定制化。客户成功经理坦诚地和客户做了沟通和说明，客户表示认同。于是，客户成功经理联系了客户当地的一个开发认证伙伴，帮助客户实现这个需求。很多情况下，客户成功经理要善于去找解决方案，而不是和客户反馈产品不支持。客户成功经理在客户成功系统中又创建了一个会议记录文件，来记录此次互动的主题和达成的成果。

4.6.4 周四：客户风险管理与内部整合协同

1. NPS 贬损者回访与改善推动

清晨一上班，客户成功经理就收到了一个来自客户的 NPS 低分预警。NPS 低分预警里写着客户的职位是业务总监。客户成功经理立即联系了这位业务总监，经过沟通了解到客户的产品正在交付阶段，在交付过程中，交付团队存在一些沟通问题，导致客户体验不好，另外，在客户方案测试过程中，发现产品本身有一些非常复杂的配置，感觉产品设计得太繁重。客户成功经理先是对客户进行了安抚，表达了公司的重视，并表示会马上组织相关人员进行沟通和改善。客户成功经理召集了交付团队和产品团队，在了解客户反馈后，交付团队表示有些意外，对客户疑虑的点做了复盘和改善计划，产品团队说了有些配置设计复杂的必要性，但因为最近在忙发版等，可能要放在后期再统一考虑调整。客户成功经理向客户做了回复，耐心地讲解了我们的改善计划以及产品团队的意见。客户表示，没想到你们的反应这么快，这么重视客户，看来选择你们真是正确的决定，如果有其他人选产品，我一定推荐。客户成功经理在客户成功系统中记录了本次回访情况，并上传了客户的赞扬截图。

2. 风险事件处理

客户成功经理了解到他的一个重要客户干系人要离职，这位干系人在过往的合作中一直在鼎力支持他们的工作。客户成功经理紧急在客户成功系统上记录该风险事件,并预约了销售团队来讨论这个突发状况。负责这个客户的销售人员和其他干系人保持着良好的关系,可以继续跟进。客户成功总监也根据自己的经验提出了一些推进建议。客户成功经理和销售一起拜访了客户,并向客户做了合作项目汇报,包括双方合作情况、用户使用状况,以及给公司带来的业务成果和关键进展等。在汇报中,客户成功经理按照MOT模式探索了新主管的一些不一样的思路和期望。汇报后,客户成功经理在客户成功系统中关闭了这个风险事件,同时在干系人管理界面维护该新主管信息,并微调了客户成功计划,以确保更新的成功计划与新主管期望保持一致。

3. "红色预警"流程处理

"红色预警"流程来自Salesforce,用在挽回即将流失的客户。客户成功经理在"红色预警"流程中发现即将流失的客户,召集相关人员下午4点开会。参会人员有产品主管、市场主管、销售主管、交付主管和客户成功主管。该会议每周召开,一直持续到客户流失风险消除,或者客户彻底断约为止。

在这个过程中,客户成功经理在客户成功系统中查看该客户的信息,包括应用活跃度情况、最近的工单处理情况、成功计划达成情况,并根据客户最新的反馈进行方案共建。这其实也是一次难得的学习机会,让所有团队的主管都认识到为什么会让客户流失,到底是哪一个环节出现了问题,应该如何避免。

4.6.5 周五:客户价值沟通与复购达成

1. 召开季度业务回顾会议

客户成功经理在上周收到了来自客户成功系统的工作提醒:

向某个 S 级客户做一次季度业务回顾。基于前期和客户共建的成功计划，客户成功经理整理好一份简报，内容包括业务优先级目标、成功目标与进展、客户成功策略、产品迭代总结、关键问题分析与改进建议等。季度业务回顾会议是在年度客户成功规划基础上，按照季度周期召开的定期沟通会议，确保客户成功经理和客户保持良好互动，了解客户目标达成进展及遇到的关键问题，并运用公司的领先实践库来解决问题，运用自己的领域和行业经验向客户提供参考做法。在季度业务回顾环节，客户成功经理对客户价值进行持续跟进和管理，确保客户业务正在预期的轨道上运行。

2. 价值总结报告

在临近续约窗口期的一次季度业务回顾会议中加入了一个价值总结报告环节，总结在本次合作中客户通过应用公司的产品获得了什么价值。在合作期间，客户成功系统也许出现了多次卡顿，或者由于升级出现了一些数据丢失和配置问题，让客户产生一些抱怨。通过价值总结，客户能重新认识到和公司合作能带来的价值。具体在价值报告中，客户成功经理可展示合作的愿景、业务的核心目标、客户成功计划，以及截止到目前取得的成果（这些成果尽可能采用量化的方式呈现）。

3. 推动客户增购与交叉销售

在和客户进行价值沟通的环节，增购和交叉销售都有可能发生。客户成功经理负责挖掘客户需求，了解客户业务进展，基于公司领先实践库给出提议，提议被客户采用就意味着老客户的新商机到来。在商务沟通环节，客户成功经理拉入销售一起和客户进行规划，在确保客户成功的前提下，制订新的客户成功计划，帮助客户获得更大的成功，同时为自己和公司获得一定的收益。

4.7　本章小结

本章从客户成功经理的愿景及工作职责出发，对客户成功经理人才标准进行解析，使客户成功经理人才标准更加具象；然后介绍了客户成功经理不只承担一个角色，与客户服务和成功服务、销售、市场、产品、研发和运维 5 个角色相关联；最后对客户成功经理的发展与晋升空间进行了诠释，简要展示客户成功经理一周的工作，让读者对客户成功经理这个职业有更加深刻的理解。

| 第二部分 |

加速方法

第 5 章

从 0 到 1 搭建客户成功体系

笔者在 2013 年开启客户成功职业生涯，出任北森云计算客户成功副总裁。当时国内几乎找不到任何一家公司去交流客户成功，在公司的安排下，我找到了 Salesforce 在中国区的销售总监和 CSM 专家，并进行了初步探索。出于对客户成功事业的热爱和持续学习的驱动，我很快在北森重新构建了业内领先的客户成功体系。更让我感恩的是，在用友网络董事长兼 CEO 王文京先生的信任下，我开始负责用友客户成功体系的搭建与迭代。事实证明，客户成功体系建设是加速客户成功落地的重要举措。我把在北森和用友积累的客户成功体系搭建经验总结在了 5.2 节，期望对想引入客户成功体系的企业有所帮助。

5.1 全球领先客户成功体系对标研究

客户成功体系该如何搭建？核心逻辑和路径是什么？灵魂在

哪里？这是我在研究和学习 Salesforce 之前经常思考的问题。我记得很清楚，当时有两个选择：一次到位，按照业内最领先的体系去搭建，再持续迭代和优化；按照公司的实际情况，渐进式演进。关于如何选择，我咨询了多位 Salesforce 的专业人士，答案几乎是一致的：一开始要按照专业化架构来搭建，才能更好地演化，更快地达成效果。这不禁让我想起华为变革的方法论：先僵化、后优化、再固化。

为什么要按照这个思路来搭建呢？因为这是创造客户价值相对较好的方式，这也是我一直在找寻的灵魂，我们的奋斗目标不就是期望能更好地帮助客户吗？

5.1.1 组织架构与职责设计

在很多时候，建立客户成功部后，很多公司的客户成功经理做成了客服，部分公司的客户成功经理做成了销售，还有一部分公司将客户成功经理职责交由实施团队承担。按照我的客户成功体系搭建经验，最好的方式还是以对标加工程化的思路，引用领先实践，然后根据自己的业务需要进行工程化设计，并通过数据驱动和复盘的方式进行持续迭代。我总结的客户成功组织架构画像如图 5-1 所示。

从创造客户价值的视角进行分析，各个组织的设置总结如下。

1）**专业服务**：与传统软件的实施组织不同，专业服务团队不仅执行公司战略，还构建业务和技术领先实践解决方案架构，以帮助客户成功体系全员和生态伙伴快速、有效地进行交付。在和客户成交前，专业服务团队还可以支持售前工作，聚焦于客户的需求和期望，做出客户成功规划，在启动交付前就让客户按照正确的路线推进业务。

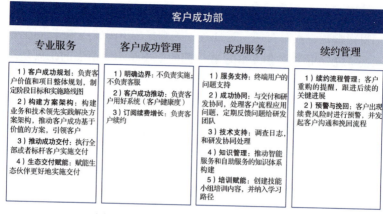

图 5-1 客户成功组织架构与职责设计

2）客户成功管理：客户成功管理最重要的是对客户价值和体验的管理，基于客户分级，对不同级别的客户进行分级运营。对于大型客户，往往提供数智化转型方面的客户成功服务，从客户价值探索到客户价值交付，最后实现客户价值提升。对于中小型客户，把客户成功的流程和方法融入产品和线上平台，通过自动化和智能化的方式推动客户成功。

3）成功服务：成功服务的前身是支持服务。支持服务偏向被动的问题处理，履行的工作职责是解决用户应用问题，反馈研发问题，其他的交给工单系统进行自动流转。成功服务则关注客户为什么会出现问题，以及如何通过客户成功线上平台例如用户社区解决问题。

4）续约管理：续约由客户成功经理和销售协同完成。续约管理团队的职责是按照续约机制推进续约，包括在 90 天、60 天、30 天三个即将到期时间节点和客户确认续约意向，以及发起可能的续约风险提醒流程，如果客户表现出明显的续约风险信号，还要发起"红色预警"流程。除了这些流程外，续约管理团队还负责将续约自动化，针对一些中小企业采用续约自动化策略。

未来的客户成功会逐渐融合到产品和技术中，会融合到企业经营的方方面面，但是客户成功部的职能是不会消失的，只是换了一种形式。

5.1.2 客户成功经理

自 Salesforce 首创客户成功经理角色后，全球的客户成功经理职业蓬勃发展。作为客户成功经理角色的首创公司，Salesforce 是如何理解客户成功经理职位的？通过参加 Salesforce 的 DreamForce 大会，以及与多位 Salesforce 的客户成功经理交流，我总结了如下内容供参考。

1. 客户成功经理的考核目标

1）**客户留存**：降低客户流失率，促进客户的持续健康留存是客户成功经理工作的核心，所以续约率是客户成功经理考核的重要指标。

2）**客户订阅**：订阅模式下，续费率决定着 ToB 领域 SaaS 业务的成败，如果一个 SaaS 公司的续约率低至一定程度，将回到传统软件模式，订阅业务将不复存在，所以客户成功经理要用专业精神促进客户的持续续费。

3）**客户健康度**：将客户的数据量、应用频度和广度换算为客户健康度，客户健康度每年要有增长，通常是 10% 左右。

2. 客户成功经理的关键工作内容

1）定期和客户交流，主动关怀客户，关注系统应用的改进。

2）在系统升级时间节点与客户做重点交流。

3）定期到客户现场交流，深入了解和分析客户战略和业务调整，进一步指导客户采用领先实践，做好分享和指导。

4）组织大的活动和专题分享会，传播领先实践、应用技巧。

5）系统推介，基于管理价值角度而非售卖的角度和客户交流。

6）判断客户突发问题的紧急程度。

7）提高产品的吸引力。

3. 客户成功经理的沟通对象和策略

1）沟通对象：VP 副总裁、业务主管、关键用户，减少与终端用户的频繁沟通，侧重与决策者和关键干系人沟通。

2）沟通策略

- 和获利的角色沟通（受益者才是推动者），坚定不移地向管理层推广，通过获得管理层的支持去推动全员。
- 深度挖掘客户放弃使用产品的原因，有策略地说服客户采用系统。
- 宣导分析产品的价值，引导用户使用产品进行工作改善。

4. 客户成功经理的关键胜任力与专业背景建议

（1）关键胜任力

1）熟悉系统，了解相关业务领域的知识。

2）精通系统的价值。

3）强沟通力、强应变力和强影响力。

4）丰富的项目经验。

5）良好的服务心态，了解客户的语言。

（2）专业背景建议

1）IT 专业背景。

2）来自乙方更合适，了解各行各业的领先实践，而非一家公司的领先实践。

5.1.3 关键流程

基于客户旅程的服务规范设计，客户成功经理可在开始使用服务到成功应用全流程中帮助客户实现业务目标。

客户旅程可以分为4个关键流程，包括购买、开始、使用和推广、复购，如图5-2所示。

图5-2 客户旅程的关键流程

1）**购买**：客户愿意为产品和服务买单，这是厂商与客户合作的第一环节。

2）**开始**：产品交付上线，快速实现第一价值，客户初步体验产品。

3）**使用和推广**：随着产品上线，客户展开深度应用，并根据效果进行推荐。

4）**复购**：客户旅程中重要一环，也是客户对产品和服务信任的体现。

在整个流程中，根据不同分级客户，客户成功经理可在正确的时间提供正确的资源。基于客户旅程的客户成功策略与服务设计如图5-3所示。

我们可以看到，客户成功的客户触点和服务通过数智化平台落地，可以很好地实现客户成功流程在线化。接下来，我们介绍通过什么技术实现客户成功。

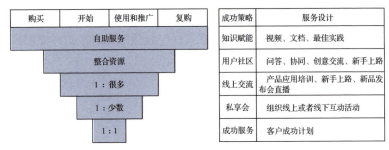

图 5-3　基于客户旅程的客户成功策略与服务设计

5.1.4　技术应用

客户成功运营一个非常好的策略就是客户成功数智化,通过技术更好地服务客户,帮助客户成功。全球领先云服务公司在客户成功实践方面应用以下好的工具。

1)EWS(Early Warning System,预警系统):客户成功经理通过该系统能够看到其所负责的客户对产品的使用情况,包括已购买客户成功应用系统的占比、使用情况得分、参与度得分、新功能应用情况分数等。这些数据能够很好地让客户成功经理看到客户应用系统的情况,如果发现异常,有机会主动和客户进行沟通,探索客户用得不好的原因,并通过客户成功资源和成功计划,帮助客户更好地应用系统。

2)Chatter 和 User Group 工具:采用 Chatter 和 User Group(用户群组)工具,和客户进行交流和互动。Chatter 的确是一种支持和客户敏捷互动的工具,特别是当客户有问题时,客户成功经理需要进行一些互动以了解清楚客户的问题。User Group 是通过用户社区和所有对一个主题感兴趣的用户群体进行在线互动,包括一些系统应用经验、学习资料分享等。

3)在线会议系统:在新形势下,在线会议系统越来越受到客户的欢迎，其优点在于支持对所有的会议内容进行记录和保存，以便将一些有价值的讨论整理成行业领先实践，供其他客户参考。

4）**客户应用看板**：在系统中预制由管理员或者业务决策人查阅的应用看板，以更好地推广系统。通过该看板，管理员或业务决策人可以看到用户使用情况排名、各部门对应用的使用情况，以及公司整体对应用的使用情况。

5）**内部运营看板**：客户成功团队和客户成功经理也有自己的运营看板，随着客户数量的增多，客户成功经理每天在忙的事情不一定是客户最期望的，这时内部运营看板就会发出提醒，如哪些事情是计划要推进的，哪些事情建议优先跟进，针对年度运营 KPI，目前执行情况如何，差距在哪里。

5.2 客户成功体系构建七步法

全球客户成功的理念、流程和工具是很好的借鉴，但是我们不能为了追随而追随，还是应该结合实际情况，走出自己的客户成功体系构建创新之路。

如何一步步建立符合自己实际情况的客户成功体系？我总结了七步法：从定义客户成功章程开始，到客户成功组织设置与组织绩效管理设置、关键岗位设置，并对文化、人才、流程和运营进行调整。

5.2.1 第一步：定义客户成功章程

在公司内定义客户成功章程是构建客户成功体系的第一步，也是最重要的一步。下面列举一个例子进行说明，参见用友网络发布的《客户成功管理制度》部分内容。

1. 背景与使命

公司订阅模式落地是战略转型和强劲增长的核心点。在订阅模式下，客户成功体系可提升客户体验和客户满意度，促进产品不断完善，助力公司业务强劲增长，为生态繁荣奠定坚实的基础。

用友全面落实用友网络董事长兼CEO王文京先生对客户成功体系的要求：新的时期，我们要基于客户成功体系升级客户服务体系，进一步提高客户满意度。同时，在客户服务的技术和方式上要升级换代，要数智化，要实现运维服务自动化（如RPA）、智能化、平台化。我们不能再停留在人工、现场服务的阶段，要更多地利用数字和智能技术，实现自动化、智能化、线上化服务。我们必须按照客户成功理念，基于先进的技术、工具、平台、流程、模式和体系做好云服务时代的客户服务和客户经营。

2. 制定路径及策略

1）打造全球领先的客户成功体系，实现订阅业务高速增长。

2）打造数智化客户成功体系，提高服务效率和客户满意度。

3）引领客户成功，促进产品发展，推动销售增长。

4）打造全员客户成功的文化与流程，推动客户体验提升。

5）通过服务、产品创新、客户成功方法论的推广，落实老客户经营战略。

通过客户成功章程的设立，整个组织明确了公司战略、使命。确立好实现客户成功的路径和关键策略，有助于在客户成功实践时，全体员工理解一致，也有助于客户成功团队工作的顺利开展。

5.2.2 第二步：客户成功组织设置与组织绩效管理设置

关于如何建立一个优秀的客户成功组织，读者可以参考图5-4。

图 5-4 客户成功组织设置建议

这里需要讨论一下,是否按照最佳模式建立客户成功团队?华为的变革方法论讲了 3 点,先僵化、再优化、后固化,对客户成功体系搭建有非常高的借鉴价值。我们将其扩展为"先僵化、再优化、持续优化",因为客户需求变化非常快,只有围绕着客户,不断地创新和发展,才能更好地满足客户需求。

1)客户成功管理中心的职责如下。

- 构建客户成功体系,运营客户全生命周期;设置有效、可度量的客户成功评价指标,如健康分数、普及分数、NPS 等;推动建立客户成功团队,分析客户级别并反馈给销售团队,定期向产品团队反馈客户成功实例与洞察,定期共享客户成功经验。
- 建立客户风险预警机制,降低客户流失风险,与机构、生态伙伴推动客户续约。
- 成立客户成功共享服务中心,负责中小客户续约工作。
- 管理云平台上全部客户的续约流程。

2)专业服务中心的职责如下。

- 构建和迭代专业服务体系,包括领先实践体系、技术方案体系、专业认证体系、生态伙伴管理体系等。
- SaaS交付能力体系建设,面向交付全员与生态伙伴。
- 建立客户成功规划服务,协助销售帮助客户建立可行的实施规划、交付计划和应用路线图。

3)成功服务中心的职责如下。
- 建立云产品支持服务体系。
- 建立7×24小时客户支持服务体系(战略客户)。
- 产品质量监控管理。
- 客户服务质量监控管理。
- 社区建设和运营。
- 支持服务系统优选和整合。

4)数字运营中心的职责如下。
- 基于系统,构建全员可视化的云产品活跃度体系。
- 基于云产品领先实践体系,构建云平台价值度量体系。
- 发布客户成功机制和制度文件。
- 建立专业服务、客户成功和支持服务的标准。
- 出具客户成功运营分析报告。
- 开发并运营客户成功系统。

在客户成功体系初创年,如何给各个部门提工作目标呢?示例如表5-1所示,核心的思路是第一年就要构建数字驱动的客户成功运营体系,这是非常重要的。

5.2.3 第三步:关键岗位设置

根据设立的部门,关键岗位的设置示例如表5-2所示。其中,对于标记可选的部分,读者可以根据需要灵活设置。

表 5-1 客户成功体系工作指标

指标类型		指标	指标定义	权重
财务指标和运营指标		ARR	年度可持续性收入	30%
		金额续费率		30%
客户满意度	客户服务满意度	客户满意度提升	经第三方机构调研的客户支持服务满意度	7%
打造客户成功系统，通过数字化和智能化赋能系统赋能客户成功运营	通过打造客户成功系统赋能机构和伙伴的客户成功运营	客户成功数智化运营系统开发与设计	1）客户成功云平台按改造代计划发布上线采购的客户成功平台（或者上线自研的客户成功平台） 2）第三方用户行为分析系统外采及上线实施工作	5%
	专业服务体系	云平台专业服务体系建设	1）构建云平台专业服务认证和赋能体系 2）打造云平台实施与开发能力 3）支持关键项目实施与开发 4）支持云生态业务，负责云市场 ISV 入驻，赋能生态伙伴和推进云原生开发，协助推动云原生开发	9%
打造客户成功体系，实现业务持续健康发展	客户成功管理体系	客户成功管理体系建设	1）设计、发布和推广"客户成功计划服务产品" 2）建立客户成功体系工作指南 3）建立客户预警机制，通过 CSM 共享服务，降低 CSM 工作成功体系 4）客户流失风险，与机构、生态伙伴推动客户续约	9%
	成功服务体系建设	服务交付体系	1）服务交付体系 2）构建客户持续赋能体系	5%
团队管理，人才资源及价值观文化等	团队管理类指标（10%~15%）	人才培养与发展	1）客户成功人才培养：一级部门个性化人才培养方案制定与达成 2）关键岗位人才培养与保留	3%
		文化落地	在人员招聘、选拔、淘汰、评优、文化传播等方面落实价值观行为化要求	2%

表 5-2 客户成功关键岗位设置

部门名称	岗位设置	岗位职责
数字运营中心	部门经理	1）负责部门的日常工作管理 2）负责客户成功数智化运营
	数据运营专家	1）负责云产品活跃度体系建设 2）负责发布客户成功服务制度 3）负责建立客户成功的服务标准
	运营经理	1）负责客户成功运营分析 2）负责云产品整合、运营和迭代
	开发经理（可选）	负责客户成功系统设计和开发
	开发工程师（可选）	负责客户成功系统开发
客户成功管理中心	部门经理	1）负责部门的日常工作管理 2）负责客户成功体系建立、客户全生命周期运营 3）负责部门的组织绩效达成
	客户成功专家（可选）	1）制定并迭代客户成功服务流程 2）建立并完善客户风险管控机制 3）负责客户成功计划中服务和产品的设计、运营与迭代
	客户成功经理	1）负责战略客户的成功服务标杆建立 2）负责客户领先实践提炼 3）负责战略客户的续约、增购和交叉销售推进

184

	共享客户成功经理（可选）	1）负责 CSM 共享服务建设 2）负责客户活跃度、健康度、NPS 和续约率达成 3）负责客户领先实践提炼
	续约经理	1）负责直销客户商务推动，达成客户续约 2）负责全国云产品续约流程管理
	部门经理	1）负责部门的日常工作管理 2）负责专业服务体系建立，赋能客户成功全员 3）负责部门的组织绩效达成
	实施经理	实施服务规划，确保客户成功
	伙伴管理（可选）	1）负责专业服务伙伴（实施、客开伙伴）发展与管理 2）负责生态伙伴赋能与支持
专业服务中心	方案专家	1）提供云产品行业领先实践、业务领先实践，确保客户成功 2）机构及生态伙伴的实施顾问赋能 3）专业认证体系设计 4）实施顾问考试认证 5）关键客户的实施支持
	实施顾问	1）云产品线的解决方案落地 2）产品线的解决方案落地 3）机构及生态伙伴的实施顾问赋能 4）实施顾问考试认证

(续)

部门名称	岗位设置	岗位职责
专业服务中心	二次开发经理	1）云产品客开体系建设 2）云产品生态合作技术方案支持 3）关键项目实施指导和支持
	二次开发工程师	1）二次开发方案落地 2）云产品生态合作产品开发实现
成功服务中心	部门经理	1）负责部门的日常工作管理 2）负责支持服务体系和社区建设的管理 3）负责产品质量、客户服务质量的监控管理
	产品支持工程师	1）总部在线支持服务 2）产品业务能力提升及知识建设 3）产品质量监控 4）输出客户服务质量报告
	热线服务工程师	1）总部400热线服务支持 2）社区服务运营 3）产品业务能力提升及知识建设
	社区运营主管	1）负责调研、整理社区需求 2）负责社区建设、运营

这是一个比较全面的、体系化岗位设计，每个公司可以根据实际情况进行微调。岗位是落地客户成功战略的组织级规划，整个客户成功的知识和流程会逐步迭代，在一开始做好规划至关重要。

5.2.4 第四步：客户成功文化转型

文化是驱动客户成功团队全员按照一致的客户成功思维和行为服务客户的关键。好的客户成功文化可以给客户带来良好的体验，从而成为一个公司优秀的品牌。更重要的是，在云服务时代，和客户合作基于信任，好的客户成功文化可以让客户越来越信任你。客户成功团队除了自身要努力践行客户成功文化外，还要引领和带动整个公司的员工传播客户成功文化。客户成功主管要把文化作为客户成功首要突破点，获得公司CEO的支持，并让整个公司都认同客户成功文化是公司长期高速发展的重要基因。

建议采取如下策略来加速文化落地。

1）由董事长或者CEO在年会或重要时机宣布客户成功文化的意义和重要性，让员工认识到这是公司非常重要的事情。

2）研发客户成功文化课程，或者引进客户成功文化课程，作为公司全员的客户导向理念和具体行为准则。

3）开展部门级文化共识会，针对每个季度或者半年的关键客户成功行为进行复盘，让所有人的客户成功思想达成共识。

4）将客户成功文化融入客户成功运营的方方面面，从断约复盘到NPS调研、客户风险提醒等，将运营流程线上化，以便全员相互监督和提醒。

5）在团队和个人对客户成功文化的践行成为公司标杆时，要进行必要的表彰，无论物质还是精神层面的。例如，用友网络每年会表彰100个卓越践行"用户之友"的员工，并在后续进行宣传和报道，让所有人都认识到客户成功文化在公司经营发展中是非常重要的。

5.2.5 第五步：客户成功人才招训

对于客户成功经理，业内有一个共识：好的客户成功经理是选出来的和招聘到的，仅靠培养存在很大风险。但是在企业转型时，如果不从现有的团队中去挖掘，同样存在巨大风险，因为团队成员对现有业务熟悉，对客户熟悉，对产品熟悉，所以寻找人才比较好的方式是在引入"新鲜血液"的同时，对现有团队人才进行培养。

好的客户成功经理可以让客户满意和成功，可以带来更高的客户终身价值，那么如何让客户成功经理快速成长？更多的细节内容可以参阅第 6 章，这里主要介绍一下思路。

1）**人才标准定义**：准确描绘客户成功经理的画像是第一步，无论招聘还是内部培养，都需要一个可以衡量的人才标准。这里说的人才标准不局限于简历中的学历、工作经历、技能等。这些并不能预测一个人在工作中是否带来高绩效。优秀的人才除了经历丰富、知识丰富、技能多外，还有强学习能力和潜质，这些恰恰是一个人高绩效的决定因素。例如优秀的客户成功经理有利他精神，有这种特质的人能够特别自然地站在客户视角看问题，愿意为客户花费时间和精力，也愿意花时间学习，以便更好地帮助客户。而缺少这种特质的人才，虽然也有可能做到服务很专业，但是总是不能让客户满意，和客户很难建立良好的信任关系。

2）**招聘正确的人在正确的岗位**：一旦我们定义了人才标准，招聘什么样的客户成功经理就比较清晰了。我们可以构建一个人才画像，以便筛选简历和帮助猎头精准地搜寻人才，并在面试时采用人才测评工具和结构化面试方法，精准识别优秀的候选人。

3）**人才训战**：很多研究发现，70% 的学习是从工作和历练中获得的，所以非常有必要开展人才训战。实践发现，酷学院的"萃学练考用"组织学习方法是人才训战的领先实践，在提升组织人才能力上有很好的效果。

5.2.6 第六步：客户成功流程优化

客户成功流程优化是围绕创造客户价值的关键环节展开的，对这些关键环节进行优化，可以很好地提高客户成功运营效率，加速业绩提升。在企业服务领域，客户成功流程中存在的共性问题大概有如下几个。

1）如何在销售环节帮助客户制订成功计划？

2）采用什么实施方法论和交付模式提高交付效率，确保客户成功？

3）客户成功经理如何避免成为客服？

4）如何提高解决客户问题的效率和效果？

5）如何和研发协同，提高满足客户需求、解决客户问题的效率？

6）如何达成客户复购，提高客户成功的投入产出比？

这些问题需要体系化解决，以避免"头痛医头，脚痛医脚"的情况发生。如图 5-5 所示，构建从市场和销售开始的客户成功协同体系，通过专业服务、客户成功管理和成功服务有效协同达成客户成功。

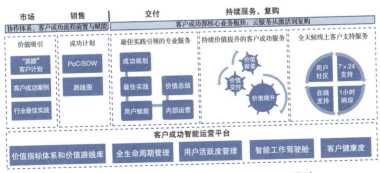

图 5-5 客户成功协同体系整体架构与流程设计

1. 市场协同，让客户成功成为吸引客户的"法宝"

数智化项目的成功往往会耗费客户非常大的精力和资源，是双方精诚合作、共同推进的结果。所以一旦项目成功，客户将成为其他客户对标和学习的榜样。好的方案和经验也是值得推广的，可以帮助其他客户少走很多弯路。一个行业中的多个客户都获得了成功，这时是总结行业级解决方案的机会。这么做的目的非常明确，就是期望有着同样诉求和痛点的客户能很好地知道我们可以提供这些已经被验证的方案，能够让客户更快地成功。

2. 售前协同，帮助客户制定成功规划

我参加了多次断约复盘会，发现在销售环节有一个问题，那就是产品和服务提供的能力与客户期望存在差距，又称"超卖"。客户购买产品后发现，产品并不能像销售顾问说的那样满足需求。这也解释了为什么现在越来越多的客户喜欢 PoC（Proof of Concept，验证性测试），因为客户相信通过 PoC 可以获得和业务匹配度更精准的产品和服务。

如果是一款轻量级云产品，我们可以考虑采用客户试用的方式，即让客户自己去尝试使用产品，从而确定产品是否符合自己的需求。

如果为客户提供的是比较复杂的产品，我们需要在签约前对客户的关键需求进行探索，并制订相应的成功策略和计划。这些计划很可能还要结合公司目前的产品发版计划，如果客户需要，还要为客户提供额外的服务，或者升级服务来满足客户的需要。无论怎样，在签约前帮助客户做好成功规划可以帮助客户很好地实现业务目标，让客户在售前环节就感受到客户成功团队的专业和责任心，建立信任关系。

3. 交付变革,推动以价值为核心的领先实践交付体系构建

在 SaaS 模式下,我们需要引领客户快速使用产品,并快速实现客户预期目标。当我们发现项目交付缓慢,客户满意度不高,且需求非常多时,我们就要警觉了,这可能是交付方法存在问题。图 5-6 展示了一个经过验证的交付体系。

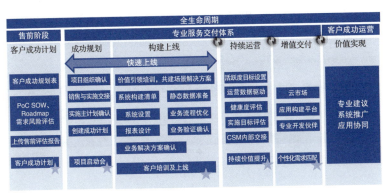

图 5-6 交付体系

在设计交付体系时,我们需要关注两个关键点:价值和迭代。之所以关注价值,是因为以价值为导向的产品应用和业务支持,可确保交付最快地实现客户价值。当客户使用产品后,我们再逐步做迭代。随着市场的快速变化,很多业务都在快速创新,产品也要不断迭代。

4. 客户成功协同机制,三个团队的协同流程

专业服务、客户成功管理(CSM)和成功服务三个团队的协同流程如图 5-7 所示。

1)专业服务团队:在售前阶段,协助销售团队做实施规划,包括核心需求审核、实施主计划制订、路线图规划等,确保达成客户预期目标。在交付时,采用基于客户价值创造的领先实践导

入方式让产品快速上线,上线后做好客户培训赋能和支持工作,当客户能很好地使用系统时,活跃度不断提升。在SaaS模式下,交付可能不是一次完成的,在上线后,随着客户业务扩展,很多模块须持续优化和迭代。

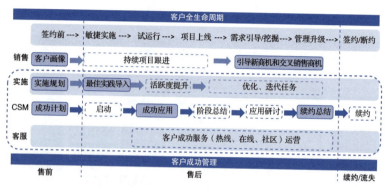

图5-7 客户成功团队协同流程

2)**客户成功管理团队**:在售前环节,客户成功经理可以根据客户业务情况进行参与。客户成功经理在一开始出现,好过于在交付结束做交接时出现,这样可以给客户一种"自始至终"提供服务的安全感。在签约后,客户成功经理进入客户应用和价值运营阶段,按照客户成功方法论要求(详细步骤参见第7章),持续推进客户成功。在成功续约前,做好客户价值跟进、提升和总结工作,为客户续约和复购奠定坚实的基础。

3)**成功服务团队**:解决在交付和持续服务过程中所有终端用户的应用问题,包括如何使用产品、功能问题等,要做到尽可能地让客户在业务进行过程中第一时间寻求到帮助,无论线上服务,还是社区交流。

5. 推动以客户价值为核心的客户成功管理

客户成功经理最重要的事情就是要做好价值管理和运营,通过客户成功方法论（EPAV）来达成客户目标。

第一步是探索客户期望（Expectation），做出价值探索，从客户最大的商业问题入手，找到实现战略目标的关键驱动因素，并设定绩效目标。

第二步是共建客户成功计划（Plan），根据客户的期望落地支撑战略和目标实现的关键能力，特别是数智化能力。除了数智化客户成功系统外，客户成功经理还要结合关键干系人和相关人员运营期望，制订一个整合的客户成功计划，我们称之为价值规划。

第三步是赋能成功应用（Adoption），在客户成功计划基础上，推动全员有效应用，让业务和平台完美结合，实现价值交付。在这个环节，我们要首先获得公司高层的支持和认可，并通过价值吸引客户高效使用，并在客户使用过程中提供必要的能力支持、问题支持和趣味化运营，让客户价值快速实现。

第四步是运营数智价值（Value），通过流程的持续优化、系统的持续集成、数据的持续整合、指标的持续跟踪和改善，达成价值实现。

6. 以价值为核心，以领先实践为路径，和产品、研发团队共建

客户成功团队和研发团队协作的困难在于，客户成功经理经常会以客户需求不被满足为由，预警客户不再续约，或者觉得客户断约是因为产品没有按期实现需求。如果我们的团队中存在这样的问题，或许本质问题不在于协同问题，而是团队之间对客户价值的达成策略并未取得一致认同。这时，我们就要开始优化客户价值对齐流程。

产品团队要提炼产品的价值，提供产品未来规划，以及如何达成客户目标，可能还要预想客户的各个角色如何使用产品，甚至业务体系和流程。产品团队须将产品领先实践通过在线文档传

递给客户成功团队。

客户成功团队按照产品领先实践推动客户使用产品，如果条件允许，可以组建一个专家团队对这些产品领先实践进行调整，以满足不同客户需求。从产品交付到客户，客户成功经理采用一致的模式赋能客户，以快速实现价值，如果客户对产品领先实践有更好的建议，可以一起共建。我们需要集中较大范围客户群体的需要，避免因为单个强势客户的压力而妥协。客户价值是需要坚守的，我们不可能解决客户所有的问题，但是我们的产品需要满足客户的大多数需求。无论如何，我们都要在公司内部达成一致意见。

客户成功经理带着一致的意见和客户共建，友好地协商。在交流中，最实用的方法还是通过客户价值创造逻辑来引导客户。

5.2.7 第七步：客户成功数智化运营

数智化平台需要客户成功体系，客户成功体系的落地同样需要数智化平台，我们称之为客户成功数智化落地。这也是我从事客户成功工作以来很重要的个人感悟，再好的方法，再全的制度，再棒的工具，都需要人去落地，只要是有人来执行，就存在差异性。无论这种差异是个人能力带来的，还是工作疏忽造成的，执行偏差永恒存在，如果没有数智化平台进行管理，这个偏差很可能会造成巨大损失。

那么，如何有效落地客户成功数智化？有两条路径可供选择：一条是运用现有的客户成功平台，例如用友的友户通平台等；另一条是基于强大的企业服务 PaaS 平台研发客户成功平台，例如，用友基于自己的 iUAP PaaS 平台构建了用友客户成功平台——友户通，如图 5-8 所示。

第 5 章 从 0 到 1 搭建客户成功体系

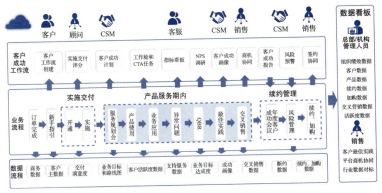

图 5-8 用友客户成功平台——友户通

首先整合公司内部所有的客户数据，打造客户统一数据平台。这些数据随着业务规模扩大，形成公司的客户大数据，关联分析的价值也就越大。基于洞察模型，平台可提供一系列主动提醒服务，甚至客户价值预测服务。这些信息会被推送给相关岗位人员，形成全公司对客户的主动服务和主动经营。

基于客户成功平台，将所有的流程在线化：什么样的客户级别在什么时间需要由哪些岗位做什么动作，全部是设计好的。这样每一个工作岗位就形成了工作流。无论客户成功还是客户断约，每一个客户触点和每一个动作都可以作为后续总结和复盘的线索。

5.3 本章小结

本章对标全球领先的客户成功体系，并阐释了适合本土 ToB 企业的客户成功体系构建七步法，结合笔者长期实践呈现了从 0 到 1 搭建客户成功体系的思路和方法。

第 6 章

客户成功人才招训与管理

　　完善的人才体系是一个强大组织的基础。用友的客户成功体系将组织人才建设工作摆在突出位置,通过人才标准、招聘策略、人才培养、组织能力发展、绩效发展等多个通路打造领先的客户成功组织,通过"萃学练考用"的行为模式,在日常客户经营业务中不断提高组织效率,提升组织能力,真正做到人尽其才。

　　客户成功人才招训与管理可以从定义人才、盘点人才、校准结果、使用与培养人才 4 个方面形成闭环,如图 6-1 所示。

图 6-1　客户成功人才招训与管理闭环

6.1　客户成功人才标准

第 4 章讲到，客户成功经理的职责就是要让客户感受到产品带来的持续价值，而不是短期价值，让客户持续使用产品，达到双赢。接下来介绍客户成功人才标准构建方法。

6.1.1　人才标准构建

人才标准是构建客户成功人才高绩效体系的基础。如图 6-2 所示，人才标准包括知识、技能、能力、潜质等评估维度，其中冰山上的部分相对容易习得，而冰山下的部分则较为困难，而且越往冰山下越难获得。一旦确定了人才标准，知识、技能和能力通过训战可以获得，潜质则需要在招聘时进行有效甄选，最终保证人尽其才，最大限度让人才发挥价值。每个公司的客户成功人才管理是不一样的，现有企业从个人测评、技能、能力进行评估,并且360度评估行为,看绩效结果。一旦获取了人才标准,我们就能持续地获取人才数据,并通过绩优员工群体分析来验证和迭代人才标准。

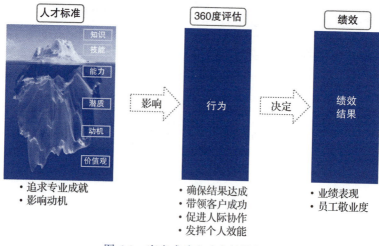

图 6-2 客户成功人才高绩效模型

我们要发现人才高绩效的核心特征,通过上述模型建立人才标准,以更好地帮助客户成功,更好地达成公司绩效目标。

1. 客户成功人才标准共建流程

人才标准共建流程是基于客户成功行业人才标准能力的个性化能力建模流程,确保在行业通用能力模型下,根据企业的战略和业务需要,快速构建自己的人才标准,如图 6-3 所示。在这个流程中,企业可以邀请团队教练技术顾问进行共创,通过战略分享、经验分享、问题共建和团队研讨的方式,确定人才标准。

战略结合:通过各种方式,包括董事长或 CEO 讲话、战略解码、高管宣讲、主管访谈等,团队共同感知企业的未来发展方向以及当下最重要的战略目标,团队需要如何做才能有效达成。

第 6 章 客户成功人才招训与管理

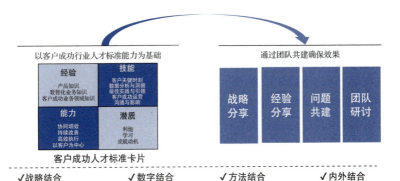

图 6-3 客户成功人才标准共建流程

数字结合：通过数字化技术感知客户成功运营状况，包括客户健康度分析、续约率、续费率、ARR 增长率、NPS 等，让团队能通过数字客观评价绩效、与目标之间的差距。

方法结合：采用团队教练技术，运用白板等工具共建战略和业务目标，了解当下客户成功运营情况，客户成功所面临的关键挑战。

内外结合：既参考外部行业标杆的领先实践，也分析企业内部客户成功绩效卓越员工群体的特征，把这些人才标准进行整合，形成个性化的客户成功人才标准。

2. 客户成功人才标准实践步骤

客户成功人才标准以第 4 章客户成功人才标准能力解析及行为为基础，把能力和行为以卡片的形式由客户成功管理者及相关人员进行框定及确认。

标准步骤如下。

步骤 1：准备分类卡，如 A 表示必要，C 表示重要，D 表示有了更好。

步骤2：从准备好的卡片里进行挑选，这些卡片可以依照客户成功标准能力图谱提前制作。

步骤3：讲解客户成功人才标准卡片的含义。

步骤4：阅读相关资料，包括公司战略、高管要求和执行关键问题等。

步骤5：选主持人（建议轮值）。

步骤6：在白板上共建岗位挑战，并通过投票选出前10个挑战。

步骤7：在主持人引导下，把卡片放到A、C、D分类下。

步骤8：讨论、决定哪些能力进入模型。

步骤9：高管在团队共建的卡片中挑选最终进入人才标准评估的能力和行为。卡片分类原始词条如表6-1所示。

表 6-1 卡片分类原始词条

序号	词条
1	商业洞察
2	战略性思考
3	高质量决策
4	确保结果可见
5	促进组织优化
6	建立成功团队
7	培育人才
8	协同增效
9	建立信任
10	追求卓越
11	敏锐学习
12	引领变革

6.1.2 案例：服务升维，客户成功序列职级标准统一

企业内部传统的客户服务如何升维到客户成功，从客户成功角度出发搭建体系化组织至关重要，这也是企业数智化转型的基石。

用友客户成功人才标准共建方法如下。

1. 分组

步骤1：客户成功战略宣贯。

步骤2：选组长。

步骤 3：各小组讨论，共建客户成功关键岗位挑战。

步骤 4：集体投票，找到前 5 个挑战。

步骤 5：每个人阅读客户成功标准人才卡片的关键能力，找出应对这 5 个挑战的能力卡片（每个人找出 10 个）。

步骤 6：在组长引导下，把卡片放到 A、C、D 分类下（A 表示必要，C 表示重要，D 表示有了更好）。

步骤 7：记录分析结果，确定标准评估能力。

2. 模型共建

步骤 1：把分组的汇总结果展示给客户成功团队。

步骤 2：团队集体共建模型。

步骤 3：最终决策。

步骤 4：分组设计的能力模型展示。

步骤 5：分组创意如何凝练、升华模型（无须改变能力项，设计一个新的结构，重新归类）。加工后的模型更加通俗易懂，容易被记住、传播。

用友根据企业特征进行客户成功人才标准共建，针对原有组织内的服务经营、服务交付、服务顾问制定客户成功序列统一标准，设定客户成功管理、客户成功服务、客户成功运营、专业交付运营 4 个职位，下设若干职位，包括混合云客户成功管理、公有云客户成功管理、IT 服务管理咨询、产品支持、技术支持、客户成功运营、专业交付运营，设计 12 个认证方向，包括混合云客户成功管理、公有云客户成功管理、IT 服务管理咨询、混合云产品支持、混合云在线支持、公有云客户成功服务、技术支持、数智化运营、客户成功运营、在线交付、交付管理、方案架构。

用友通过统一客户成功序列的组织标准，使客户成功组织效能得到更大提高，职位和技能精准匹配，以便更好地开展业务。用友客户成功升维图如图 6-4 所示。

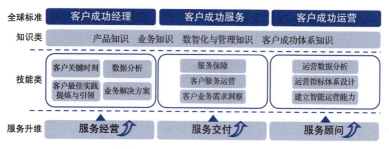

图 6-4 用友客户成功升维图

其中,关键岗位的职能设定如下。

1. 客户成功经理

1)制定和达成关键客户成功指标(续约率、NPS、活跃度)。

2)负责客户续约、加购和交叉销售。

3)定义与优化客户旅程。

4)管理客户价值(探索、交付和提升)。

5)跨职能部门驱动客户成功,推动客户问题的解决。

6)持续提升客户运营效率。

2. 客户成功服务

1)基于云产品,通过电话、网络等方式为客户提供产品支持服务,分级解决客户问题。

2)基于问题分析,提升产品质量,推动产品改进。

3)依据客户数据、客户问题,对客户使用系统的健康度进行分析,推动客户成功。

4)通过用户社区运营,持续提升客户的产品应用能力、业务能力,有效达成客户目标。

3. 客户成功运营

1)负责客户成功服务数智化设计,提高云平台客户成功业务运营效率，推动客户价值创造，推动公司业绩健康增长。

2）负责通过数字服务设计和数字分析，开展客户续约和活跃度提升相关工作。

3）协同产品部，收集客户对产品的反馈，改进产品。

4）协同市场部和销售部，基于客户画像精准营销，实现客户之间价值供给的良性循环。

根据最近一项针对全球的 CHO 人才战略调研报告，提升组织效能仍然是人力资源管理的最高目标。其中，68% 的被访者表示构建组织关键能力与竞争力是人力资源最高任务。德勤在人力资本发展趋势中表述到，一个职位对技能的需求以每年 10% 的速度增长，平均每 4 年有 33% 的技能被淘汰。企业基于商业创新平台数智化能力，能够识别与构建组织当下适合的技能体系和建立有效的人才供应链。

6.2 客户成功人才招聘策略与实践

客户成功人才招聘须与客户成功人才标准相匹配，具体可从 5 个维度对候选人进行考核，如图 6-5 所示。

图 6-5 客户成功人才招聘考核维度

6.2.1 招聘策略

1. 客户成功维度

- **跟踪客户状况**：建立客户跟踪机制并亲身面对客户，掌握最真实的客户信息，设计有效的流程来监控及评估客户的顾虑、问题及满意度。

- **洞察客户需求**：洞察客户需求的动向及变化趋势。
- **设计有价值的方案**：提出有价值的模式、方案、策略，准确迎合客户的需求或解决客户问题。
- **追踪有效性**：追踪市场和客户反应，调整商业模式或产品与服务的策略。

2. 追求卓越维度

- **设定挑战目标**：设定挑战性目标，对实现卓越成果抱有极大热情。
- **付出巨大努力**：为工作投入额外的时间和精力，成为勤奋投入的楷模。动用一切可用的资源，想方设法达成目标。沟通时展示出很好的记忆力，对手头的关键工作、进展及障碍了如指掌。
- **体现效率**：把解决工作中的问题作为头等大事，持续而快速地推进，刻不容缓地解决问题。
- **为结果负责**：当结果不理想时，果断承担责任，想尽一切办法扭转局面；对推诿、不负责任的行为提出质疑。

3. 精通专业维度

- **掌握专业概念**：具有专业知识储备，能轻松参与专业对话，了解专业领域的前沿信息或新鲜实践。
- **运用专业视角**：使用专业知识来理解和解释工作中的现象、问题。
- **形成专业方案**：面对问题，阐述专业上的一般做法、行业实践，快速形成较成熟方案；引用行业实践或专业理论佐证自己的观点。

- **遵循专业规范（解决问题）**：用符合专业、技术规范的方式开展专业工作。

4. 团队协作维度

- **融入团队**：主动与团队其他成员沟通，交流工作中的问题；以开放心态对待团队其他成员，欣赏和信任他人。
- **积极互助**：及时响应别人的要求，尽力提供帮助；主动分享经验或提供资源，帮助他人解决问题。
- **承担团队责任**：将团队目标置于个人目标之前。
- **共担团队成败**：与团队成员分享成功的喜悦，共担失败的压力。

5. 敏锐学习维度

- **展现学习意愿**：有不断提升自己的强烈愿望，并为此付出切实的努力。
- **从反馈中学**：为弥补自己的缺点主动寻求他人反馈。
- **从经验中学**：接受具有挑战性或不熟悉的任务，从失败和错误中吸取教训，探讨"我 / 我们从中学到什么，杜绝错误再次发生"。
- **学以致用**：运用经验或相关知识解决问题。学以致用，将新的知识、技能或感悟运用在工作中。

6.2.2 案例：客户成功人才招聘实施流程

基于客户成功人才标准，我们可进行客户成功人才招聘。

1. 招聘实施

离职补岗需求直接和招聘经理对接，新增编制需求须先完成增编流程。

电话邀约（面试）及测评流程如图 6-6 所示。

图 6-6　电话邀约（面试）及测评流程

1）电话邀约（面试）重点关注职业意向、家庭和个人情况、沟通表达、逻辑思维、薪资期望。

2）对进入测评环节的候选人，同步安排现场面试，面试前完成测评。面试环节及角色定义，示例如表 6-2 所示。

表 6-2　面试环节和角色定义

面试环节	角色定义
总监初试	对候选人的专业能力和通用胜任力进行初步考察（岗位和专业匹配度）
VP 终试	1）对通过业务初试的候选人的专业能力和通用胜任力进一步考察 2）对岗位和专业匹配度、入职后潜在风险、团队人员（上下级、平级）的配合融入进一步考察 3）对入职后职业发展和晋升空间进行评估

2. 招聘录用

（1）录用人员的确认讨论

参考测评结果，讨论和确认录用人员。

负责人：总监、VP、招聘总监、经理、主管。

参与形式：面谈、微信视频会议、电话会议。

（2）定薪

负责人：招聘经理。

确认形式：总监或 VP、招聘经理面谈或电话确认。

确认周期：一天。

（3）审批 Offer

在线上招聘系统完成审批，审批人依次为岗位直接上级、总监、VP、HR。

（4）发放 Offer

系统发送 Offer 给候选人。

（5）入职跟踪

1）每周两次电话或微信跟踪沟通，及时了解候选人思想动态，确保候选人顺利入职，降低拒 Offer 率。

2）沟通候选人目前离职交接进度、面试的其他工作机会的可能性探测、入职时间的再次确认。

6.3　客户成功人才培养策略与实践

6.3.1　人才培养策略

基于客户成功人才标准胜任力的培养是将企业服务业务从传统的传授知识与技能，转移到帮助客户成功的胜任力提升上。这种以客户业务为基点的模式突出了人才培养深入业务的着力点，兼顾影响组织和员工业务的内外部因素，更适合在企业战略背景下对传统服务员工进行多样化人才培养。具体来说，基于为客户业务带来增长的人才培养体系主要包括以下几个方面。

1. 以客户为导向，基于客户发展需求

基于为客户业务带来增长的人才培养体系不仅能满足企业招聘岗位要求，而且能从客户层面满足组织当前及今后对客户成功经理胜任力的要求。另外，这种以客户业务为基点的人才培养模式可以让员工产生成就感。

2. 对人才分层分类，突出对客户成功关键胜任力的培养

通过对客户成功经理业务要求的分类分层剖析，参照客户成功经理人才培养模型，发现员工当前胜任力水平与服务客户业务需求之间的差距，从而确定人才培养方案，使其更具针对性。

3. 客户成功经理培养更加个性化

不同客户成功经理的服务水平各有差异，与各自岗位胜任力模型的差距不同，利用这些差距可实现人才培养个性化，如同客户服务分级一样，容易取得更好的效果。

4. 注重利他、成就动机、学习态度和价值观等潜质的培养和发展

传统的人才培养主要针对岗位专业知识和技能进行，专业知识和技能往往更容易习得，而利他、成就动机、学习态度和价值观等很难改变。研究表明，仅依靠专业知识与技能很难把绩效优异者与表现平平者区分开，而利他、成就动机、学习态度和价值观等潜质对绩效优异者与表现平平者的区分效果较好。人才发展体系规划概览如图 6-7 所示。

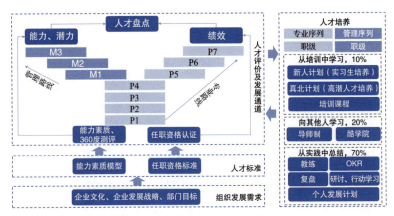

图 6-7　人才发展体系规划概览

6.3.2 案例：客户成功训战模式

1. 客户成功训战的使命

1）**企业经营发展**：促进业务增长，找到战略机会点获得突破。

- **达成战略共识**：数字化转型趋势下，增强洞察力和明确发展方向。
- **促进业务增长**：分析市场变化与竞争对手，促进业务长期持续有效增长。
- **行动举措落地**：行动举措有效支撑战略落地，形成有效工作闭环。

2）**能力方法**：统一客户成功思维方式、落地工具，立足长远规划。

- **客户成功经理能力**：增强洞察力与业务能力，立足长远规划。
- **客户成功经理思维方式**：统一客户成功理念，对齐目标，有效协同。
- **客户成功经理落地工具**：掌握运营执行工具，洞悉客户行业规律，运营客户价值。

3）**协同体系**：闭环协同执行体系，整合资源，实现业务目标。

- **客户成功制度**：制定客户成功运营策略、客户成功运营标准。
- **客户成功组织**：设立客户成功系统、监管管理与专家支撑组织。

客户成功人才训战模式如图 6-8 所示。

2. 客户成功训战说明

训战对象：客户成功主理官、客户成功序列人员。

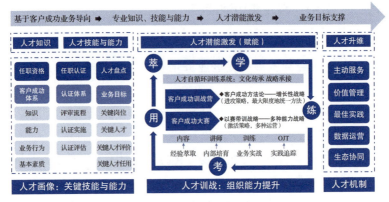

图 6-8 客户成功人才训战模式

训战目标：基于战略到方法论执行流程与流程机制，适配客户业务，实现客户服务、加购、新购；提升客户成功团队的客户洞察力、客户解码与客户经营执行能力，拓展新客户、经营老客户，提高合同签约率。

从业务角度出发，客户成功训战分成战前、战中、战后 3 个部分。战前对标整体战略，战中从厘清战、共创战、解码战开启 3 个阶段的在岗实战演练，结合业务对发展方向与实战规划进行研讨，从业务战略到客户战略，从客户业务计划到组织绩效更好地将业务与训战相结合，满足公司战略要求，最后复盘。客户成功训战运营和流程如图 6-9 和图 6-10 所示。

3. 客户成功训战运营策略

1）**客户成功训战人员运营**：搭建客户成功主理官体系。

客户成功主理官是客户成功的领航者、笃行者和推广者，其职责是通过客户成功体系的共创，加速推进战略落地，驱动增长。

客户成功主理官的职责如下。

- 帮助客户运用商业创新平台取得商业成功。

- 引领客户成功，提炼和推广客户成功价值、领先实践案例。
- 迭代客户成功方法论，推动客户成功体系在事业群、业务线落地。
- 成为客户成功经理的教练，推动客户成功经理在客户成功方法和领先实践上获得关键成果。
- 反馈客户成功体系在事业群、业务线的关键需求和问题，共创全球最佳客户成功体系。

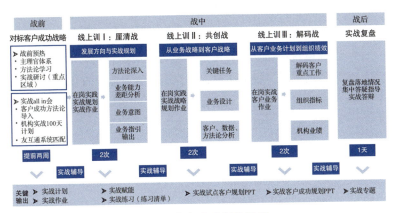

图 6-9 客户成功训战运营

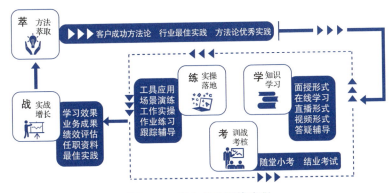

图 6-10 客户成功训战流程

2）客户成功训战过程运营：活动运营、社群运营、项目运营、内容运营、平台运营。

- 活动运营：通过游戏化、社交化、娱乐化的活动设计与实施，激发用户参与激情，增强用户活动参与感。
- 社群运营：建立垂直细分社群，提高用户黏性，激发用户活性，促进用户内容输出，延长活动和项目的影响周期，构建企业特色的学习文化。
- 项目运营：以产品化思维打造学习项目，通过学习方法论的实施有针对性地提升业务绩效，构建核心能力。
- 内容运营：建立内容生产、整合与更新机制，通过内容的数量与质量，吸引用户，支撑企业学习业务的开展。
- 平台运营：根据公司实际业务需要，场景化地设计和应用平台功能，实现学员数据留痕。

6.4 客户成功人才培养项目设计

以客户为中心的公司都会在关键举措中发挥人才作用，以客户成功为驱动的公司通过改善客户业务成果而受益。人才培养通过加速组织内员工技能的学习，从而使公司受益；通过让员工更好地展示工作成果，帮助他们充分发挥潜力，从而使客户成功团队受益。

6.4.1 项目设计

1. 项目背景分析

在竞争激烈的 ToB 市场中，高质量的组织人才体系是企业在竞争中获得一席之地的前提，组织经验的有效传承已经成为现代企业构建竞争优势的关键。面临多变环境，组织应秉持专业精神，力求精简、扁平化、终生学习，不断自我再造，以保持竞争力。

2. 人才培养目标

1）**对准企业经营实战**：人才培养要紧贴企业经营业务。
2）**聚焦能力提升**：通过客户成功训战提升员工能力。
3）**建立协同体系**：实现人才体系内的交流共建。

3. 人才运营架构

建立体系化的人才运营机制是人才培养的长效机制，尤其要结合战略和业务，重点构建组织能力，让卓越的组织能力简化对个人能力的要求，如图 6-11 所示。

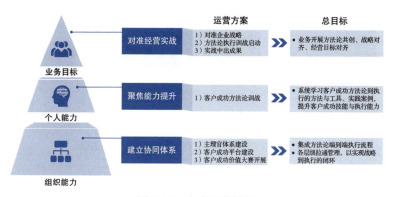

图 6-11　人才运营规划

首先是对齐战略和经营目标，让人才成为战略执行和经营目标达成的核心动力。这里要和负责客户成功的主管进行共建，从企业愿景、三年战略规划、年度战略和经营目标等维度进行分析，找到实现这些目标的关键组织能力和关键个人能力，确定人才培养的合理目标（兼顾长期和短期）。

其次是个人能力培养，重点是核心能力（可通过训战模式来推进战略和业务所需要的核心能力）。训战模式可以真实还原客户成功实战中的关键场景，让人才有效进行深度学习，并进行持续复盘。

最后是组织能力培养，通过协同体系构建组织能力平台。首先，主管深入组织内部，了解各个落地组织的关键问题和需求。然后，通过客户成功平台的打造，简化个人能力要求，特别是知识维度、技能维度和自动化流程维度。最后，通过客户成功大赛机制拉动所有人的积极性，营造良好的人才运营氛围。

6.4.2 案例：客户成功价值大赛

此大赛可作为一套模板供读者参考，可应用于以赛带训进行全人才培养的工作中，如图 6-12 所示。

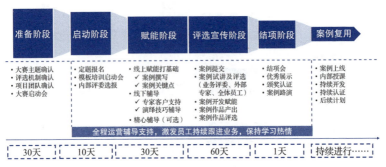

图 6-12 客户成功价值大赛运营流程

1. 客户成功价值大赛意义

（1）案例成果转化

1）将企业优秀产品案例汇集为案例集。

2）推进客户成功方法论的有效开展，帮助机构进行规模化复制。

3）推动企业商业创新平台应用。

（2）人才转化

1）搭建优秀复合型人才选拔通道。

2）提升客户成功经理能力。

3）吸纳优质客户成功经理,扩大人才生态圈。

（3）客户价值

1）深度认知企业新时期能够提供的客户价值。

2）深度认知企业客户成功服务为客户带来的应用价值。

2. 客户成功价值大赛策划

（1）大赛主题

唯客户 创成功——客户成功价值大赛

（2）大赛目的

本次大赛由集团客户成功部提供样板案例,全程辅导文档编写。

1）通过大赛提升客户成功服务能力及客户价值总结能力,形成案例集。

2）收集客户认可的专业经营样板案例。

3）挖掘优秀人才。

（3）大赛对象

客户成功序列全体人员。

（4）大赛安排

大赛进程如表 6-3 所示。

表 6-3 大赛进程

阶 段	事 项	具体工作	时 间
预热	宣传大赛方案	大赛宣传	7 天
发布	大赛正式启动	大赛正式启动	1 天
报名	客户成功经理报名	公司内部平台报名	7 天
初赛	编写模板	大赛案例模板	3 天
	编写培训	大赛案例模板介绍	1 天
	案例辅导	专家提供案例编写问题辅导	1 天
	案例提交	提交参赛案例资料	15 天
	初赛选拔	初赛选拔优秀案例	10 天
	名单提交	提交入围复赛名单	3 天

(续)

阶 段	事 项	具体工作	时 间
复赛	复赛报名	通过复赛通道报名	5天
	案例辅导	专家3次线上辅导	15天
	案例提交	提交复赛案例资料	7天
	案例评选	内部线上评分平台评选	10天
	复赛选拔	复赛选拔	20天
	名单提交	提交复赛名单及入围决赛名单	5天
决赛	决赛辅导	线上试讲辅导2次	10天
	决赛选拔	决赛演讲评审	1天

（5）活动形式及激励方式

大赛活动形式及激励方式如表6-4所示。

表6-4 大赛活动形式及激励方式

	报 名	提交资料	评审环节	激 励
初赛	参赛人报名并提交参赛案例基本资料	个人资料、客户名称、案例PPT	专家辅导及资料完善	参赛即给予参与礼品，并由集团发布入围通知
复赛	晋级名单为准	以晋级名单资料为准	专家及业务线总经理评审	1）晋级证书 2）实物奖励
决赛	晋级名单为准	以晋级名单资料为准	公司相关领导评审	1）晋级证书 2）个人视频拍摄 3）实物奖励 4）晋升加分

（6）活动规则

报名要求如下。

1）案例不限行业、不限领域、不限产品线、不限类别、不限客户体量。

2）建议为公司发版产品。

3）一人可申报多个案例。

4）在机构所属区域报名，不能跨区域报名。

5）可以个人或团队报名，团队报名时须指定一名联络人。

评选流程：初赛、复赛和决赛 3 个阶段。

评审方式：案例打分，满分 100 分。

晋级标准如下。

1）**初赛规则**：初评优胜作品进入复赛，其他优秀样板案例获得机构评优奖项，入选机构案例集。

2）**复赛规则**：优胜作品进入决赛，其他优秀样板案例获得区域评优奖项，入选区域案例集。

3）**决赛规则**：优胜作品评选一、二、三等奖，其他优秀样板案例获得集团评优奖项，入选集团案例集。

（7）奖项设置

1）设立一、二、三等奖、集团评优奖项、区域评优奖项、机构评优奖项，并获得相应称号及证书。

2）具有讲师能力的客户成功人才，列入客户成功内训师储备库。

（8）奖项激励

1）**专家指导**：专家提供文案编写初级辅导及文案进阶辅导。

2）**集团认证**：晋级案例可入选区域案例集、集团案例集，同时获得集团颁发的证书。

3）**晋升特权**：大赛前三名客户成功经理职级晋升，答辩额外加分。

4）**活动助力**：入围复赛有机会获得集团专家资源支持。

5）**样板拍摄**：入围决赛的案例，由集团牵头进行样板客户拍摄。

6.5 客户成功组织能力发展体系

全球人力资源专家戴维·尤里奇在《变革的 HR：从外到内

的 HR 新模式》一书中提到：创造组织业务价值最好的方式是打造组织能力，而非人才本身的能力。因为优秀的人才可能会流失，但是制定优秀人才的培养机制和环境，是可以发展出更强的人才的。对于客户成功也一样，我们要在客户成功组织能力发展中进行设计和规划。

6.5.1 组织能力，企业成败的关键

很多企业管理理论主要强调的是战略，但是对于战略能不能有效落地这一方面关注不够。1997 年，杨国安教授提出组织能力观点，一个团队是否有很强的战斗力，是否能有效执行战略，可用三支柱理论来评估，如图 6-13 所示。

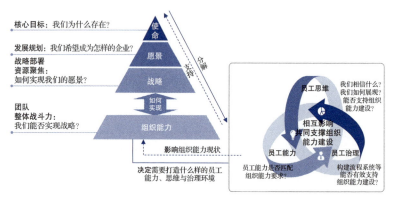

图 6-13　组织能力三支柱内在逻辑

坚持正确的战略方向，公司才有可能获得成功，但仅有正确的战略方向也是不够的，企业还必须依靠强有力的团队和组织，以确保自己比竞争对手更快、更好地执行战略。

战略很容易被模仿，但组织能力难以在短期内模仿。组织能力在企业成功方面往往起到更关键的作用。组织能力的高低决定

了企业能否持续获得成功。战略的制定常常只需要高层领导团队参与，快则几周慢则数月，但组织能力的打造要数以年计，并且需要公司上下全体员工的投入才能见效。因此，组织能力建设更为艰难，却对企业取得成功至关重要。

组织能力不是个人能力，而是团队的整体战斗力，是能够超越竞争对手、为客户创造价值的能力。

6.5.2 案例：酷学院组织学习方法论

组织未来的成功在于敏捷的组织能力调整及不断打磨的工作方式，过去的成功不能带来未来的成功，从作战手法上打磨组织、团队是成功的前提，只有不断依赖一线人员提供决策辅助信息才能倒逼企业中后台的战略布局。并且随着公司成长获得经验和专业知识，组织应该将新的学习内容整合到工作流程中。这是一个持续升级的过程。

在当下不断变化的市场环境中，没有哪个企业或部门是稳如磐石、一成不变的，也没有哪项工作的完成过程是墨守成规、固定僵化的。随着环境的变化、战略的调整，组织在面临各种挑战，要完成的目标、任务更是在不断迭代。企业到底该如何做培训才能应对挑战？

"萃学练考用"组织学习方法正是解决这一问题的关键，如图 6-14 和图 6-15 所示。

图 6-14　组织学习方法论架构过程

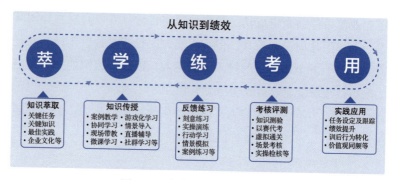

图 6-15　组织学习方法论模型

1. 关键环节一：萃

让学员通过有效的学习路径缩短学习周期，以结果为导向去萃取知识，部门内部通过平台做好知识管理。

当今，企业面对的挑战越来越大，来自外部和内部的变革压力要求员工要不断提升，这就需要大家共享并提炼各自的经验和知识，并融入岗位知识管理体系。

首先，找到影响业绩达成的关键成功因素，分析与这些关键因素相关的人群，并确认哪些行为会对业绩产生影响，这些行为需要哪些能力支撑，背后要有哪些任务支撑，具体细节是什么，从细节当中再找到相应的知识需求，这是整个逻辑线。根据知识点的不同需求及分解程度再进一步明确呈现形式，如流程指南、课件、模板、Q&A、视频微课等，如图 6-16 所示。

那么，如何给岗位知识分类？本质就是基于员工群体的知识模型进行分类。图 6-17 为通用的知识模型示例，此模型基本可以满足岗位知识分类诉求。后续我们可以基于该知识模型开展知识管理。

我们一直在强调，组织学习一定要对企业业绩有直接帮助。那么，如何让岗位知识体现价值？除了知识地图，我们还需要与组织内部的人才发展实践进行连接，甚至嵌入人才发展场景，从而让知识不再是可有可无，而是被自然而然地应用，如图 6-18 所示。

第 6 章 客户成功人才招训与管理

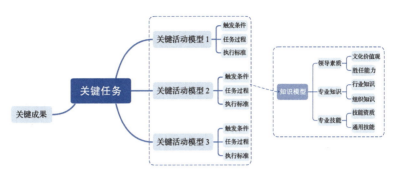

图 6-16 影响业绩达成的关键成功因素

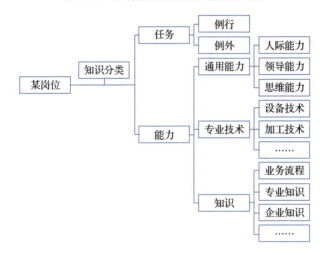

图 6-17 通用的知识模型示例

岗位赋能

营销准备
 产品知识、解决方案
 客户案例、岗位知识
 工具模板、经验技巧
 市场动态、竞争对手

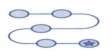

业务赋能

营销套路
 全流程场景支撑、商机拓
 展、立项跟进、招/投标、
 谈判、合同签约、客户服务、
 社区营销、解决疑难杂症

获客赋能

客户触达
 客户知识（客户基本信息、
 关键决策人、客户购买动机、
 购买趋势、客户喜好）

图 6-18 销售岗位知识地图样例

如图 6-19 所示，知识地图和学习地图是有差异的，这两者最大差异是：知识地图是为了让业务部门做知识萃取及管理，学习地图是为岗位人员提供一个学习路径，主要的落脚点在于学习内容和学习形式上。而且知识地图需要我们以动态的思维去看待，不断改进，学习产生效果是需要一定时间的，我们过往的经验并不一定能引导未来成功，需要多个专家既了解市场，又要结合内部实际情况群策群力、头脑风暴。

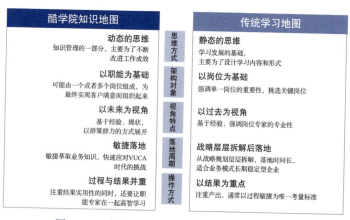

图 6-19　酷学院知识地图和传统学习地图差异

2. 关键环节二：学

通过在线学习平台，助力企业学习。

制定好企业知识地图后，通过在线平台构建培训质量管理体系让培训高效落地，提升全流程组织和管理能力，让企业全场景数字化培训落地。并且，构建管理者视角的全场景运营体系和以用户为核心的员工全生命周期学习激励、关怀机制，打造全新的员工学习环境，提升学员学习兴趣。

3. 关键环节三：练

刻意练习，行为转变。

知识的应用源于行为成熟度，行为成熟度源于大量重复训练。行为成熟度的提升源于大量刻意练习。企业培训的最终目标是实现"知识—技能—行为—业绩"的转化。

安德斯·艾利克森在《刻意练习》书中提到，提高个人技能需要将一项技能或行为拆解为小的、可实现的、明确的步骤，确切地说，分成 3 个阶段：模仿阶段是让学习者在一个较高的水平上模仿执行一系列步骤；联合阶段是基于联通主义，侧重培养学习者此时此刻所需要的技能；自动化阶段是环境与环境中的人在相互影响下，通过数字化工具最终完成任务。有时，刻意练习这种做法被称为技巧范畴分类法中的引导反应或模仿反应。知识转化成行为首先需进行场景模拟，在模拟场景中进行行为训练，在训练过程中，专家、导师不断给予反馈直到技能通关为止，如图 6-20 所示。

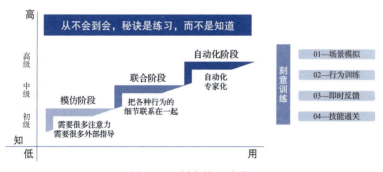

图 6-20　刻意练习阶段

4. 关键环节四：考

作为价值呈现的重要环节，"考"包括培训效果评估与结果跟踪辅导体系两部分。知识性测试衡量对信息的理解程度或者对某种技能的掌握程度。从培训价值链角度分析,做好"考"环节(如图 6-21 所示)的设计至少包括以下几方面。

1)将员工所在工作岗位的关键业务指标结果与考核结果相关联。

2)考核重点包括每项业务实现需要员工付出的关键行为。

3)考核内容细节须围绕员工达成业务指标的关键行为进行设计,确保员工达到基本的绩效水平。

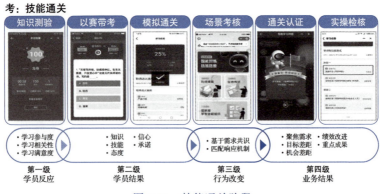

图 6-21 技能通关阶段

在广泛应用的"柯式四级"中,一、二级评估是容易实施的,因操作简单,无须多大精力就可完成。三、四级评估很难操作,花费时间长,耗费精力大、客观制约因素也多。酷学院以"学习 × 转化 = 绩效结果"为核心逻辑,从学员反应、学员结果、行为改变、业务结果 4 个维度设计学习价值链,从而保证学习效果。

5. 关键环节五:用

群体工作内容通常是围绕群体的任务、事件、产品、培训学习和对话来组织的。数智化时代的组织培训学习是从"流程驱动升级型"向"问题解决型"转变的。那么,究竟应该如何推进"问题解决型"组织学习的落地?我们回到最本质的东西:组织培训到底是什么，我们要解决什么问题；我们希望构建一个可持续型组织，在这个诉求下，需要解决什么问题？只有人才增长速度高于业务复杂度增长速度，才有利于组织的可持续发展。这就需要组织不断地赋能员工，用知识武装员工，实现业务高效、可持续增长，如图 6-22 所示。

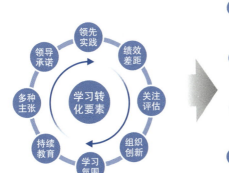

图 6-22　培训学习转化为实际业务结果过程

1）领先实践。收集外部的优秀实践案例。

2）绩效差距。分析当前绩效和期待绩效的差距。

3）关注评估。努力定义并衡量关键成功因素。有关度量标准的讨论可视为学习活动。

4）组织创新。对实践保持好奇心，对创造性观点和新技术充满兴趣，支持试验。

5）学习氛围。组织成员间公开沟通，对问题、错误或教训进行分享。

6）持续教育。对优质学习资源的承诺。

7）多种主张。提倡各个岗位的员工提出新的理念和方法。

8）领导承诺。领导者积极参与到学习活动中，并保持学习氛围。很多公司利用组织学习来改善产品并创造更多收入。如迪士尼通过组织学习继续创造新的娱乐形式，开辟网络电视渠道，制作音乐，并开展流媒体服务业务。

6.6 客户成功绩效体系设计

绩效是客户成功组织的使命、愿景、价值观和公司战略的重要表现形式，也是决定组织竞争成败和可持续发展的关键因素。

6.6.1 绩效体系设计

无论基于客户成功胜任力模型的绩效管理体系设计，还是基于客户成功岗位核心能力的绩效管理体系设计，均是一项重大工程。这项工程包括绩效管理循环、绩效管理文化和绩效管理基础三大部分，需要三者有效协同。

绩效体系设计最重要的是要以企业的发展战略为指导，结合愿景和使命，紧贴一线业务场景，在此过程中从绩效规划、计划执行、绩效评估、结果应用4个方面展开研究论证，如图6-23所示。

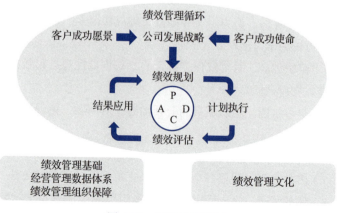

图 6-23 绩效体系设计

6.6.2 案例：某企业对于客户成功团队的绩效激励政策

此案例可作为一套模板供大家参考，包含政策目的、适用范围、特别申明、续约/续费率定义、考核方式等。

1. 政策目的

遵循公平、公正、公开的原则，优化客户成功团队的绩效激励政策。将公司经营总目标，落实到客户成功团队每一位成员的日常工作中，综合评估团队成员的业绩达成情况和日常表现，建立业绩奖金激励和绩效考核相结合的激励政策，激发客户成功团队全体成员的工作积极性，关注员工个人成长，促进客户成功团队内部有序竞争，为实现公司经营总目标共同努力。

2. 适用范围

1）本政策自××年××月××日开始执行，××年××月××日截止。

2）适用于客户成功团队所有员工。

3. 特别申明

1）员工应该遵守诚信、正直的基本职业规范，如发现工作中存在故意欺骗行为，公司有权追溯并重新评估员工业绩和绩效，视具体情况延缓或者取消激励绩效的正常发放。

2）激励绩效的发放适用于在职员工，如员工个人过错导致激励绩效发放延缓，在此其间员工离职，须自行承担可能的利益损失。

试用期通过后连续2个季度考核不达标，纳入淘汰名单重点观察。

4. 续约/续费率定义

（1）续约率定义

专指客户数量续约率（Quantity Renewal Rate，简写为 Qr）。

$$续约率 = \frac{当期实际续约的客户数量}{当期计划续约的客户数量}$$

分母：合同在本季度（年度）内到期的客户数量。

分子：续约合同的生效日期在本季度（年度）内或者早于本季度（年度），且到期日期在本年度之后的客户数量。

（2）续费率定义

专指客户金额续约率（Payment Renewal Rate，简写为 Pr）。

$$续费率 = \frac{当期实际续费的回款金额}{当期计划续费的回款金额}$$

分母：某季度（年度）老客户到期合同的回款，当期合同合并计算回款，按合同最长有效期计算合同的到期时间。

分子：本季度（年度）续约合同的回款金额，当期合同合并计算回款，按合同最长有效期计算续约合同的到期时间。

（3）续约分类

提前续约：续约合同的生效季度相比上一年度的合同到期季度提前至少一个季度，且续约合同的到期日期在当年度之后。

按期续约：续约合同的生效季度和上一年度的合同到期季度在同一个季度，且续约合同的到期日期在当年度之后。

延期续约：续约合同的生效季度在上一年度的合同到期季度之后，且续约合同的到期日期在当年度之后。

自动续约：有顺延条款或者无限期条款。

长期合同：合同生效日期所在年度和结束日期所在年度隔2年及以上，且当年度未到期。长期合同、自动续约客户在年度内提前续约，在发生回款的当季度，将实际回款金额同时加入分子、分母计算最终续费率。

5. 考核方式

（1）续约 / 续费达成业绩提成激励

每季度基于客户成功经理续约 / 续费率达成情况进行提成激励。

1）情况一： Qr 和 Pr 均没有达到底线值，激励为 0。

2）情况二： Qr 不达标，Pr 达标，按个人实际续费金额固定提点，重点客户对应的提成比例为 3%，非重点客户对应的提成比例为 1.5%。

3）情况三： Qr 达标，Pr 不达标，按个人实际续费金额固定提点，重点客户对应的提成比例为 2.5%，非重点客户对应的提成比例为 1%。

4）情况四： Qr 和 Pr 均达标，按个人实际续费金额固定提点，重点客户对应的提成比例为 3%，非重点客户对应的提成比例为 1.5%。

要点说明如下。

- 采用季度激励提成制，Q4 不单独考核，以全年指标做核算。
- 年度任务饱和度：重点客户续费 300 万元，非重点客户续费 100 万元，实际续费率根据实际任务饱和率进行系数（不超过 1）修订。
- 年度内客户提前续约，经客户成功经理主动报备，续约率不变，续费率分子、分母应同时增加，如果当季度没有相应客户级别的续约任务或者续约任务不足 3 家客户，提前续约的客户业绩计入年度回算。
- 提成发放周期：季度提成分 3 个月平均随工资发放；年底业绩回算，回算不退回前三个季度已经发放的提成，年度回算提成大于已经发放的提成，可以申请补发差额，在次年 Q1 一次性随年终奖发放。

（2）月度绩效

对客户成功经理的商务能力、专业能力、客户管理能力、服务能力以 5∶2∶2∶1 的比例进行加权评分，作为绩效系数来调整每季度最后 1 个月的薪资发放。

1）**商务能力**：客户成功经理每月输出 1 个续约成功案例分享或者续约失败案例复盘，M1 跨区打分。

2）**专业能力**：客户成功经理每月输出 4 个提升重点客户关键使用行为的案例，M1 跨区域打分。

3）**客户管理能力**：客户成功经理根据客户生命周期制订客户管理计划，考察计划执行率，M1 跨区域打分。

4）**服务能力**：针对客户成功经理日常工作态度、服务态度和服务专业性，M1 跨区域打分。

要点说明如下。

- 基准分 100 分。
- 绩效系数不超过 0～1.3（参考 20%、70%、10% 正态分布），月度绩效基数为月工资的 20%，季度绩效基数为月工资的 60%，季度评估时统一核算到当季最后一个月的薪资。
- 绩效系数为零适用于有明显违反公司管理制度和部门日常管理规范的情况。

（3）年度服务之星

对客户成功经理从专业度、客户调研两方面以 6∶4 的比例进行加权评分，总分最高者荣获该奖项。

1）**专业度**：考察客户成功经理日常整体服务的专业度，包括专项工作表现、日常分享质量、责任心、客户证言等，由区域经理、团队 Leader 平均加权打分，满分 10 分。

2）**客户调研**：制定客户调研统一范围和标准，由 SSC 发起年度客户调研，确保公平公正。"满意"得 1 分，"不满意"扣 1 分，累加得分。总分最高者荣获该奖项，并通过邮件公示。考核周期为年度，奖励价值 0.2 万元的奖品。

6. 其他激励

符合以下任一种情况，统一按照业绩回款额的 3% 计提，发放周期与续约绩效激励保持一致。

- 年度内新签客户产生的合同可算增购。
- 历史断约客户年度内重新合作。
- 和销售共拓老客户新业务场景。

6.7 本章小结

本章全方位介绍了客户成功在企业内如何进行人才升维，并且以服务升维案例、招聘实施流程案例、客户成功训战案例、客户成功绩效案例、客户成功价值大赛案例等全方位展示企业内客户成功的领先实践路径，让读者迅速掌握核心要点，开展客户成功人才招训与管理业务。

第 7 章

客户成功方法论

全球新一轮技术迅猛发展,不断催生新技术、新产品和新模式,促进新业态与产业迅速融合。在这个过程中我们可以看到,在应对外部市场的不确定因素时,每个企业采用数智技术变革业务和改善管理是保持增长的最佳策略。当今,我们已经进入利用数智技术进行商业创新的时代,企业都在快速向数智化阶段转型。

关于做好数智化首先要做好什么,用友网络董事长兼 CEO 王文京先生指出,企业客户在推进数智化进程中特别重要的一点是不要为了数智化而数智化。数智化是落地企业发展战略的重要组成和支撑,推进数智化,要以企业发展战略为指引。数智化转型首先是基于业务本身,然后是跟进组织管理变革,需要创新,需要更加注重数据的驱动价值。

客户成功方法论是帮助企业在数智化转型实现过程中落地战

略或业务价值的基本理念和具体步骤的实践工具集。它最重要的特点在于，不仅是客户成功认知工具，还是对客户成功体系建设的概括和总结，也是一套解决问题的应用工具，对客户成功具有深远的指导意义。

客户成功方法论核心由探索客户期望（Expectation）、共建客户成功计划（Plan）、赋能成功应用（Adoption）、运营数智价值（Value）4部分构成，如图7-1所示。

客户成功EPAV方法论			
探索客户期望 （Expectation）	共建客户成功计划 （Plan）	赋能成功应用 （Adoption）	运营数智价值 （Value）
共建合作愿景	定义产品路线	获得高层支持	有效流程定义
明确战略目标	完善运营机制	用户价值运营	系统集成与数据整合
定义优先级	持续最佳实践	用户应用赋能	持续采用最佳实践
落地绩效指标		持续用户运营	指标实时跟踪
方法、技术、工具、效果			

图 7-1　客户成功 EPAV 方法论

在构建客户成功体系过程中，客户成功方法论对客户成功的各个环节具有明显的指导意义，不仅提高了客户业务收入和满意度，还提高了客户成功运营的各项关键指标，形成了多赢局面。我们希望通过本书中的客户成功 EPAV 方法论引发思考，为中国的客户成功事业贡献一些思路和实践案例。

从整体来看，客户成功 EPAV 方法论关注的重点是客户价值，基于客户成功计划、客户健康度和活跃度、价值度量引领客户实现更大价值；从客户价值维度来看，包括价值探索（探索客户期望）、价值落地（共建客户成功计划、赋能成功应用）和价值提升（运营数智价值）3个关键点。

1. 价值探索

价值探索是第一步，客户采购相关产品和服务是希望解决实际业务问题，从根本上说是希望提高工作效率，降低工作成本，但每家企业所处的市场不同、环境不同，遇到的问题也不同，靠着一套标准产品和服务肯定是无法达成客户预期的，所以每个客户成功经理为客户提供服务前都要详细进行价值探索，深刻理解客户的愿景、战略目标、具体业务和业务诉求，只有这样，才能在后续客户服务中有的放矢。

2. 价值落地

在价值探索中，双方会有关键的战略目标对齐、目标优先级对齐，同时将成功指标与绩效指标融合在一起，为价值落地上第一把锁，但具体的价值落地还需要客户成功团队持续不断地运营，包括产品如何更好地服务于客户，应该和客户建立什么样的合作机制，在客户服务过程中如何获得关键人的支持，对最终用户如何引导以及如何赋能。只有这些环节有效落地，才能为价值最终落地上最关键的锁。

3. 价值提升

所有的探索和运营都是为了客户价值最终落地，但任何相对独立的产品和服务都很难落地客户整体价值。为了有效落地客户整体价值，客户成功团队应该在流程、系统集成、数据整合方面做工作，通过指标评估客户预期是否达到。只有做到了这些，客户价值才能得到很好的落地。

客户成功 EPAV 方法论是一个体系化的方法论，由阶段、任务、方法、技术和工具等部分组成。每一个阶段都有具体的任务、对应的步骤方法以及相关的工具。与实施方法论不同，客户成功 EPAV 方法论中任何一个步骤都可以单独执行、优化，通过迭代的方式推进整体目标的达成。

7.1 探索客户期望

探索客户期望是实现客户价值的第一步,也是最重要的一步。再好的产品和服务,如果和客户需求不匹配,也不会给客户带来价值,相反有可能带来负面影响。

从时间线来看,客户期望分为长期期望和短期期望,其中长期期望往往和客户愿景有关,短期期望往往是客户年度期望达成的绩效。所以如果帮助客户成功,我们需要了解客户愿景,并以此为基础共建合作愿景,以指导双方工作。这也是经营 ToB 客户的秘密。有了合作愿景,双方可以一起跨越数智化变革道路上的任何艰难险阻,建立更深的信任关系,也更有利于合作共赢。

在合作愿景的指导下,我们提供的产品和服务才能匹配客户经营战略,让客户体会到我们的用心,这是我们未来有效推进工作的基础。

1. 逻辑

1)愿景关系到一个组织的未来与当下最重要的目标,也决定着客户的投入度。

2)明确战略目标的优先级和衡量标准,确保战略执行到位。

3)推动客户持续重视并承诺,确保客户成功,并实现双赢。

4)为后面价值总结做铺垫。

2. 洞察

1)洞察和客户长期合作的核心点、客户期望,为制订客户成功计划做准备。

2)帮助客户明晰想要达成的终极状态,以及如何达成。

7.1.1 共建合作愿景

愿景关系到一个组织的未来,决定当下最重要的目标,是激发客户变革的动力和源泉，所以，客户成功经理要了解客户的愿景，从客户愿景出发，最终共创合作愿景。合作愿景贯穿与客户互动的全周期，是双方共同努力的目标，如图7-2所示。

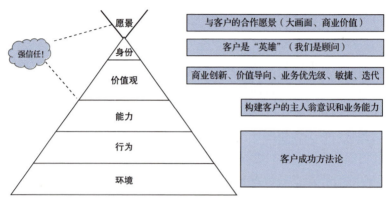

图7-2　共建合作愿景

爱因斯坦曾经说过："你无法在制造问题的同一思维层次上解决这个问题。简单地说，就是如果想要解决问题，需要从更高维度思考，否则，问题很难得到解决。"客户成功方法论也是如此，如果仅仅聚焦在能力、行为等层面，那么客户成功就缺失了更高维度的思考，需要站在客户角度去思考。我们与客户保持着相同的价值观和信念，通过数智化技术推动目标的达成，帮助客户建立数智化平台和关键能力，让客户成为"英雄"，成为数智化变革的主人。

1. 关键价值

1）对客户成功整体价值取向和行为起到引导作用。

2）把客户成功作为双方共同追求的目标，以达成共赢。

3）打造竞争对手不具备的优势，由此产出更高的利润与价值。

4）为组织发展创造机会，持续投入核心能力的建设。

2. 核心流程

（1）共建合作愿景的要点

1）了解企业愿景，以及分析核心战略如何与合作愿景保持一致，合作愿景不同于企业愿景，但合作愿景的实现过程也是企业愿景的实现过程。

2）梳理客户的利益相关方，获取所有参与或者会受到合作愿景影响的人的清单。

3）让关键高管参与愿景和战略的共建。合作愿景的形成和推动是自上而下的，管理者应身体力行地为组织成员做榜样。

4）最终通过沟通和迭代达成共识。

（2）共建合作愿景的方法

1）组织客户进行头脑风暴会议。

会议目标：确定双方的合作愿景。

会议议程：确立合作愿景、战略目标；研讨战略目标和优先达成事项；讨论达成战略目标可以给企业带来的价值；通过哪些解决方案可以达成战略目标；确定战略目标达成的关键干系人；确定下一步行动。

与会人员：双方高管发起人、关键干系人、客户成功团队。

2）准备会议上需要与客户沟通的问题。

示例：组织当前经营需要解决的问题或关键痛点是什么？需要通过合作解决哪些问题？希望合作达到什么样的理想状态？目前关心的3个核心问题是什么？

3. 聚焦成果

1）通过头脑风暴会议共建具体的、面向长期合作的愿景。

2）对于会议中确定的优先战略目标，基于达成的共识，构思解决方案。

7.1.2 明确战略目标

公司战略是愿景的具体体现，也是客户获得商业成功的动力，所以我们在与客户互动中需要明确战略目标，并确定高层发起人，同时定义关键角色和职责。

1. 关键价值

1）基于合作愿景制定的战略目标，有利于增强各部门变革的动力、人员凝聚力和向心力。

2）明确未来各个阶段的工作重点和资源需求，可以更好地优化资源，有利于实现资源价值最大化。

3）使组织内部门、人员都能清楚自己该做什么，进而积极主动地达成目标。

4）明确战略目标的利益相关者，有利于客户决策，提高风险管控能力和市场应变能力，进而提升竞争力。

2. 核心流程

（1）明确战略目标的要点

1）明确和客户合作的战略目标，并与客户达成一致，确保战略有效落地。

2）获取战略目标对应的价值驱动因素，让客户清楚自己的业务目标和价值驱动因素。

3）确定主要利益相关方。项目最终是否成功，关键由主要利益相关方决定，他们在项目中的参与度越高，项目成功的胜算就越大。

战略目标分解示例如图 7-3 所示。

（2）明确战略目标的方法

1）高管访谈：提前对客户企业高管进行访谈，重点关注高管的优先达成事项。

2）头脑风暴会议（与共建合作愿景会议一起）：对战略目标进行讨论，每个人选出自己认为最重要的 3～5 个战略目标。

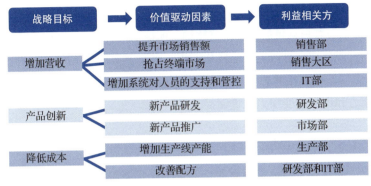

图 7-3　战略目标分解示例

（3）战略目标构建示例

用友客户成功团队帮助客户持续商业创新、构建战略目标示例如图 7-4 所示。

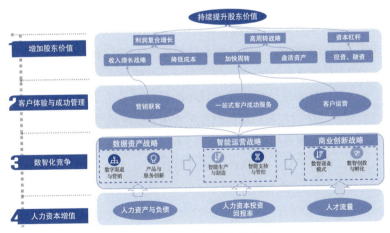

图 7-4　战略目标构建示意图

3. 聚焦成果

1）**共同确定的战略目标**：基于合作愿景，客户的各级部门更容易明晰战略目标，积极主动地达成目标。

2）**客户认可的商业价值驱动**：明确未来各个阶段的工作重点和资源需求，可以更好地优化资源，有利于实现资源价值最大化。

3）**利益相关方影响分析**：有利于客户决策，提高风险管控能力和市场应变能力，进而提升竞争力。

7.1.3 定义战略目标达成优先级

企业战略目标都很重要，但在不同发展阶段，优先级会有所侧重，所以战略目标确定后，如何为战略目标设定优先级，就成为下一步工作的核心，简言之就是梳理具体要做的事项顺序，只有集中精力将资源投入到最高优先级事项中，才能最快获取最大的收益。

1. 关键价值

1）**战略契合度**：对应管理者的战略目标在契合度评估中的权重需放在首位考量，其次考量内外部环境的变化或新政策的影响。

2）**管理业务期望**：度量客户对这一战略目标实现的期望程度。

3）**分析客户价值**：战略目标的设定都是为了解决问题，战略目标涉及的对应客户价值也是非常重要的度量维度。

4）**效能提升**：多数目标是为了帮助企业管理提升和效率改善。

5）**业务收益**：按照对应战略目标，可以带来的实际业务增长，哪些实现了成本的降低。

2. 核心流程

（1）定义战略目标达成优先级的要点

1）制定统一的评审规则，确定评审标准及规则权重，并与客户达成一致。

2）确定评审维度及产生的影响，避免决策失误。

3）针对战略目标优先级设定，与客户快速决策，快速达成共识。

（2）定义战略目标达成优先级的方法

通过对业务影响程度和实现难度两个维度对业务驱动因素打分（打分标准为1~5分），以最终得分确定业务驱动因素的优先级，如表7-1所示。

表7-1 定义优先级方法

战略目标	业务驱动因素	对业务影响程度	实现难度	总分	排序
增加营收	提升市场销售额	4	4	11	1
	抢占终端市场	3	2	9	2
	提升系统对工作的支持	2	2	7	3

对于不同企业，定义战略目标达成优先级的方法可能不同，但在探索客户期望时我们认为对业务影响程度和实现难度是两个相对关键的维度，因为对于定义战略目标达成优先级来说，首先考虑的是战略目标对业务的影响程度，其次是实现难度，如果一个战略目标实现难度过大，即使对业务比较重要，也需要慎重考量是否设定为高优先级。

3. 聚焦成果

1）基于战略目标达成优先级清单，企业可以集中精力将资源投入到最高优先级的事项中以获取最大收益。

2）确保企业所有人员清晰知晓战略目标达成优先级。

7.1.4 落地绩效指标

在合作愿景基础上，明确了战略目标，清晰了战略目标达成优先级，并不意味着客户成功目标的达成。很多时候，成功指标和企业绩效指标是两层皮，所以如何让战略目标更有效地达成，是客户成功团队面临的挑战。这时就需要设定成功指标。成功指标首先要与企业愿景和战略目标保持一致，关键要落在绩效上，要让客户清晰地认识到业务目标和价值驱动，以保持正确的行动方向，评估阶段性成功。

在绩效指标落地方面，除了制定绩效考核机制外，我们还可以打造智能数据看板，让客户实时看到数据，明确行动的方向；同时进行指标优化，迭代业务推进策略和计划。

1. 关键价值

1）通过成功指标落地绩效指标，确保愿景和基于优先级的战略目标有效达成，特别是基于数字可以敏锐洞察战略执行影响。

2）运用成功指标检测实际情况，并在客户需求发生变化时迅速做出调整。

3）为双方的互动设定目标和基线，以便更好地衡量为客户带来的价值。这些价值的衡量又会驱动双方在更大的领域达成合作。

2. 核心流程

（1）落地成功指标的要点

1）验证成功指标与驱动因素、战略目标是否一致，具体如下。
- 制定战略目标和成功指标。
- 识别参与的利益相关方并验证成功指标。

2）成功指标评审，具体如下。
- 评审客户当前成功指标。
- 评审企业通过产品和服务带给客户成功的指标。

3）设立和验证优先成功指标，具体如下。
- 组织客户讨论，由利益相关者确定3～5个优先成功指标。
- 对成功指标优先级进行排序。

4）验证和交流结果，具体如下。
- 设立标准化的成功指标表格或报告。
- 识别影响成功指标的行为。
- 审核和分析数据，采取行动优化。

（2）落地成功指标的方法

1）与客户成功团队共建成功指标：通过对战略目标实施遇到的阻碍、实现方式、影响等维度的分析，推动成功指标的构建。

用友客户成功人力资本增值部分成功指标构建示例（注：如财务、采购等业务的成功指标可以参考此示例进行设计），如表7-2所示。

表7-2 人力资本增值部分成功指标构建示例

战略目标	财务杠杆	业务目标	驱动因素	成功指标
人力资本增值	人才资产与负债	人工成本管理	提高资产净值	每个员工的平均市值
				公司股权总市值
			降低全职员工的费用	每个全职员工的平均研发费用
				综合管理费用
				每个全职员工的费用
			提升每个员工的其他资产	每个员工的平均无形市场价值
			合理规划外包成本	每小时的外包成本
				外包成本占劳动力成本的总百分比
			提升生产效率	每名员工的平均盈利时间
				人力资本投资回报率
			降低劳动力总成本占比	劳动力总成本
				劳动力总成本占费用的百分比
				劳动力总成本占收入的百分比

(续)

战略目标	财务杠杆	业务目标	驱动因素	成功指标
人力资本增值	人才资产与负债	人才结构优化	提升品牌吸引力与卓越性	每个空缺职位的合规申请人
				合格申请人总数
			提升内外部招聘管理	雇用的临时劳动力总数
				外部聘用比率
				内部和外部雇用比率
			降低招聘成本	每次雇用的成本
				每名员工的成本
				招聘总成本

2）利益相关方验证成功指标：确定客户的参与人和他们的角色，让他们参与成功指标的验证。利益相关方对客户成功的影响，如不同职务的工作内容、提供的资源和支持等，可参考表7-3。

表7-3 利益相关方对客户成功的影响

姓 名	职 务	角色描述
李总	营销副总	负责销售部门的管理、销售战略落地与执行等
王主管	业务主管	销售领域的产品销售、业务人员管理、战略执行等
张经理	IT经理	支持业务部门信息化系统建设、需求对接等
乔总	CIO	IT相关整体工作

3）评审成功指标：与客户共同制定评审规则，评审成功指标。

4）成功指标优先级排序：根据指标内容判断对关联部门的关联程度进行打分（打分标准为1~5分），并根据最终得分排序如表7-4所示。

表 7-4　成功指标优先级排序

成功指标	关联部门				综合排序	
	销售部	研发部	市场	生产	IT	得分	排序
销售额增加 5%	5	4	5	3	3	20	2
使用移动设备提升销售效率	5	1	4	2	5	17	3
IT 成本降低 10%	4	5	4	4	5	22	1
降低获客成本	5	2	3	3	3	16	4

（3）落地成功指标的模型

1）**成功指标构建模板**：包含战略目标、财务杠杆、业务目标、驱动因素和成功指标 5 部分内容，通过战略目标、财务杠杆和业务目标的对应，可以保证驱动因素的完备，以完善最终落地成功指标。

2）**利益相关方角色信息收集模板**：利益相关方对项目成功有着巨大影响，其期望和需求往往决定了项目的走向。在不同阶段，利益相关方可能不同，这与项目潜在影响有着密切联系。收集的信息通常包括姓名、职务、角色及职责描述、期望、影响、需求。

3）**成功指标优先级排序模板**：引导资源的管理，当竞争有限资源时，需要做出选择，优先成功指标排序有助于做出正确的选择，如表 7-5 所示。

表 7-5　成功指标优先级排序模板

成功指标	关联部门				综合排序	
	部门	部门	部门	部门	得分	排序

3. 聚焦成果

（1）与绩效管理相融合的客户成功指标体系

1）成功指标一定与企业绩效管理深度融合。

2）通过成功指标与绩效指标关联，保障指标的落地。

（2）客户获得最新的成功指标管理内容

1）客户能清晰了解当下业务的目标，并找到工作重点。

2）对应每一个指标达成确定行动策略，并执行。

3）战略成功落地并与 ROI 绑定。

7.2　共建客户成功计划

我们和客户双方共建了合作愿景、战略目标、绩效指标后，就需要考虑实现路径。只有明确成功计划、参与角色、风险障碍等，才能获得阶段性目标的达成，如果客户期望通过产品和服务实现战略目标，客户成功计划就是纲领。它包括一系列将要采取的行动，以达到客户的期望，这就是客户成功计划的重要性。

1. 逻辑

1）对齐愿景、战略和关键指标，落地到产品或者解决方案。

2）新产品和创新技术有助于推动战略目标的达成，推荐各个层级的解决方案中引入数智化系统和平台。

3）客户是数智化系统和平台的主人，需要投入一定资源，并通过一定的运营机制来保障成功。

2. 洞察

1）业务目标的实现需要计划和创新，此环节需要和产品研发的节奏保持一致。

2）除了和主导厂商合作外，还需要综合考量专业服务厂商、系统集成和开发厂商。

3）客户通常缺乏产品使用方法，一旦用不好很容易把责任归于服务提供方，所以我们要提前筹划，把客户的成功放在首位。

3. 目标

技术决策与业务价值保持一致，帮助客户实现持续成功。

7.2.1 定义产品路线

我们可以根据合作愿景、战略目标和成功指标匹配技术决策，制定切实可行的路线，目标是使技术决策与业务价值保持一致。

产品路线图是厂商的指导性战略文件，包含客户购买的产品是什么，为什么开发该产品，以及战略实施计划。一个好的产品路线图可以帮助团队保持专注，指导产品研发团队，并在发展过程中管理客户业务，有助于帮助服务提供方和客户利益相关者认知统一。更重要的是，我们需要基于产品路线图决策什么时机上线什么产品才能给客户带来最大收益。

很多客户非常喜欢定制化开发，希望通过定制化开发来满足自己的需求。其实定制化开发带来的升级问题，可能远远大于带来的益处，我们在服务过程中也看到，很多客户的需求并不是真正的业务痛点。在这种情况下，合理规划产品路线就变得非常重要，我们需要和客户基于战略目标和业务诉求对产品路线达成共识，这样才能最大限度地发挥产品标准能力及迭代带来的价值，避免其他不必要的损耗。

1. 关键价值

产品路线的价值

1）围绕客户战略目标构建产品，为客户提供持续价值，并收集数据，优化产品，以持续创造价值。

2）通过产品核心价值、核心使用场景解决客户的常见痛点，通过领先实践指引客户做产品路线构建，为客户持续降低成本。

3）帮助客户提升工作效率，通过一款好用的产品提高一线员工的工作体验，并将信息准确地提供给相应的决策者。

4）为客户提供合规数据、标准化流程等。

2. 核心流程

（1）制定产品路线的方法

1）将成功指标与产品映射：使产品能力匹配合作愿景、战略目标。

2）客户成熟度评估：明确客户和业务目标能力匹配情况。

3）了解产品当前状态。

- 出具产品功能和服务方案，构建可实现、可持续发展的路径和模式。
- 充分考虑客户高优先级战略目标。
- 资源投入决定产品路线走向，需有一个可量化的标准。

4）洞察产品未来状态。

- 需求实现不能一蹴而就，需要通过不同阶段完善产品，提供超越客户期望的产品。
- 发现客户未得到满足的需求。

5）审查产品路线实施措施。

- 通过产品路线规划及战略目标达成优先级判定，知道通过什么样的方案组合来实现目标。
- 针对解决方案从需求、挑战、风险、效果、影响等方面进行评估，最终确定产品路线。

- 明确什么阶段提供给客户什么产品，解决什么问题，达成什么目标。

6）构建最终产品路线。

基于行业解决方案、匹配客户未来业务的解决方案、产品能力、定制化能力、第三方应用程序能力等构建最终产品路线。

(2) 示例：通过用友客户成功产品构建产品路线

1）用友 BIP 按商业功能划分的行业解决方案如图 7-5 所示。

- 交易在线：数智化打通企业边界，实现企业上下游协同、资源共享、数据共享、产业链效率提升、交易成本降低。
- 经营在线：以客户为核心，打造敏捷供应链，C2M 协同产品创新，智能制造，高质量、低成本实现企业在线运营。
- 管理在线：低成本、高效率的人财物一体化的云管理解决方案，助力企业管理数智化升级。
- 协同在线：简洁、智能地实现业务协同、组织协同、团队协同、人人协同。
- 开放在线：开放、融合、互惠的产业资源连接合作伙伴的数据服务、社会服务、金融服务。

2）收集关键利益相关者对产品当前和未来的看法，如图 7-6 所示。

- 评估客户对 BIP 应用的成熟度，包括初始阶段、探索阶段、发展阶段和行业领先阶段。
- 将感知到的客户对产品的当前状态和目标状态进行比较。
- 比较主要利益相关者的看法。
- 了解不同利益相关者的看法，并优化产品。

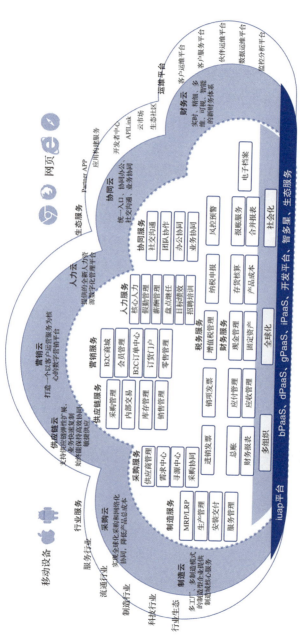

图 7-5 用友 BIP 按商业功能划分的行业解决方案

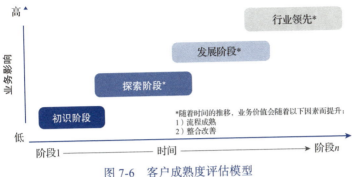

图 7-6 客户成熟度评估模型

3)审查产品路线,具体如表 7-6 所示。

表 7-6 审查产品路线

目标	我们通过什么样的方案组合实现客户的目标				解决方案评估					路线规划
绩效指标	标准产品(服务)	ISV	工具	客户自行开发	需求分析	阻碍与挑战	风险分析	效果打分	影响打分	计划时间

4)为某生产制造型企业规划的产品路线和最终确定的产品路线如图 7-7 和图 7-8 所示。

3. 聚焦成果

1)产品路线详细说明了客户成功团队和客户的未来旅程。
2)让人们更专注于目标实现,对一定时间内的预期结果达成共识。

7.2.2 完善运营机制

不是客户所有的事情全部由客户成功团队来完成,正如上文

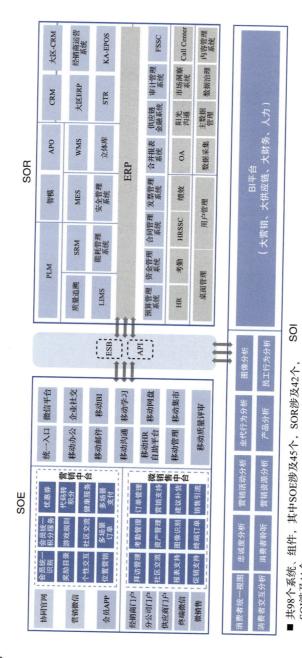

图 7-7 某生产制造型企业产品路线规划

- 共98个系统、组件,其中SOE涉及45个,SOR涉及42个,SOI涉及11个

第 7 章 客户成功方法论

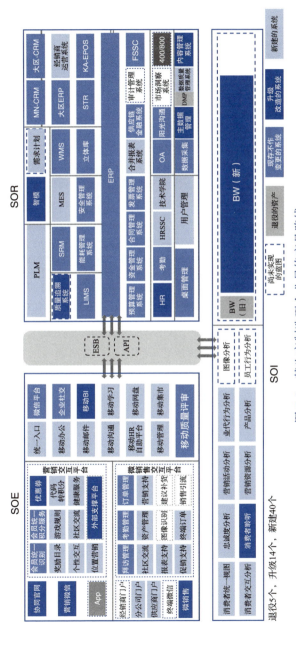

图 7-8 某生产制造型企业最终产品路线

提到的，客户自己才是数智化转型和企业发展的主人，所以如何制定针对性的运营方案和运营机制，是完善客户服务的关键举措。若无法厘清运营思路，没有清晰的运营机制，工作则漫无目的，没有指向性，也很难让客户发扬主人翁精神。

1. 关键价值

1）让客户学习行业内领先实践，帮助客户直接将业务结果与购买的产品产生联系。

2）用成功经验带领客户成功应用产品。

3）客户保障资源的投入，并通过一定的治理模式来获得成功。

4）客户通常缺乏使用产品的方法，所以让客户说服客户是最好的选择。

2. 核心流程

（1）完善运营方法

数智化项目的成功依赖完善的组织架构、章程制度、关键角色。组织架构是项目成功的基础，明确的章程制度为项目顺利推进提供指导，关键角色对项目起到重要推动作用。

数智化治理是客户成功运营的重要影响因素。数智化治理为客户成功运营机制明确决策层框架，以及项目执行流程和任务。

卓越运营中心依托强大的专家团队，为整个运营机制提供指导、培训、赋能以及领先案例等，并参与交付计划、培训计划、变更管理计划的制定，为运营提供专业能力保障。

变更管理是客户成功运营的关键环节，为保证目标的实现而对计划、流程进行部分变更或全部变更，使所有变更与项目整体要求相适应，并保证所有变更得到识别、定义、评估、批准和跟踪。

（2）完善运营模型

运营模型包括组织架构、运营分析和运营机制，其中组织架构是确保目标达成的关键。图 7-9 所示为某客户组织架构。

第 7 章 客户成功方法论

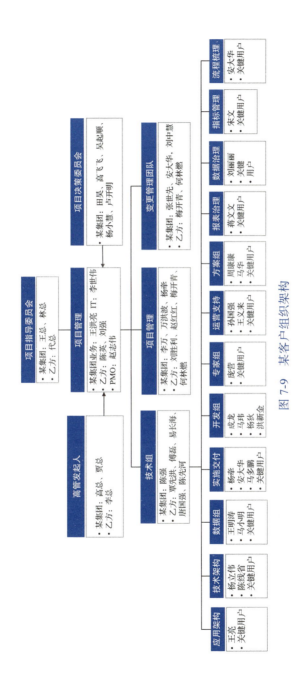

图 7-9 某客户组织架构

卓越运营中心通过管理者和用户价值分析，了解他们的关键诉求，并从业务价值角度和系统应用价值角度进行分析，如表 7-7 所示。

表 7-7　管理者和用户价值分析模板

管理者和用户价值分析			
管理者/用户	关键诉求	业务价值分析	系统应用价值分析
管理者 1			
管理者 2			
用户 1			
用户 2			

制订赋能计划也是卓越运营中心的重要任务。我们可针对新制度、新用户、新管理员、应用深度、产品迭代等制订赋能计划。

3. 聚焦成果

1）跟踪运营过程中出现的故障、问题并进行总结分析，进而制定解决方案、纳入改进计划。

2）提供业务流程设计、业务能力构建、商业模式创新咨询服务。

3）根据项目需求开展访谈、调研，并参与方案设计、撰写项目报告等。

4）完成项目阶段性成果汇报。

7.2.3　持续领先实践

未来，企业应用更多以数据为驱动，把企业中人、物和业务流程连接起来，并使之智能化。为此，我们需要不断寻求突破，构建具有行业标准的产品能力，同时针对客户制定不同的策略，持续优化，确保双方按照成功计划执行。

1. 关键价值

1）在已有产品基础上，快速部署应用场景，帮助客户在速度和质量方面领先对手。

2）领先实践中应用大量技术驱动价值管理，可以提升客户运营效率。

3）领先实践可以帮助客户构建一流的解决方案，不断优化产品，帮助客户实现价值。

2. 核心流程

持续领先实践要点如下。

1）对齐战略目标是第一步，客户必须明确自己想要的结果。

2）评估并制定战略，我们可以从外部视角帮助客户评估当前状态。

3）客户先确认自己拥有什么，再确认需要什么，以最优路径实现目标。

4）保持持续沟通和评估，有效协作有利于利益相关者和IT部门沟通。

5）客户对项目的开展内容抱有很多设想，控制出错须提前做预案管控。

持续领先实践方法如下。

1）获得关键领导的支持和赞助，确保项目带给企业收益，并建立强有力的反馈机制。

2）通过目标验证结果，持续跟踪过程中的每个步骤，以指标度量检查点的变化。

3）持续有效沟通，避免出现信息差。

4）明确角色和职责定位，这有助于项目管理。

领先实践模型包括运营计划和支持计划。

(1) 运营计划

1) 超级用户运营计划：培养超级用户是产品推广的重要策略。

2) 奖励计划：设定一定的奖励计划，提高产品优化、应用的积极性。

3) 激励计划：通过排行榜、PK赛等激励计划设计，让客户积极应用产品。

4) 培训计划：要获得出色的客户支持，需要预见产品使用时出现的问题。为了确保客户顺利地使用产品，我们可通过产品培训提升他们的使用能力。

5) 运营客户：为客户提供服务，有利于让他们依赖产品；为客户提供所需的所有必要工具、资源、培训和知识，有利于让他们熟悉产品；通过与客户互动，了解客户对业务的期望。

(2) 支持计划

1) 客户成功团队支持计划：把合作方的服务体系整合到客户成功团队支持计划，实现从问题发现到问题解决的一站式闭环管理，具体包括支持服务流程、支持服务入口、支持服务规范和责任人等。

2) 客户内部支持计划：在客户内部设立支持体系，优先在内部沟通问题，再反馈给客户成功服务体系，如表7-8所示。

表7-8 支持计划模板

业务目标	实现全集团采购周期从7天缩短至4天，提升效率40%			
节点	阶段目标	实际问题	客户反馈	解决方案
Q1	集团采购系统上线	采购管控冲突	管理需求	调整方案
Q2	分支机构系统上线	供应商租户管控冲突	业务需求	调整方案
Q3	海外机构系统上线	汇率转换问题	业务需求	调整方案
Q4	……	……	……	……

3. 聚焦成果

（1）提升服务效率

共建客户成功计划可以实现主动、高效地为客户提供帮助，确保策略和方法满足客户需求。

（2）提升客户对企业的忠诚度

共建客户成功计划可以让客户对企业产生好的印象，快速获得收益。

7.3 赋能成功应用

用友网络董事长兼 CEO 王文京先生指出，数智化的目标就是高质量发展，即更高绩效地发展，更强竞争力地发展和更可持续地发展。所以，用户基础更为重要。让客户业务与应用完美地融合是数智化成功的关键。首先要让客户了解为什么使用产品以及产品对价值创造的重要性，可通过培训资料、支持流程，让客户方便地学习和获得帮助，并通过看板、领先实践、应用分析报告，持续做好运营。目标是推动客户应用产品，使组织和个人获得快速处理事务的权限、必要的信息和协助，从而最大限度地发挥潜力，进而提升协同效率，获得业务增长。

1. 逻辑

1）能否用好产品是数智化成败的关键。

2）为管理者提供实时数据看板。

3）对关键角色提供 360 度统一客户视图。

4）促进跨部门协同。

5）提供整合应用的平台。

2. 洞察

1）发现可能的阻碍，包括高层关注度和支持、变革挑战、产品支持不到位、产品不能满足核心业务需求等。

2）客户体验快速升级对产品提出更高的要求。

3）通过产品自定义业务来提高客户黏性，前提是产品稳定性要好。

3. 目标

推动关键客户成功应用产品。

7.3.1 获得高层支持

高层管理者应该基于合作愿景、战略目标制定发展目标，并把该目标转化为对项目的要求，然后保证有充足的资源投入，还必须持续关注项目进展情况。获得高层支持是任何项目或服务持续成功的前提。

1. 关键价值

获得来自相关业务条线高层的认可和支持，意味着客户对数智化项目有更高的优先级。不仅如此，高层的支持还可以让合作愿景与实际工作紧密结合，促进客户对产品的深度应用。

2. 核心流程

获得高层支持的方法如下。

1）高层发起启动会：项目的重大决策必须由高层管理者做出，高层管理者必须了解项目的全部事项：从项目定位到项目上线，全流程支持。一个良好的开端是项目成败的关键，在高层的支持下发起启动会将是一个有效策略。

2）持续的项目鼓励和宣贯：高管定期通过邮件、新闻稿等宣贯项目的意义；定期公布项目的进展，尤其是里程碑式的成果或关键团队的努力；指定团队做运营策略和计划；参与项目关键节点，并提供必要支持。

3. 聚焦成果

高层以专业管理经验和业务能力引领公司发展，帮助员工更好地理解产品对企业、组织及个人成长的重要性。

7.3.2 客户价值运营

在以往客户成功服务过程中，我们发现部分项目虽然获得了高层的大力支持，但是项目的阶段性成果依然不好，最终发现客户并没有充分认识到平台或系统的价值，以及对企业和个人的价值。所以，客户价值运营的核心就是让客户了解为什么要做，并且自愿应用。

客户价值运营是通过量化的模型和标准判断客户价值和行为，是一种通过区分客户价值实行差异化激励和运营的方法。

1. 关键价值

1）让客户了解为什么使用产品，产品对于价值创造的重要性，并制定活跃度提升方案。

2）让客户成为布道者、火炬手或者榜样。

2. 核心流程

（1）客户价值运营方法

1）按照高层指定开展客户价值运营活动。

2）在客户中寻找超级用户和榜样，利用超级用户和榜样来影响他人。

3）客户价值宣传

- 捕获问题及问题处理情况、发现感动的客户故事等。

- 根据活跃度指标,找到活跃的客户并给予激励。

(2)客户价值运营模型

1)确定和验证活跃度指标:通过用友客户成功平台——友户通,捕获活跃度指标。收集使用数据方法如图 7-10 所示。

图 7-10 收集使用数据方法

利用运营看板直观呈现客户成功指标,以指导客户成功相关角色做出针对性的行动,如图 7-11 所示。

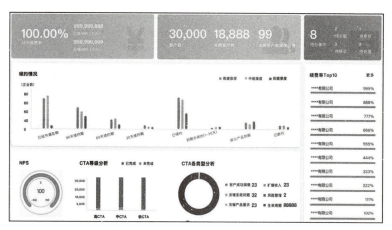

图 7-11 用友客户成功平台——友户通智能运营看板

2)识别和跟踪关键客户的问题,开发满足客户需求的用例:

通过访谈、调研等方式了解关键客户的常见问题，如针对销售的相关问题，针对人力资源的相关问题，可以开发满足客户需求的用例，以便关键客户便捷地通过产品处理业务，提高工作效率。

3）构建客户成长体系
- 明确产品在与客户连接的不同阶段存在的问题，明确成功的标准，在客户生命周期内提升产品价值。
- 提升产品持久性和延展性，进行产品赋能和流程优化，简化产品和客户之间的连接路径，提升转化率。
- 围绕客户不同阶段制定不同的策略，在客户价值创造中实现自我价值。

客户成长体系如图 7-12 所示。

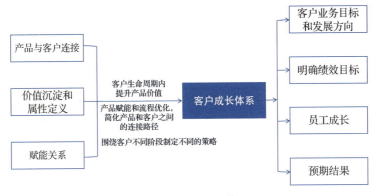

图 7-12 客户成长体系

3. 聚焦成果

1）客户运营需要做的就是最大化客户价值，更好地达到客户想要的效果。

2）只有满足了客户需求，客户才不会流失，如给用户提供更多的服务。

7.3.3 客户应用赋能

客户价值运营解决的是客户的兴趣和动力问题,当用户有足够的兴趣和动力来应用产品,接下来需要解决用户的应用能力问题,让用户持续无障碍、高效地使用产品。

1. 关键价值

1)能为客户提供价值。
2)帮助客户真正理解产品对业务的帮助。
3)给予员工学习成长的机会。

2. 核心流程

(1)客户应用赋能方法

1)制订赋能策略和计划:通过客户内部支持体系和用友服务体系设计符合实际情况的赋能策略和计划。

2)明确支持策略并进行指标跟踪:明确赋能后的具体支持策略;基于指标数据如客户活跃度等进行分析,制订针对性改善措施,并持续改进;组织会议向高管和关键干系人汇报,并采取必要的客户激励措施。

3)制定用户反馈机制:及时接收客户反馈信息,快速向客户反馈,解决问题。

(2)客户应用赋能模型

客户支持体系建议分层设计,第一层一般是超级用户,本质上是希望客户有主人翁意识;第二层及以上是客户成功的相关角色,如图 7-13 所示。

3. 聚焦成果

1)让客户做正确的事情,为既定的目标努力;赋予每个客户权力,不仅获得更多的收益,还可以让每个成员在努力工作中不断成长。

2)客户活跃度的提升将促进业务持续线上化、数据规范化,为企业数智化转型夯实基础。

第 7 章 客户成功方法论

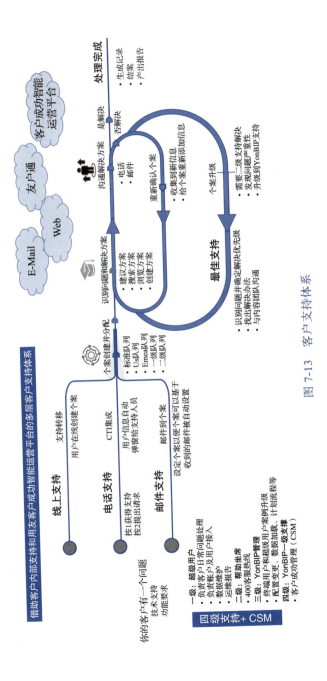

图 7-13 客户支持体系

7.3.4 持续客户运营

数智化成功的关键是持续帮助客户成功，而客户愿意继续付费的关键是产品真正解决了问题。持续客户运营是数智化核心价值的具体体现。

1. 关键价值

1）有助于更好地吸引客户应用产品，为客户获得更多价值。

2）有助于避免客户为信息化及数智化建设耗费过多精力，影响其他工作。

3）准确无误地提供客户所需，并且客户可以简单地达成自己的期待目标。

2. 核心流程

（1）数据运营

1）通过用友客户成功平台——友户通，发现在客户价值运营和赋能中的问题。

2）持续通过数据驱动进行结果验证、目标监测、辅助决策等。

3）制定差异化的激励策略，实现所有客户从低价值到高价值转化。

4）客户运营机制产品化，实现对不同客户的精准触达，以便及时对客户行为引导和激励。

（2）策略运营

1）确保双方信息互通，做出符合客户需求的决策。

2）打造获取最新消息的快速通道，以便在产品出现问题时，可以第一时间收到反馈。

3）通过对客户规范化、标准化运营，自然分流运营人员的工作量。

4）客户人员参与培训，共享知识，有效提升客户满意度。

5）核心客户带动品牌号召力，以持续影响其他客户，成为产品的义务宣传者。

6）避免产品问题带来负面影响，维护核心客户的正面声音。

7）通过量化标准判断客户行为，区分不同客户价值，从而实现差异化激励和运营。

8）通过鼓励客户使用产品核心功能，从产品中不断获得成就感、特权等利益。

9）完善核心业务运营策略，指导客户标准化应用产品功能，规范客户行为。

10）定期拜访客户、和客户沟通，跟踪并及时复盘。

11）通过客户成功系统，发现在客户价值运营和赋能中的问题。

12）制定差异化的数据运营、策略运营等机制，寻找更加有效的激励策略，实现所有客户从低价值到高价值的转化。

3. 聚焦成果

（1）高层工作效率提升

高层管理者可以通过数智运营看板和报告，有效管理时间和客户运营。

（2）活跃度提升

1）关键指标实时反馈信息大大节约了时间并提高了工作效率。

2）客户可以结合自身所需，定制具有专属性、针对性、专业性的应用分析报告。

3）通过对核心客户的运营管理，我们可以保证客户的活跃度，保证产品的正常运转。

4）有了核心客户的活跃和内容共享，我们可以解决运营内容生产的后顾之忧。

7.4　运营数智价值

数智化的底层逻辑是业务和管理的重构与创新，核心是通过数据智能工具、平台，赋能企业的业务经营和管理运营。

数据价值的重要性毋庸置疑，尤其在企业数智化转型过程中，更加需要关注数据。但客户成功要把相关基础工作、前置工作做扎实，通过本节提到的一些具体运营方式和策略，真正让数据活起来，一方面为企业数智化转型提供助力，另一方面检验客户成功为客户提供的价值。

1. 逻辑

1）只有业务流程智能化和自动化，才能获得更大的回报，特别要确定好对客户成功至关重要的流程，提高工作效率，并持续优化。

2）实时复盘关键指标，高度实现关键业务流程线上化。

3）采用更敏捷的方式，包括"标准产品服务＋独立软件开发商服务＋应用构建服务＋自行开发"。

4）帮助客户根据自己的需要，持续创新，优化业务流程。

5）提高客户黏性，实现续约、增购、交叉销售。

2. 洞察

可能的阻碍包括客户主人翁意识不足、价值感知差、关键指标和驱动因素未被充分识别。

3. 目标

发挥数据价值，以数智化运营工具和平台帮助客户获得成功。

7.4.1 有效流程定义

体系化的流程运营包括端到端流程建立和迭代，以及建立基于流程的KPI运营机制，可以有效落地成功指标，提升员工行为一致性，提升经营绩效结果可预见性，确保战略目标和合作愿景的实现。

流程要让客户进一步感知到价值的关键点，要结合现状和预期设计，与业务目标相结合，并通过系统平台与关键成功指标相结合，帮助客户实现绩效跟踪、产品改进与迭代。

1. 关键价值

1）流程设计结合现状与预期，与业务目标相结合，可以有效推进战略目标的实现。

2）通过确定好流程的关键责任人并持续运营，加以管理层保障，流程落地会更加到位。

3）流程可帮助客户有效达成经营绩效。

2. 核心流程

（1）有效流程定义方法

1）定义流程过程和目标：通过识别流程特征，评估并重新设计现有流程；记录新流程，让新流程与合作愿景、战略目标相匹配；为流程确定优先级并将流程映射到系统。

2）确定负责人的责任：流程所有者确认新流程的最终设计结构；收集客户对新流程的使用反馈；确定流程的改进措施；确保流程改进由高管发起。

3）评估成功指标并设定优先级：确定流程环节对应的成功指标，通过指标分析改善当前状态，确定改进项。

4）验证和交流结果：建立持续流程，定期审查现有流程，以提升工作效率。

（2）有效流程定义模型

1）现有流程评估：对企业 As-Is 流程进行持续评估，了解现有流程产生的背景、各个环节的职责等，因为任何一个流程都有明确的输入和输出，同时可能涉及多部门协作，只有清楚现有流程，才能在设计 To-Be 流程时，考虑到对系统平台、输出结果、各个业务部门的影响，设计出更好的业务流程，如图 7-14 所示。

2）设计 To-Be 流程：基于 As-Is 流程分析，考虑未来系统和应用的支持，规划设计 To-Be 流程。To-Be 流程原则上一定要对客户价值创造产生正面影响。在 To-Be 流程执行过程中，我们经常发现部分流程变革阻力较大，但要从长远角度来评估，如果对客户价值的影响是正面的、积极的，这个流程变革的阻力就应该想办法解决，如图 7-15 和图 7-16 所示。

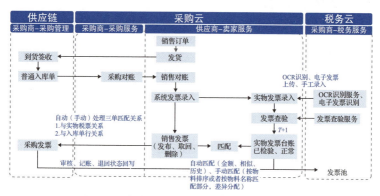

图 7-14 某食品企业采购交货计划流程示例

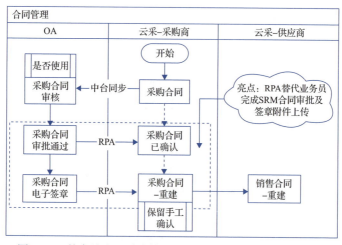

图 7-15 某食品企业采购管理流程中增加自动审批解决方案

3）流程映射：将 To-Be 的流程映射到用友客户成功数智化平台，如图 7-17 所示。

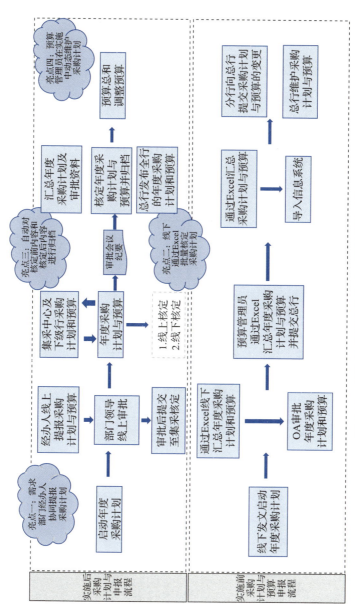

图 7-16 某银行采购管理 To-Be 流程前后对比

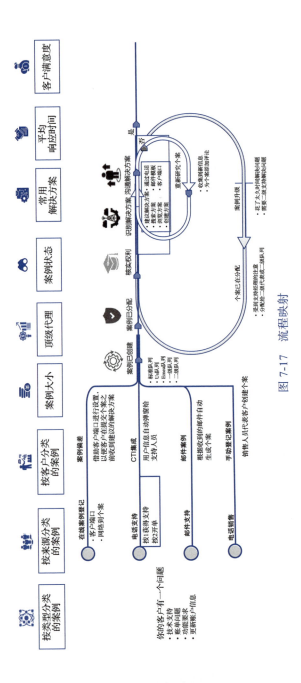

图 7-17 流程映射

留在纸面上的流程就像挂在墙上的守则一样，虽然重要，但关键是真正执行，并且能够可视化、可追踪，流程映射就是希望帮助客户做到这一点。

改进用例，定期对流程进行评估，确定流程对企业经营提供的是正向支持，而不是反向的掣肘，如表 7-9 所示。

表 7-9 改进用例示例

用例	改进示例
提升销量	监控用户如何与 YonBIP 和其他应用程序交互，以识别低效交互和使用模式，并发现培训中存在的不足
在 YonBIP 中进行流程自动化	使登录程序自动化，为代理提供实时追加销售、交叉销售报价，或针对高价值客户触发警报
实现 YonBIP 和其他应用程序之间的工作流程自动化	使 YonBIP 和其他应用程序（如软电话应用程序、电子邮件、聊天软件、知识管理应用、订单管理应用、计费应用、供应和调度应用）之间的流程实现自动化
提高合规性	自动执行所需任务，提供使用指南，从而最大程度降低不合规风险
增强用户界面	通过上下文指导简化流程或精简流程，例如直接从 YonBIP 用户界面访问其他应用程序中的客户信息

3. 聚焦成果

1）有效流程整体设计是自上而下的，实施是自下而上的。

2）流程化管理是一个渐进过程，需要不断进行微调。

3）流程管理坚持权责统一的原则，指标通过平台实时呈现，给相关角色人员提供有效决策辅助信息。

4）流程改善的最终目标是更好地服务客户，所以一定要明确流程目标，同时关注流程执行结果。

5）流程是有生命周期的，随着业务的变化，流程必须优化，以应对业务的发展需求。

7.4.2 系统集成与数据整合

新技术的持续创新为企业数智化转型提供了很多机会。同时，随着企业在信息化建设方面的不断探索，在不同阶段采用多个相对独立的系统或应用，每个系统或应用存储了大量数据，这些数据驱动企业发展。从信息化建设初期的信息孤岛，到 ERP 的发展，再到现在的数智化转型，企业对用户体验高度关注，将各系统中的数据及业务流程进行整合，已经刻不容缓，以更好的实现客户成功。任何一个客户成功服务提供商都应该站在更高的角度，考虑提供超越客户期望的服务并创造更大的价值。

1. 关键价值

1）通过 APaaS 平台，有效落地客户期望、客户成功计划、赋能成功应用。

2）通过标准产品服务、ISV 服务、应用构建服务、自行开发实现客户价值管理。

3）帮助客户根据需求，持续创新业务流程。

4）通过数据整合，提升客户价值，确保续约和增购。

2. 核心流程

（1）系统集成和数据整合方法

1）机构和集成：整合不同系统的入口和数据。

2）数据整合和治理：借助有效工具保证数据质量，制定和调整数据质量要求。

3）环境管理：确定流程优先级和批准标准，实现版本控制流程标准化。

4）实施领先实践：使产品路线与业务目标保持一致，明确项目目标和项目范围。

（2）系统集成和数据整合模型

开发测试方法如图 7-18 所示。

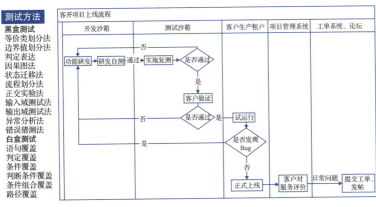

图 7-18　开发测试方法

开发数据管理要求如图 7-19 所示。

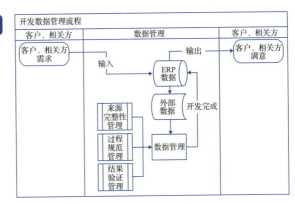

图 7-19　开发数据管理要求

发布管理程序重要指标如图 7-20 所示。

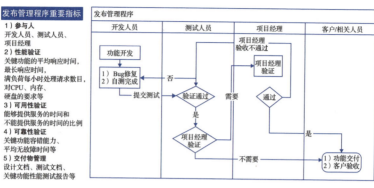

图 7-20　发布管理程序重要指标

数智化看板如图 7-21 所示。

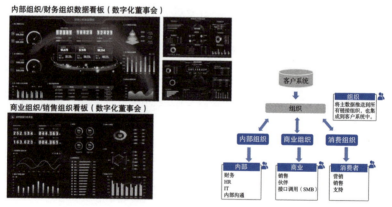

图 7-21　数智化看板

人员配置策略如表 7-10 所示。

表 7-10　人员配置策略

角色	客户	销售人员	合作伙伴	备注
高管发起人	2	5	1	
项目经理	2	1	1	

(续)

角色	客户	销售人员	合作伙伴	备注
架构师	1	2	0	
功能架构师(或项目经理)	1	0	2	
管理员	4	0	1	
开发人员	4	1	4	

3. 聚焦成果

(1)系统集成的成果

1)实现关键业务流程智能化管控。

2)优化产品设计和制造流程,加速产品升级,有效缩短产品开发周期,促进企业技术创新。

3)提升企业制造能力,大大提高工作效率。

(2)数据整合的成果

1)为数据访问者提供统一接口,无须知道数据在哪里保存、源数据库支持哪种方式的访问、数据的物理结构、网络协议等。

2)数据整合把数据集成和数据访问分成两个过程,因此访问时数据已经处于准备好的状态。

3)提供真实、准确、可靠的单一数据视图。

7.4.3 持续采用领先实践

当业务目标和行业领先实践保持一致,所做的工作有明确的目标和方向时,你会发现一切都不再那么困难了,因为你有一个领先实践模型,如流程领先实践模型、集成与架构领先实践模型、数据治理领先实践模型。通过领先实践的引领,运营数智化将产出超越客户期望的价值。

1. 关键价值

1）有效流程的落地及持续优化保证流程和业务目标处于强关联状态。

2）系统集成、数据整合让决策不会因为数据不完整而失误。

3）通过对过程数据和结果数据更多的分析产出有价值的决策、识别风险。

4）为下一个项目成功计划、预算、管控审核、量化考核提供实践数据参考。

2. 核心流程

1）管理者早期介入项目。项目团队的工作必须与企业的发展方向保持一致，系统集成和数据整合大概率会引入第三方组织。

2）关键干系人对业务需求进行梳理，确保所有干系人正确理解业务目标实现的最佳方式是不断提出问题，以确保所提供的产品功能符合业务需求。

3）通过治理保持业务一致性，验证方案的准确性。治理需要定期监控和衡量业务的一致性。一旦两者渐渐走不同的道路，要迅速做出相应调整。

4）持续评估和改进流程。建立流程来确保冗余和监督，并确定这种关系是否成功或是否需要改进，在问题发生前修复和解决问题，而不是等待问题来强制进行损害控制和恢复。

3. 聚焦成果

1）做好准备，尽可能多地了解产品及客户需求。

2）以行业的领先实践为目标，时刻探索与思考超越客户期望的实现方式。

7.4.4　指标实时跟踪

数智化运营的基础是大量、高度关联的业务数据。对各类数据进行加工、分析呈现、管理应用、改善业务的过程可被称为数智化运营。简单来说，数智化运营的本质还是注重运营的过程和手段，即发现问题—分析问题—解决问题，从业务管理到运营分析，从企业愿景制定到企业战略目标规划，数据至关重要。

客户成功团队应以客户为核心，致力于为客户持续创造价值，并深入客户的市场、销售、生产等关键运营环节，对大量动态、错综复杂的信息进行分析，及时发现问题，调整合作愿景和战略目标，最终通过数智化平台帮助客户缩短销售周期、降低运营成本、改善客户服务效果、提高收益，确保客户价值不打折。

1. 关键价值

1）对项目状况实时把控，做好指标呈现，及时发现问题，更好地促进项目运转，提高工作效率。

2）完备的指标跟踪体系可以激发团队成员工作动力，有效帮助管理者发现问题，同时也是数据价值的体现。指标实时跟踪示意图如图 7-22 所示。

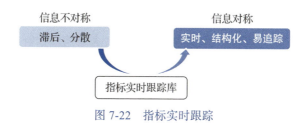

图 7-22　指标实时跟踪

2. 核心流程

1）**制定成功指标跟踪机制**：制定标准化的成功指标表格和报告，将合作愿景、战略目标转化为具体可量化的成功指标。

2）**指标设定、宣贯和培训计划**：设定指标时要将诸多影响因素考虑周全并规避，让员工充分了解指标的设计思路和计算方法。管理者采用多种宣贯手段让员工清晰理解指标。同时，目标明确才能保证方向一致，因此目标值应该是书面明示的、切合实际的、可衡量的、有日期时限的，既不是唾手可得也不是高不可攀，这样才能充分调动员工能动性，激发个人潜能。关键指标的实现往往需要技术或技能的支撑，因此必须事先给员工提供必要的培训，从而有效保证员工具备达成指标的能力。具体培训包括领先实践案例分享、产品使用演示、客户成功服务案例分享等。

3）实时监控指标状态：最好将关键绩效指标与流程结合，帮助客户建立指标跟踪机制，并积极完善；定期审查流程，以进一步优化，识别影响成功指标落地的关键阻碍。

4）审核指标并采取行动改进：定期审核指标的合理性；制订指标改进行动计划；建立成功指标的审查机制；制订沟通计划，确定成功指标是否调整。

针对不同级别的指标，我们可以每日跟踪或每周跟踪，由于指标执行初期的数据具有很高的参考和分析价值，因此不建议以长周期进行跟踪，建议每日或者每周关注数据的变化，同时数据报表要细化到小组和个人，保证每一名员工和主管都能清楚地了解小组和个人所处的位置和排名。每日或者每周数据对比可以直观地体现小组或者个人的指标完成趋势，便于分析短板、及早改进。基于指标的改进行动如图 7-23 所示。

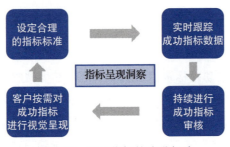

图 7-23　基于指标的改进行动

3. 聚焦成果

（1）客户获得最新的成功指标管理内容

1）客户能清晰了解当下的业务目标，并找到工作重点。

2）对于每一个指标确定对应的行动策略，并落地实现。

（2）相应的内容构建模板

1）确保员工出色地完成工作。

2）确保所有部门、人员都支持指标落地。

3）针对实现目标及时调整行动。

4）组织及个人都有可量化的激励指标。

（3）构建关键成功因素与主要流程之间的关系

将关键成功因素与内部流程联系起来，有效将客户成功目标转换至内部流程和内部管理体系。

（4）明确流程中的关键控制点

除了对结果进行考核之外，我们还需对流程执行过程中的时间、成本、风险进行管控，确保客户成功。

（5）更新改变管理计划

1）**优先事项**：针对优先级战略目标相对应绩效指标评估，衡量达成情况及进行考核。

2）**实施路径**：针对指标的具体实施路径，也就是我们日常说的产品路线。

3）**资源保障**：执行所需的人力、财力和技术等，包含人员储备、预算申请等。

4）**角色和职责**：团队和个人明确所有负责的全部工作、步骤以及具体的任务。

5）**团队协作**：需要团队间进行的合作内容、合作模式及合作事项。

6）**影响评估**：项目的预期成本和潜在收益，评估项目预期的 ROI。

（6）客户价值呈现

在客户成功方法论各个环节推动数智化运营，直观、详细地展示我们能够为客户创造的价值。

7.5　本章小结

本章的客户成功方法论最终需要落脚到数据上，数智化运营的根本就是让数据指导我们进一步改善，更重要的是让我们和客户双方能够直观地看到客户成功方法论带来的价值。

综上所述，通过客户成功方法论 EPAV 的指引，客户成功团队和客户完全绑定在一起，形成强有力的互补，帮助客户在数智化转型浪潮中走得更加踏实，从容面对 VUCA 商业环境的挑战。

第 8 章

客户成功关键流程

客户成功关键流程是客户成功团队按照共同的目标发挥卓越执行力的保障。关键流程以数据为驱动,以平台化运营为基础,结合企业战略和业务,并在客户全生命周期实现客户行为跟踪,以提升客户体验。

8.1 客户旅程

客户旅程是客户成功体系中非常重要的概念。在设计客户成功关键流程前,我们要先厘清企业客户是如何和提供的产品及服务互动的。每一个互动点的设计都是确保客户期望达成的关键。

8.1.1 客户旅程定义

客户旅程(Customer eXperience Journey,CXJ)也称客户历

程，是指客户首次接触至下单并享受产品和服务期间与企业互动的全过程。客户旅程就像一面镜子，映射出客户对产品和服务完整的端到端体验，反映出的需求和痛点成为 ToB 企业制定策略的动因。

SaaS 客户旅程包括设计阶段、研发阶段、获客阶段、销售阶段、交付阶段、成长阶段、成熟阶段、续约阶段，如图 8-1 所示。

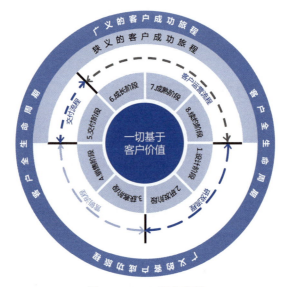

图 8-1　SaaS 客户旅程

SaaS 客户旅程分广义和狭义两种，狭义的 SaaS 客户旅程包括交付流程、客户运营流程。其中，客户运营流程又包括成长阶段、成熟阶段和续约阶段。广义的 SaaS 客户旅程贯穿客户全生命周期，从设计、研发阶段直到续约阶段。

8.1.2　基于客户旅程的运营设计

产品规划和产品研发团队聚焦于找准目标市场，将产品原生价值最大化，研发设计出功能强大、用户体验好的产品并做好为业务赋能。

市场、销售和售前团队聚焦于客户的业务场景，通过对客户需求的评估，制定与客户业务目标匹配的解决方案，卖给客户对的产品和服务。

客户成功团队聚焦于价值交付和主动运营，通过对客户全生命周期的洞察，不断提升客户体验，最终使客户获得商业成功。基于客户旅程运营的核心目标是客户成功，如图 8-2 所示。

图 8-2 基于客户旅程的运营

8.2 客户成功关键流程设计

事实上，好的流程并不是一成不变的，会根据客户需求以及客户成功运营的关键问题进行持续迭代和优化。每一个企业应建立流程变革机制，持续优化自己的客户成功流程。

8.2.1 定义客户分级

客户分级就是依据客户的某些特征或属性，将具有相似特征和属性的客户划分为若干细分群体的过程。客户分级通过客户的关键信息和需求进行分类,从而可以针对不同的细分群体制定相应的客户成功策略,帮助客户更好地达成期望的目标。

客户在不同发展阶段的需求是不同的,因此在向客户提供产品和服务过程中,我们要了解客户需求。一般来说,成长期客户更期望SaaS厂商能够带来可度量的效果,或者迈向更好发展的体系化机制,而成熟期客户期望的往往是个性化的、优质的贴身服务。这也是客户分级的意义。SaaS厂商通常把客户分为大型客户(L级)、中型客户(M级)和小型客户(S级),如图8-3所示。

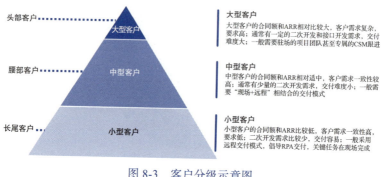

图 8-3 客户分级示意图

对于企业客户管理来讲,客户分级具有重要意义,具体体现在如下两个方面。

1)有利于达成企业的经营绩效。根据不同的客户需求,SaaS厂商可制定不同的客户成功运营策略,这样可以帮助客户有效降低成本,增加收益,提供更加自助化和自动化的服务,也可以为那些关注体验的客户提供更多个性化和高价值的服务,在满足客户需求的同时,达成企业高增长和高利润的目标。

2)有利于企业更好地规划和开展客户运营工作。SaaS厂商可以每季度或每月拜访级别较高的客户，以更好地了解其最新的战略和业务需求变化；可以每年或者每半年拜访级别较低的客户。

8.2.2 启用客户成功方法论

客户成功方法论是以 SaaS 厂商和客户双赢为目标，实现客户成功。客户成功方法论是对客户成功体系建设的概括和总结，也是一套解决问题的应用工具，对实现客户成功具有指导意义。

客户成功方法论核心由探索客户期望、共建客户成功计划、赋能成功应用、运营数智价值 4 部分构成。

客户成功团队应将客户成功方法论作为客户成功工作的理论基础和行动指南，扎实学习，认真践行，将客户成功方法论切实应用于客户成功工作中，让客户成功工作有章可循，获得客户认可，为推动云服务业绩达成发挥重要作用。

客户成功团队总监可根据客户规模进行分层和分类，构建不同规模和有行业针对性的客户成功方法论。

8.2.3 定义平台化运营策略

1. 数智化运营

工欲善其事，必先利其器。要想做好 SaaS 客户运营，必须有一套好的客户成功系统。客户成功系统主要有以下 3 方面作用。

首先，客户成功系统是洞察客户全生命周期中各项指标不可或缺的工具。只有通过客户成功系统，SaaS 厂商才能掌握客户的产品使用情况，包括登录情况、活跃度情况、健康度情况、合规度情况、功能支持情况，以及核心业务流程、NPS 评分情况等，实现 90、60、30 天到期续约提醒等自动化运营。

其次，只有通过客户成功系统，SaaS厂商才能掌握客户成功经理登录系统情况、服务更新情况、CTA完成情况、客户年度服务规划、客户培训情况、QBR情况、活跃度情况等。总之，客户成功经理的每个客户运营动作都必须在客户成功系统上留痕。

最后，只有通过客户成功系统，SaaS厂商才能实时掌握公司所有客户的续约率、续费率、开通率、健康度、合规度，并根据区域、分/子公司、行业、领域等维度分析客户的各类统计报表，让客户成功经理明确当前客户运营存在的问题，以便及时采取有针对性的运营动作。

用友客户成功平台"友户通"是用友客户成功团队花费2年多时间为用友客户成功量身打造的一套数智化客户成功系统，集成了客户成功运营常用的功能和报告，同时支持客户成功经理自定义任务，以敏捷方式不断迭代一线人员反馈的功能需求。我们可以把友户通理解为数智化"兵工厂"，可持续为客户成功团队输出趁手兵器。

2. 关键行动

1）权限更新：客户成功系统运营人员应及时为总经理、PMO、营销负责人、客户经理、BU负责人、CSM总监、客户成功经理等开通使用权限。CSM团队应及时更新每个客户的服务团队、干系人等相关信息，如遇到人员调动和权限调整等情况，应及时联系系统运营负责人进行权限更新。

2）勤用系统：相关人员要勤用客户成功系统，实时掌握客户成功运营的最新情况。建议总经理、PMO、营销负责人、客户经理、BU负责人保证每周登录客户成功系统两次，以了解客户续约率、续费率等情况；CSM总监、客户成功经理每天登录客户成功系统，以掌握并完善客户运营相关数据。

3）及时响应 CTA 任务：智能运营工作舱让客户成功工作清单化、流程化。客户成功经理通过工作舱集中查看、处理、跟踪负责客户的目标任务，通过任务提醒机制安排和管理日常工作。除此以外，客户成功经理还可自建用于记录和跟踪客户经营关键动作的 CTA 任务。通过 CTA 任务日常运营，CSM 总监可以轻松快捷地带新手开展工作。同时，客户成功经理的所有工作在客户成功系统上留痕，以便备查和阶段性复盘。

4）数字化决策：总经理、PMO、营销负责人、客户经理、BU 负责人、CSM 总监可依据每周客户成功系统自动推送的运营报告，了解客户公有云最新续约续费和开通情况，以便在第一时间根据实际数据制定相关决策和部署工作。

5）客户续约盘点：CSM 总监等客户成功管理层应时常盘点即将到期的客户，督促 CSM 推进客户续约工作。

8.2.4 提前做好客户成功规划

每年年初，客户成功团队应基于企业战略为客户做好成功规划。

1）做好内部宣贯：在售前阶段，CSM 应做好宣贯，引导客户经理和售前顾问做好客户成功规划工作。

2）做好内部交接：CSM 与销售进行内部交接，包括合同及附件、客户成功规划表、实施交接表、售前方案、POC 相关资料、关键业务场景、业务需求、沟通记录、会议纪要、客户通讯录、备忘录及其他资料等。

8.2.5 制定客户成功运营策略

1. 年度规划拜访

CSM 总监盘点所负责客户，按客户分级与 CSM 一同做好拜访准备工作，提前与客户高层和关键干系人约定拜访时间，汇报阶段成果，了解客户关键干系人变动情况、业务发展方向是否有改变等，并形成文字拜访记录。年度规划拜访主要工作事项如图 8-4 所示。

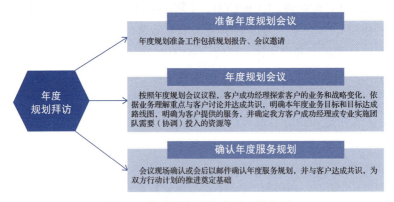

图 8-4　年度规划拜访主要工作事项

年度规划拜访流程如图 8-5 所示。

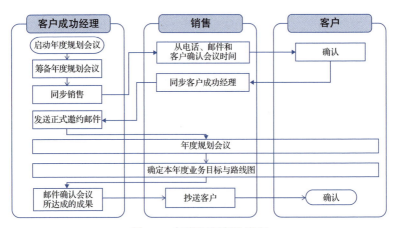

图 8-5　年度规划拜访流程

2. 重点客户拜访

1）拜访要求：定期对大型客户及战略客户进行拜访，拜访对象主要是客户高层和关键干系人。

2）拜访频率：对于大型客户，建议每两个月或每季度拜访一次，且必须见到 CIO 和 CFO，了解产品目前整体应用情况和满意度情况，针对当月使用情况做简短（不超过 10 分钟）陈述。

对于中型客户，建议每季度或半年拜访一次，且必须见到 CEO、CIO 和 CFO，了解产品目前整体应用情况和满意度情况，针对当前使用情况做不超过半小时的陈述。

对于小型客户，建议一年至少两次电话拜访或现场拜访客户，且必须与 CFO 及 CIO 进行沟通，了解产品目前整体应用情况和满意度情况。

3）拜访的主要内容：向客户报告近期有关产品运维和问题处理情况；了解客户的产品应用情况、高层及关键干系人的意见和需求；对客户的问题和意见给出解决方案或业务建议；了解客户公司的发展变化和关键干系人的变动情况；向客户报告我公司的发展情况及重要的市场活动，包括公司未来发展及产品规划、面向老客户的市场活动或优惠活动。

4）拜访成果总结：及时总结拜访成果，形成文字形式的拜访记录，并向领导报告。

3. 业务推进计划

基于年度规划会议确认的年度业务目标和目标达成路线图，业务推进计划包括 CSM 工作计划以及客户方计划。

CSM 与战略客户、大型客户共同制订业务推进计划，明确合作愿景和战略目标，确保各阶段目标一致；制订尽量详细的计划，明确阶段目标（示例如表 8-1 所示）；及时同步阶段结果和客户反馈；借助 CTA 模板记录所有过程及关键动作；关注集团的成功目标和客户关键干系人的成功目标,主动协调资源、时间、机会,兑现每一个承诺,促进客户成功。

表 8-1 阶段目标示例

业务目标	实现全集团采购周期从 7 天缩短到 4 天,提升效率 40%			
节点	阶段目标	实际问题	客户反馈	解决方案
Q1	集团本部采购服务上线	采购管控冲突	管理需求	调整方案
Q2	分支机构采购服务上线	供应商租户管控冲突	业务需求	调整方案
Q3	海外机构采购服务上线	汇率转换问题	业务需求	调整方案
Q4	业务目标盘点及改进	……	……	……

4. 阶段业务总结

CSM 与客户关键干系人通过定期会议,明确当前在目标达成路线图中的位置、总结过往、计划下一步行动。阶段业务总结是对年度服务规划的阶段性总结,与年度服务规划相比,阶段业务总结更侧重已达成的服务价值总结及下一阶段计划制订,如表 8-2 所示。

表 8-2 阶段业务总结示例

关键点	时间周期	内容及要素
充分准备相关价值点,同客户共建业务方案,达成一致行动计划,推动双方共同执行	对于大型客户每月总结一次,对于中型客户每季度总结一次,即针对不同级别的客户设置不同的阶段业务总结周期	数据洞察及分析,人力投入成果输出,重点突出价值,以影响关键干系人

CSM 可通过客户登录次数、登录人数、登录时长、访问模块等行为数据,以及核心模块应用、关键流程数据、行业对标分析等业务数据洞察及分析。

CSM 也可从客户运营数据、关键指标变化等价值呈现点,和工单支持量、培训场次、现场支持、实施配置等人力投入及成果输出数据，来准备阶段业务总结报告，突出客户成功服务的价值。

8.2.6 制定续约、续费管理策略

1. 关键行动

CSM 团队在客户到期前 90 天就会收到客户成功系统的续约提醒，以便展开不同的管理行动。CSM 对客户续约风险和续约金额进行评估和预测，并在系统中记录跟进过程和结果，及时发现和化解续约风险，确保客户顺利完成续约，如图 8-6 所示。

图 8-6　不同阶段的续约工作任务

2. 按阶段制定行动策略

在客户合同到期前，不同阶段的续约、续费行动策略有所差异，具体如表 8-3 所示。

3. 启动续约流程

CSM 依据续约管理流程推进客户续约，如有增购和交叉销售机会的客户，则一并启动商务续约订单，同时在客户成功系统中更新客户状态，如图 8-7 所示。

表 8-3 不同阶段的续约、续费行动策略

关键目标	60~90 天 续约意向确认	30~60 天 续约流程跟进	30 天以内 续约达成（签约及开通）
关键行动	到期前 90 天开始，CSM 及时发现和化解续约风险	CSM 出具年度服务报告，并组织年度客户成功会议，促使续约达成	确认续约结果，订单开通及跟踪
主要动作	1）友户通平台推送到期预警（90、60、30 天） 2）客户盘点：了解客户应用情况、价值认可情况、健康度、活跃度、系统运营报告，并根据续约风险等级，制订行动计划并落地 3）意向探索：配合销售人员通过电话、面谈等方式，初步确认客户续约意向（如果有续约风险，则启动风险管控流程、挖掘增购、交叉销售机会） 4）完成 CTA：90 天内到期续约跟进	1）年度总结及规划：CSM 邀请客户高层、干系人、内部销售人员参会，分享年度系统应用目标、价值达成、着重展现合作成果，与客户共建后续成功规划，讨论并确定续约计划 2）续约进度安排：确认合同流程及付款周期，避免延期（如有续约风险，则启动风险管控流程） 3）完成 CTA：60 天内到期续约跟进	1）确认续约进展：商务洽谈中、合同审批中、付款中 2）续费订单开通及跟踪，如有续约风险，则制定挽回策略 3）完成 CTA：30 天内到期续约跟进（如延期，须说明具体原因并提前做好延期申请）
CTA 反馈成果呈现	1）续约意向预测：有风险或意向暂不确定 2）客户应用反馈说明，如有续约风险，则了解具体原因并说明	1）确认续约流程、周期 2）文档输出：年度服务报告 3）本次续约是否有变动：产品、价格、增购机会等	1）确定续费金额 2）预计回款时间

294

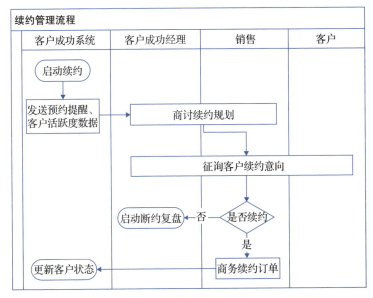

图 8-7 续约管理流程

8.2.7 制定断约管理策略

对于明确断约的客户，CSM 总监须按月组织断约复盘，进行断约原因分析并评估是否有挽回机会，总结经验，以便后续优化策略等，最后由 CSM 形成书面形式的《断约复盘报告》，并记录在客户成功系统中，如图 8-8 所示。

图 8-8 断约复盘流程

1. 客户盘点

CSM 总监带领 CSM 团队对断约客户进行月度盘点和总结，如表 8-4 所示。

表 8-4 断约客户盘点和总结

启动盘点	每月初开始盘点上月所有断约客户
盘点途径	客户成功系统：通过客户活跃度、健康度进行数据分析 工单系统：通过工单了解客户历史核心需求及问题处理情况 客户干系人：获取客户对产品、服务等的真实想法
盘点内容	断约产品使用情况：近 3 个月活跃度、健康度、历史需求、Bug 清单等 客户业务：业务发展变化、组织架构调整等 客户干系人：关键决策人是否变化，关键干系人满意度反馈等 价格因素：关键决策人对价格的期望和诉求
盘点总结	通过盘点内容判断主要断约原因，并归纳整理，再根据客户类型进行断约原因分析

2. 断约原因分析

CSM 总监结合客户所在行业、产品线、断约原因，提炼断约共性，挖掘客户真实诉求。根据不同类型断约客户给出对应挽回方案：对于因业务匹配问题而断约的客户，可以给出行业领先实践挽回客户；对于因价格问题而断约的客户，可以给出最大优惠续约政策以赢得续签机会。

3. 制定挽回策略

CSM 可与销售、运营人员一同做好客情关系维护和客户安抚。与机构或总部方案实施团队一同评估客户需求，尝试重新与客户达成一致的目标。对于重点客户，CSM 总监甚至机构负责人与客户开展高层会晤和互动，以加深客户信任和加强客户关系，为后续达成新的业务合作铺路。

4. 优化策略

CSM 总监通过断约原因分析，找到有助于提升续约率的改善点，如 MOT 培训、项目管理培训等，对于高级 CSM 尤其要加强轻咨询能力培训，对于大型客户考虑是否配备专属 CSM 等。

8.2.8 用心做好客户成功服务

当产品出现问题时，SaaS 厂商一定要做到主动服务，尤其是公有云服务要由 CSM 提交工单，不能让客户提交工单，这样既能让 CSM 熟悉我们的产品和客户，又能提升客户体验。

在平时工作中，CSM 注意收集、整理客户提出的各类问题、需求和建议等。产品问题可分为与业务匹配问题和体验问题，包括但不限于 Bug、稳定性、迭代慢等。CSM 要做好产品需求和产品问题的书面报告。

在总部召开产品沟通会前，CSM 汇总所负责客户提出的与产品相关的问题、需求和建议，并提交总部。在产品沟通会结束后，CSM 及时将总部关于产品问题、需求和建议的反馈通知客户和合作伙伴。

8.2.9 快速响应客户的机制

对于客户对产品和服务提出的意见，我们应高度重视，探索并了解客户不满的详细情况并在第一时间响应，快速处理客户问题，尽可能安抚客户情绪，将损失降到最低，甚至化危机为商机，以达到最佳处理效果。

8.3 客户成功运营机制

8.3.1 制定客户成功运营制度

建立统一的组织、人才、平台、客户运营、服务监督等客户成功管理体系，制定客户成功相关的规章制度，明确客户成功组织单元及相互关系，以及各组织单元的职责分工、管理要求、运营标准、考核办法、激励政策等。

8.3.2　设立运营目标

基于领先的客户成功体系的建设与落地，设立整个客户成功团队的运营目标，再按照区域、城市、客户级别、客户规模等维度拆分每个CSM或者每个客户运营的目标，扎实做好客户成功运营工作。通过卓越的客户成功运营，提高客户满意度，增强客户黏性，确保较高的续约率和续费率，推动客户增购及交叉销售，从而推动产品和服务价值的持续高增长。

8.3.3　数智化运营

客户成功系统为CSM提供基于数据洞察和客户反馈的赋能服务，为客户成功的数智化运营奠定了坚实的基础。

续约率、续费率、ARR、NPS、客户健康度、运营合规度等指标是客户成功经理运营的"晴雨表"。CSM能够随时随地登录客户成功系统查看上述指标数据，深入分析每个客户的运营情况，从而采取对应的运营策略，确保各项指标稳步提升。

8.3.4　沟通与复盘

根据各项指标的运营效果，CSM可将问题分类，与客户共建方案，加强与产品、研发、销售、售前等其他部门的沟通与交流，找出问题和有待提升的点，根据问题性质和紧急程度坚持定期及不定期复盘、总结，制定具体的改进措施，明确每项任务的责任人和完成时间，动态调整运营策略，形成PDCA循环，确保续约率、续费率目标的达成，构建整个客户成功团队的数智化运营文化。

8.4 客户成功服务产品设计

8.4.1 客户成功服务产品定义

服务产品是指为他人、组织提供的伴随服务过程的非实物形态的劳动成果。

SaaS 作为一种服务,它本身的服务产品为客户成功计划(Customer Success Plan,CSP)。CSP 描述了客户成功的感受以及如何帮助客户获得成功。为客户量身定制的成功计划是客户成功团队工作的蓝图。它能确保客户获得良好的服务,让客户从产品中获益。

8.4.2 客户成功服务产品运营与规范

1. CSP 服务产品运营

根据客户的不同诉求,CSP 通常可分为标准客户成功计划、优先客户成功计划、首要客户成功计划,如图 8-9 所示。

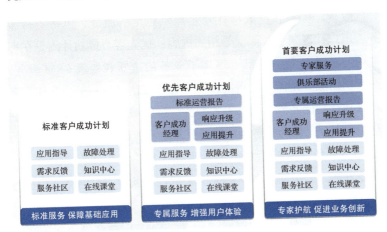

图 8-9 CSP 分类

一般的 CSP 内容如表 8-5 所示。

表 8-5 一般的 CSP 内容

服务产品内容		标准客户成功计划	优先客户成功计划	首要客户成功计划
支持服务	应用指导	√	√	√
	故障处理	√	√	√
	需求反馈	√	√	√
用户社区	知识中心	√	√	√
	服务社区	√	√	√
培训服务	在线课堂	√	√	√
	应用提升		√	√
业务加速器	响应升级		√	√
	专家服务			√
	运营报告		√	√
专属 CSM 服务	客户成功经理		√	√
	俱乐部活动			√

通常，标准客户成功计划是提供免费的服务，包括支持服务、用户社区、在线课堂等相关内容；优先客户成功计划是在标准客户成功计划的基础上增加了业务加速器和专属 CSM 服务，此级别的服务是需要收费的；首要客户成功计划一般会在优先客户成功计划的基础上增加专家服务、咨询服务、二次开发等定制化的服务，具体的收费标准根据服务内容确定。

CSM 要完全熟悉 CSP 中各服务项目，参考行业领先的 CSP 服务方案，归纳同类客户服务需求特点和共性，对同类客户进行针对性运营。

客户购买不同级别的 CSP 服务，SaaS 厂商则提供对应级别的 CSP 服务，让客户感受到不同服务级别的差异，从而愿意为更高级别的服务买单。

CSP 服务产品运营价值有以下 3 点。

1）客户价值探索：通过 CSP 服务产品持续连接客户，特别是对高价值客户的高频触达，探索客户的商业愿景和战略目标，提供超预期的领先实践解决方案，实现客户价值的深度挖掘，并提供更符合客户期望的解决方案。

2）客户价值实现：为客户提供统一、标准和全面的客户成功服务，更好地帮助客户从 CSP 服务产品中获得价值。

3）客户价值捕获：提升客户的服务体验和价值认知，实现客户生命周期总价值获取，实现业绩指数级增长。

2. 服务等级协议

服务等级协议（Service Level Agreement，SLA）是服务提供者与服务使用者之间的一种协议，是 SaaS 厂商与客户就服务提供与支持过程中针对关键服务目标及双方责任等问题协商一致后所达成的协议，包括服务类型、服务质量和水平、客户付款等约定。

SaaS 厂商在向客户提供服务的时候，一定要按照 SLA 约定提供服务，如果未能履行或未能达到相应的服务标准，应向客户提供 SLA 所约定的标准进行赔偿，从而提高客户满意度。

8.5 本章小结

本章结合客户旅程，详细阐述客户成功关键流程设计，并通过客户成功运营机制阐述了关键流程的设计和运营，最后介绍了客户成功服务产品设计。

第 9 章
客户成功技术应用

越来越多的企业转向 SaaS 模式并开始组建客户成功团队，以保证老客户留存、新客户拓展和口碑。正如企业购买 CRM 系统以提高销售效率，购买财务系统以提高财务工作处理效率一样，企业购买客户成功系统是为了最大限度地提高客户生命周期总价值。本章会以用友客户成功平台——友户通为例，详细介绍客户成功诸多系统关键应用场景。

如图 9-1 所示，友户通依托 IUAP 平台的数据中台，根据客户成功指标体系，通过触点智能、数据驱动、在线协同等核心能力帮助客户成功团队从注册开通、实施交付、持续应用、价值实现到续约续费各阶段进行客户全生命周期管理，在体验管理、一站式客户服务、产品驱动增长、客户触点管理、客户数据洞察、客户自助服务、客户协作与共创、生态伙伴赋能等多个客户成功场景中发挥关键作用。

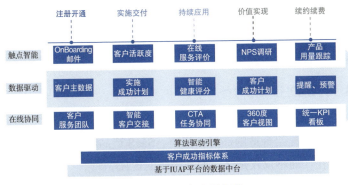

图 9-1 友户通架构

9.1 客户成功系统

虽然客户成功系统各有不同，但从整体上看客户成功系统在客户服务、生态伙伴赋能、数据洞察方面能力出众。

9.1.1 客户服务

传统客户服务的前提是深入了解客户，而 SaaS 模式下的客户服务具有以下特点。

1. 服务易获取

如果客户发现产品太复杂，或者功能使用有问题怎么办？如果他们发现了错误怎么办？如果你想要通过用户反馈来帮助产品提升，那就应该让用户很容易找到服务请求入口。

2. 提供实时在线沟通工具

实时在线沟通工具一方面可以及时回答客户的问题，另一方面客户在等待解决方案的同时可以继续工作和生活。

3. 提供常见问题知识库

SaaS 客户特别是 "90 后" 更愿意通过常见问题知识库自行寻

找解决方案，而不是优先与客户服务代理交谈。他们更喜欢通过自助服务获得支持，因此常见问题知识库就成为客户服务策略的关键部分，同时可减轻客服团队的压力。

4. 对问题进行精准分类

客户成功系统可准确识别客户遇到的问题并对其进行分类，以便将问题分配给合适的部门去解决。SaaS 产品出现问题是整个企业的责任，而不仅仅是客户服务团队的责任。

5. 集成所有服务请求

统一的客户服务入口将方便跟踪不同场景下客户的问题解决情况。

6. 设定统一的客户服务标准

统一的客户服务标准利于满足客户的要求。

7. 及时获取客户反馈

通过在线评价与调研客户反馈，CSM 可及时了解目前可能没有注意到的产品和服务问题。

基于以上服务特点设计的友户通智能客服架构如图 9-2 所示。

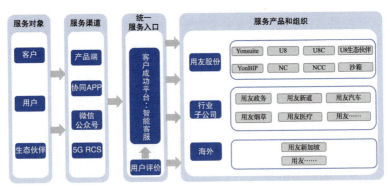

图 9-2　友户通平台智能客服架构

如图 9-2 所示，友户通的智能客服已经嵌入内外部用户的各产品端和微信等服务通道，同时打通了集团内部多机构、多组织和多业务领域的服务团队。

9.1.2 生态伙伴赋能

SaaS 模式下，在 ToB 客户从产品交付到价值创造需求转变的推动下，企业逐渐意识到需要重新定义产品和服务，加速和扩大创新，并通过与生态伙伴深度合作快速提供各类解决方案，生态伙伴在客户价值链中发挥重大作用。用友在客户成功工作中主要做好以下几步。

1. 筛选合适的生态伙伴

生态伙伴往往无法更改自身基本业务以满足我们的需求，因此，我们要寻找具有相同目标并准备拓展能力的生态伙伴。一个有效的与生态伙伴达成共识的方法是客户成功方法论。

客户成功方法论的核心是帮助客户成功，推动产品深度应用，创造客户价值。我们可以套用该方法论来讨论客户业务目标如何达成，这将有助于双方共赢。

图 9-3 展示了友户通基于客户成功方法论对客户成熟度的评估。

2. 培训生态伙伴

向生态伙伴提供直接的培训和认证，以便生态伙伴可依据客户成功体系要求与 SaaS 厂商同步行动。系统化培训生态伙伴一方面可以获取更大的增长，另一方面可以更好地了解生态伙伴能力，以便实现业务整合，如图 9-4 所示。

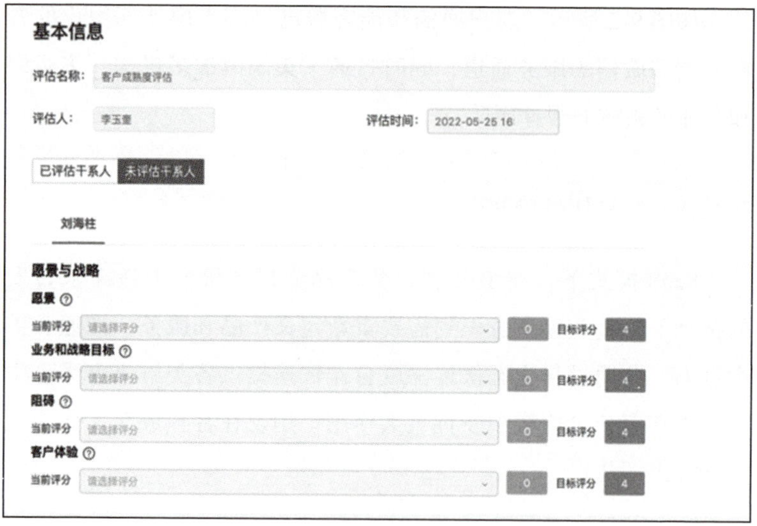

图 9-3　友户通对客户成熟度的评估

图 9-4　友户通用户社区学习与认证

3. 共享客户成功平台

SaaS 厂商必须共享能够实现客户成功高效管理的平台。如果共享客户成功平台，SaaS 厂商可以知道客户的产品应用能力与购买能力，也可以知道哪些产品特性和功能得到更好的使用，还可以了解客户遇到的问题。这些信息都有助于扩大客户订阅。

图 9-5 展示了友户通嵌入的各类数据看板，以支持不同岗位角色及时跟进核心业务指标、客户健康度与关键任务。

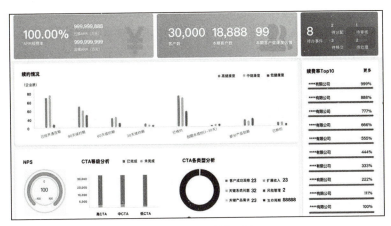

图 9-5　友户通数据看板

9.1.3　数据洞察

根据我们多年的客户成功管理经验，单纯依靠人工管理客户基本上是不可能的，即使是经验丰富的团队也无法具备与技术平台相同的洞察力和效率来跟踪、管理所有影响客户成功的因素。

好的客户成功系统可以提供深度数据管理和分析能力，与企业现有技术平台灵活集成以及自动实现关键工作流的能力。只有具备这些运营能力，客户成功系统才能确保客户成功不会落空。

客户成功系统为 SaaS 厂商提供的核心运营能力主要包含以下 3 方面。

1. 及时发现客户运营失败的风险

如果不充分了解可能导致客户运营失败的风险，SaaS 厂商就无法帮助客户取得成功。客户成功系统可以及时发现运营风险并推送有效的行动计划。

客户成功系统集成 SaaS 厂商拥有的客户相关的所有数据，帮助客户成功团队获得重要洞察，这让快速识别客户行为和分析健康度变得容易。根据客户健康度变化趋势快速识别风险，客户成功团队可以避免客户流失。客户成功团队还可以结合自动化触点和领先实践指导主动帮助团队解决问题，降低客户流失风险。

2. 提升团队效率

自动化对于确保客户成功至关重要。除了关键流程自动化之外，我们还可以通过自定义流程工具实现无缝的客户旅程，在正确的时间触达正确的客户。客户成功系统主要通过以下自动化方式提升团队效率。

1）设计触发关键风险或商机的自动预警工作流。
2）预先设计问卷调查，经由特定工作流主动触达客户。
3）自动根据客户行为数据洞察驱动 CTA 等关键行动。

3. 提高客户可见性

客户成功系统通过将不同系统的客户数据聚合到一起形成 One Data（即单一数据洞察来源），显著提高了对客户的实时洞察和客户可见性。统一的客户数据既提供了 360 度客户视图，又提供了可深入研究、逐层穿透的细粒度分析能力。

9.2 客户成功智能运营系统的对内功能

作为企业内客户成功团队的日常管理工具，客户成功系统需要支持企业内跨组织、部门、岗位的客户全生命周期实时协同,通过客户触点技术的跟踪管理,提供基于数据的客户成功运营,实现自动化工作流程在正确的时间向正确的客户推送正确的运营动作。

9.2.1 基于科技的客户触点标准化运营

什么是客户触点?简单来说,客户触点是客户在全生命周期中与服务企业进行交互的流程与环节,任何一个客户可以接触到服务企业的场景都是客户触点。随着企业数字化转型的持续推进,客户与服务企业的各类线上化触点日益增多,只有充分了解并掌握每个客户触点的交互特征与模式,才能在客户全生命周期持续、有效地优化客户体验。

传统模式下的客户服务通常为类似一对一的专属服务,属于人工高频接触服务,而 SaaS 模式下客户服务获取更敏捷、更易得,客户付出的成本更低,客户量增长更具爆发性。在人工高频接触服务模式下,企业人员投入过高且无法及时应对大规模客户增长,企业人员的缺失又将导致客户感觉缺乏关注,从而造成流失。

那么,SaaS 模式下如何运营更广泛的客群,高效管理客户触点?用友客户成功体系的成功经验是引入客户触点技术。客户触点技术是基于数据动态变化,客户成功系统自动与客户互动,替代或优化原有人工触达环节。与人工高频接触相比,客户触点技术与客户接触不那么频繁但更有针对性,主要由客户成功系统管理,通过客户健康度评分等数据确定应该如何提供客户服务,以精准提供帮助。

基于客户触点技术的客户运营具有以下特点。

1. 客户分层

根据用友多年的客户成功经验,一些客户仍然需要 CSM 主动、高频接触，而一些客户需要 CSM 在低频接触下成长。客户分层将让 CSM 了解在哪些方面高频接触，哪些方面低频接触，哪些方面引入触点技术，以便为企业带来最高的投资回报率和客户价值。

2. 监控客户健康度

客户触点技术一方面具有强大的流程自动化能力，另一方面可以收集和跟踪每个客户触点的数据，以充分利用数据持续监控客户健康度，改进产品和服务，并主动提供支持服务预防客户流失，为公司带来巨大价值。

3. 个性化

SaaS 模式下客户往往更重视互动体验，而系统化的技术接触往往会给人过于冰冷与程式化的感觉。因此，我们尽可能将满足客户的个性化需求的应用融入交互场景，基于电子邮件、短信和社区推送的文章、线上活动，借助客户成功系统强大的客户标签体系，尽可能针对客户业务、行业提供个性化接触方式。

综上所述，用友客户成功体系构建了基于触点技术的客户分层运营机制，如图 9-6 所示。

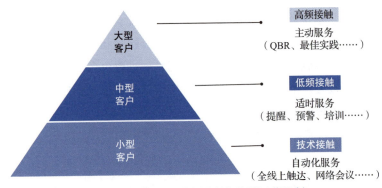

图 9-6 基于触点技术的客户分层运营机制

（1）高频接触

1）运营方式：专属 CSM，一对一主动提供服务。

2）触点技术：客户成功系统提供产品应用数据、领先实践和行业对标等客户信息，提供包含客户支持服务问题、NPS 评价和健康度分析的客户成功报告，协助 CSM 在客户汇报会议上展示客户成功进展。

（2）低频接触

1）运营方式：共享 CSM，一对多适时提供服务。

2）触点技术：客户成功系统管理全部客户触点，通过系统 CTA 任务安排共享 CSM 在哪天与哪些客户进行哪些互动，以及在健康度等特定指标预警时使用什么策略推动客户改善，核心是精准与客户进行交互。

（3）技术接触

1）运营方式：虚拟 CSM，自动提供服务。

2）触点技术：客户成功系统根据客户数据洞察，提供智能化的触达服务（短信、电子邮件、社区推荐等），例如，向小型客户推送新版功能培训视频、向特定领域客户推送产品领先实践，每季度逐一推送个性化客户成功报告等，核心是提供个性化客户体验。

9.2.2 基于数据驱动的客户成功运营服务

从内部运营洞察到触点技术管理，我们都提到了客户数据分析与洞察起到的关键作用。如果没有客户数据，会发生什么情况呢？

- 由于对客户使用产品情况一无所知，CSM 只能被动处理客户提交的问题，无法主动为客户提供服务。
- 成功运营客户变得不可能，因为无法掌握每个客户的成功计划进展，也无法有针对性地优化客户成功路径和业务目标。
- 缺失客户反馈数据，就无法在客户体验不佳伊始及时挽回，规避流失风险。

因此，客户数据是客户成功管理的一个重要部分，因为通过数据分析可以真正帮助企业留存客户、落地客户成功计划、优化客户体验、实现续约与增购。为此，我们就需要构建一套基于数据驱动的客户成功运营服务机制，跟踪客户如何使用产品，对客户业务进行细分，以提供主动的、个性化支持服务，并自动识别成功机会，升级客户成功服务，提升客户生命周期价值。

用友构建的基于数据驱动的客户成功运营服务机制主要包括以下3方面。

1）主动服务：主动提供服务是客户成功的关键。

一个CSM在服务多个客户时，做到主动及时是最大的挑战。用友客户成功平台——友户通提供了一整套完整的风险预警、任务提醒和客户模板，同时通过内置的大数据模型和指标体系触发警报、提醒和客户交互，只需要CSM按照要求配合执行即可。当然，平台也支持CSM自定义任务提醒，具体如下。

- 风险预警：客户健康度下降预警，客户NPS评分下降预警，客户问题逾期处理预警，客户服务满意度下降预警，客户交付满意度下降预警，续约、续费风险预警，客户断约预警。
- 任务提醒：客户分配提醒，客户移交提醒，客户续约、续费提醒，客户合同到期提醒，90天、60天、30天到期续约提醒，客户QBR会议提醒，年度客户成功会议提醒，客户成功计划CTA；客户断约复盘会议提醒，客户沟通会议提醒。

- 客户模板：客户健康活跃报告、客户支持服务报告、客户之声 NPS 报告、客户年度成功报告。

2）**业务洞察**：成功指标体系是数据驱动的前提。

正如上文提到的，要想在关键阶段及时了解客户业务情况，必须基于客户数据通过特定的算法模型，洞察客户业务变化。当然，平台支持客户创建符合自己业务要求的算法模型。图 9-7 是友户通内置的部分业务、客户、产品维度的关键数据指标。

		客户旅程					
		吸引	方案	签约	上线	续约	复购
智能运营		客户画像	智能活动管理	销售过程管理、在线交易	服务启动新客引领	续约管理	增购管理
		精准智能营销	智能线索管理	销售赋能	敏捷实施	客户应用管理	断约管理
预警机制		投放转化成本预警	营销渠道转化预警	客户转化率预警	交付风险预警	客户流失预警	减购及机会流失预警
增长模型		渠道转换分析	潜在客户画像	客户转化模型	核心客户维护机制	客户流失分析	客户增购机会推荐
指标体系	业务运营指标	潜客转化率	MQL转化率	SQL转化率	上线流失率	客户流失率	客户增购率
	客户体验指标	品牌知名度	销售服务满意度	售前人员满意度	上线满意度	支持服务满意度	NPS
				支撑指标			
	产品运营指标				产品发布延期率	服务中断时长	
					支撑指标		
基础数据		营销投放平台、官网		CRM系统		订单系统、客户行为系统、客户管理系统	

图 9-7　客户成功运营指标体系

3）**价值扩展**：客户成功是业绩增长的开始。

上述指标优异，特别是满意度很高，代表客户应用之前的服务实现了自身价值，同时对服务企业或 CSM 产生了一定程度的信任和正面口碑。此时，满意的客户将成为推荐人，这会为更多业务创造商机。

9.2.3　建立全员协同平台

SaaS 模式下基于订阅的经常性收入提供了可预测的业绩增长，但前提是可持续并扩大订阅，因此与客户保持密切联系并确保他们取得成功至关重要，而整个客户生命周期中通常涉及以下几类角色。

1. CSM

CSM 的职责是与客户密切合作，确保产品提供价值，并顺利解决问题。高客户活跃度对于保持高续约率和实现增购至关重要。现在，我们都认识到与客户拉近关系的重要性，但如果仍然依赖传统的客户沟通方式，如 CRM 系统、电子邮件、电话等非即时沟通方式，则会让客户感觉距离遥远；而使用微信等个人社交软件，会造成客户互动过程不可追溯，甚至造成客户流失。

2. 交付经理

从销售结束到产品上线移交给 CSM 期间，部署 SaaS 产品有时会非常复杂，需要持续不断地与交付经理交流，而将文件、配置文档和交流讨论进行集成，则会方便运营客户。

3. 服务与产研团队

CSM 是客户的第一联系人，他们需要配合支持团队、产研团队来解决问题。传统上，CSM 会通过工单将客户问题发送给支持团队，决定是否通过创建 Jira 工单让产研团队参与进来。最终问题解决后，产研团队会将解决方案反馈给支持服务团队再反馈给客户，整个过程产生了大量问题流转开销，妨碍了客户快速协作。

4. 销售经理

SaaS 模式下销售经理的主要工作是拓新，成交客户会转交给 CSM 维护，因此销售经理会承担交接职责及部分后续客户运营辅助工作（包括转达客户诉求、维护客情等）。客户是公司的，但客情是销售经理负责维护的。只有在后续产品使用过程中帮助客户实现业务目标，这些客户才会成为未来业绩的重要资源。

综上所述，为了实现上述角色在客户全生命周期的高效协同，通过实时开放的对话沟通让公司每个岗位人员更好地了解客户，友户通做到了以下几点。

1)所有角色都可以随时了解客户信息和运营数据,用数智化方式实现在客户生命周期各个团队的高效协同。客户成功系统中的团队架构如图9-8所示。

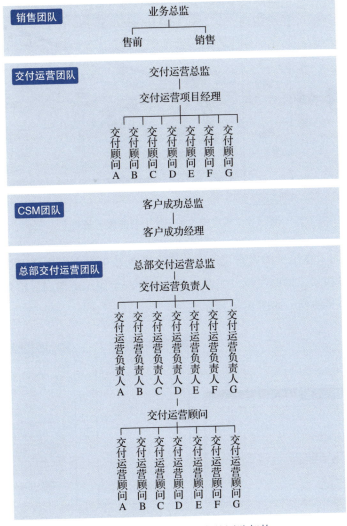

图9-8 客户成功系统中的团队架构

2）提供具有即时通信能力、支持群组交流、支持问题工单与 Jira 自动流转的客户成功系统，其中智能化服务流程是保证客户成功系统高效运转的动力，如图 9-9 所示。

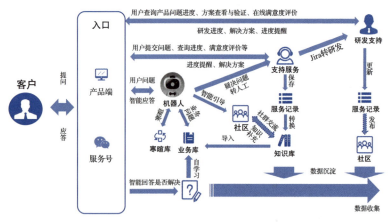

图 9-9　客户成功系统线上智能服务流程

3）在统一的客户视图下，所有角色基于客户成功系统 CTA 任务模块，即时交流、实时对话，实现跨组织、跨部门、跨角色的全员协作，如图 9-10 所示。

图 9-10　客户成功系统全员即时协同

4）客户问题和反馈分类，新需求和想法尽早获取，并且全部作为系统中正式的对象被持续跟踪，并通过数据看板直观、准确地呈现给各个角色，如图 9-11 所示。

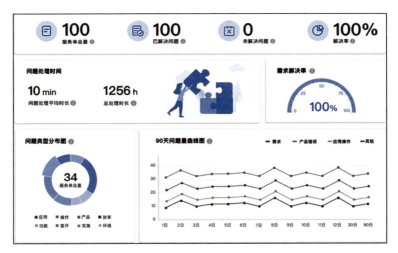

图 9-11　客户成功系统数据看板

9.3　客户成功智能运营系统的对外功能

客户成功系统作为企业客户运营的核心平台，除了可以评估客户健康度，帮助 CSM 深入了解整个客群外，还支持通过与客户的交流推动产品的使用和采用，同时提供社区互动和自助服务，以最大限度提高续订率、增加销量。

9.3.1　客户自助服务平台

客户自助服务平台具有以下优势。

1. 获取常见问题的官方解答

当我们在复盘客服问题时总会发现一些问题被一次又一次

地重复询问，这时我们会花时间整理问题统一回答，并将此类问题解答放入客户成功系统知识库，同时确保知识库易访问、可搜索、更新及时且整体维护良好。这样，客户就能自行轻松访问，无须 CSM 一对一解答。

2. 加强客户间交流学习

ToB 企业的客户通常来自不同岗位和业务领域，具备不同的业务知识和专业能力，通过社区可以让客户相互回答问题、分享经验，甚至担当咨询顾问专家，从相互学习中受益。

3. 满足客户的学习成长需求

有些客户本身具有较强的学习能力，希望通过自己的研究来解决问题，通常不喜欢在社区请教别人或者通过工单提问。自助服务平台可以给他们必要的学习资源，让他们轻松找到自己想要的答案，获取相关技术能力，进而成为用户社区 KOC，指导其他客户解决问题。

参考 MindTouch 提出的客户自助服务平台五层架构，友户通从以下 5 方面提供了自助服务能力，如图 9-12 所示。

图 9-12　自助服务五层架构

友户通外部搜索功能(社会资源搜索、用户社区全局搜索)如图 9-13 和图 9-14 所示。

图 9-13　友户通社会资源搜索

图 9-14　友户通用户社区全局搜索

品牌官网首页(自助服务入口)如图 9-15 所示。
聊天机器人(智能服务机器人)功能如图 9-16 所示。
友户通用户社区群组功能如图 9-17 所示。

图 9-15 用友品牌官网首页

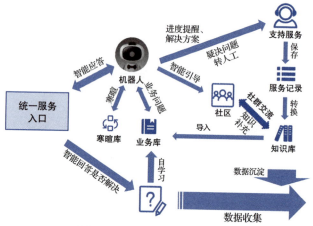

图 9-16 用友聊天机器人功能

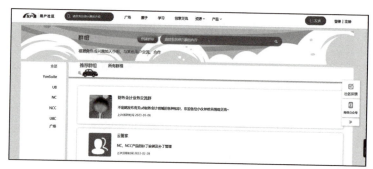

图 9-17 友户通用户社区群组功能

综上所述，当通过统一的客户成功平台构建和维护高复用的知识库、用户社区、产品社群、领先实践、学习培训和其他有价值的资源时，客户成功团队才会将更多的时间花在积极主动为客户创造价值上。

9.3.2 创意交流模块

本节详细介绍用友是如何通过客户成功系统深入接触理想的潜在客户、收集产品见解，并以可持续的方式进行客户测试和研发迭代的。

友户通创意交流模块借鉴了 Salesforce Trailhead 社区中 IdeaExchange 板块的设计形式，在用户社区提供了建议板块，通过社区这种社会化、公开化的方式，收集来自客户、用户、伙伴、生态、企业内部等各个渠道关于产品、体验等多方面的需求、建议，如图 9-18 和图 9-19 所示。

图 9-18　友户通用户社区建议提交页面

对于提交的需求和建议，我们可通过投票的方式来收集社区用户的认可度及真实想法，每个投票都会计分，支持加分，不支持减分，一人仅可投一次，且不支持修改，这样做不仅可对未上线功能进行很好的宣传，还提升了用户对产品设计的参与感，完成以用户为核心的产品升级。

图9-19　友户通用户社区创意交流页面

建议提交后可直达产品部门，产品运营人员可参考投票数，根据产品规划路线等进行评估，选择有价值的建议列入需求列表，并进入产品迭代周期，最后研发上线。这些事项进展也会通过社区同步给用户，只要事项进展有更新，发布建议和支持建议的用户都会收到相应通知，事项进展也会在社区公示。这就意味着用户、客户关于产品功能、体验等各方面的想法都会被ToB企业关注到，并有可能被实现，最终实现与用户、客户共创产品。

9.3.3　客户成功业务加速器

经过前文介绍，你应该已经发现客户成功业务范围非常广，如何推动客户成功业务在短期内取得进展呢？结合多年的成功客户经验，我们认为要快速取得进展，首先需要通过一个经过验证的分阶段架构（见图9-20）来梳理实现业务价值的条件，这样在后续的业务过程中只须将精力集中在执行上。

图 9-20 客户成功业务分阶段架构

- 确立价值目标阶段:侧重于建立和调整企业和客户的愿景、价值观、战略目标。
- 统一价值交付阶段:侧重于定义交付客户订阅的产品和服务所需的流程、描述以及指导流程应用的方法论,以便充分了解在向客户交付价值时可能发生的一切。整个阶段的目标是创建自己的客户成功引擎。
- 运营持续拓展阶段:侧重于运营规则的制定。整个阶段的目标是了解如何提高服务效率和生产力,同时减少对价值输出的影响,深入了解客户如何成功以及批量运营客户需要具备什么条件,并持续优化。
- 全面平台支撑阶段:当前三个阶段完成后就可以在系统化阶段通过客户成功系统来实现,系统专注于流程规则的自动化,使客户成功团队能够依据流程推动业务并清晰展现工作效率,从而持续改进工作并促进架构其他方面的效果优化。

经过上述梳理,接下来通过一系列实际业务场景有效证明流程的合理性,可以推动业务目标快速达成,加速实现业务价值。友户通主要通过以下 3 方面来加速实现业务价值。

1. 加速业务采用和深度应用

加速业务价值实现的方法之一是加速业务采用和深度应用。

你可以通过平台设定某场景下为了推动采用而需要发生的特定行为（比如活跃度预警），并围绕特定的任务建立度量指标（比如活跃度、健康度），以实现业务场景可度量和可优化。

2. 重构业务场景

加速业务价值实现的另一种方法是对业务场景进行重新排序。事实上，设计新的业务场景或者把一些业务场景顺序进行调整，让客户对全新的流程感到兴奋并直接获得好处，可加速客户成功业务实现。

3. 构建 CSP

加速业务价值实现的关键在于有能力在客户旅程的每一步（从首次签约到入职以及后续的每一步）提升客户体验和改善结果。客户成功计划正是基于客户旅程领先实践持续不断发展而来的，可帮助你在客户生命周期了解客户对产品和服务的体验，并根据每个客户特征制定成功策略。

9.4　客户成功系统选型

客户成功是企业发展 SaaS 业务的一种全新运营模式。很多企业不确定应该如何将客户成功体系落地为一种管理实践，以及应该如何从当今市场上众多的产品中选择最佳的客户成功系统。接下来，我们揭开这个神秘面纱，帮助你选择最佳的客户成功系统。

9.4.1　选型标准建议

我们在客户旅程体验管理、一站式客户服务、产品驱动增长、全生命周期触点管理、客户数据驱动、自助服务、客户协作与共创等多个客户成功场景提到了客户成功系统以及它产生的关键作用和价值,本节会详细讲述如何选择适合企业的客户成功系统。由于客户成功系统将深入融合到企业的业务流程和数据堆栈,因此,建议按照以下标准仔细评估备选客户成功系统。

1. 功能方面

1)**健康度评估**:客户健康度评估包含多个维度,如活跃度、NPS 与满意度等,以及各维度数据统计、穿透分析等。

2)**工作流程**:将健康度等数据洞察转化为客户成功具体行动,其中包括基于客户成功领先实践内置的工作任务,还有平台基于客户成功指标变化采取的行动,以及为了实现客户价值目标而设置的成功计划任务。

3)**洞察分析**:通常,客户购买成功系统不仅是为了日常运营管理,也是为了辅助业务决策,以改善整个企业客户的健康状况。因此,客户成功系统必须具有深度洞察分析功能,内置丰富的产品、业务和客户数据指标算法体系,支持利用大数据技术自动处理,支持数据聚合、穿透、趋势分析,同时提供带有图形和表格的完全可定制的报表工具。

4)**调查反馈**:客户成功与客户体验息息相关。健康度就是将反映客户使用、服务等方面的客观数据和 NPS、满意度等反映客户情绪的主观数据结合在一起分析的。因此,每个客户成功企业都需要通过调查反馈获取客户反馈。调查反馈可以在某个业务处理之后发送或者定时、按周期发送。客户成功系统需要提供调查后客户回访、问题跟踪等闭环优化功能。

5)**沟通触达**:贯穿客户全生命周期的自动化、个性化、即时的沟通,支持所有客户触达方式,包括短信、工单、电子邮件、调研问卷等,还支持与客户使用的协同系统对接。

6）业务管理：客户成功系统应支持根据每个业务部门的需求量身定制客户视图、自定义工作台、各类跨职能角色使用，支持管理多产品、多业务、多客户，并提供管理 CSM 团队所需的各类合规监控与视图。

2. 平台方面

1）数据拓展：客户成功系统依赖数据驱动，提供完整的关系型数据库、非关系型数据库和数据仓库的通用数据接口。

2）自助服务：随着客户成功迅速发展，客户成功系统需要支持轻松配置报告、看板、流程规则、自定义标签、属性、表格和其他元素，还需要提供知识库、即时聊天工具和用户社区等在线资源。

3）领先实践：客户成功作为新兴业务需要大量实践经验指引。优秀的客户成功系统需要内置客户成功领先实践，包括成功方法论、各类电子邮件模板、调研问卷、数据分析报告等。

4）安全管理：客户成功系统包含大量敏感信息（如用户数据、客户数据和各类业务数据），因此系统应具备基于角色、组织、产品和领域的复杂访问权限管理功能，独立的安全认证和专业的安全服务功能。

5）平台架构：SaaS 模式下的客户成功系统应具备全面的 PaaS 层应用服务，包括业务中台、数据中台、智能中台、低代码开发、连接集成等核心服务，以满足企业不同的客户运营场景与高速增长目标。

3. 供应商方面

选择客户成功系统是企业的长期战略，因此客户需要对供应商进行谨慎评估，建议优先考虑以下几方面。

1）供应商的行业地位与客户规模。

2）供应商在客户成功领域的专业经验与影响力。

3）供应商可以提供哪些系统以外的服务，帮助提升客户运营效果。

4）供应商的生态，哪些生态伙伴可以围绕平台提供服务。

9.4.2 客户成功系统推荐

经过前文的介绍，相信大家对选择客户成功系统已经有了较为清晰的认知。本节参考 2022 年 6 月 Gartner 发布的《客户成功管理平台市场指南》介绍几家国内外知名企业开发的客户成功系统，并进行简单对比分析。

1. Gainsight

Gainsight 成立于 2009 年，是一家提供客户成功产品最为全面的企业。Gainsight 的客户成功平台通过对客户、业务部门、地理、产品等维度的数据进行聚合，提供 360 度客户视图。它还提供基于客户数据和健康评分的工作流程，以及客户旅程工具。

2. Totango

Totango 是客户成功行业的先驱之一，于 2021 年 11 月在 Great Hill Partners 领投的一轮融资中筹集了 1 亿美元。其提供的多产品解决方案通过 DNA-CX（客户数据平台）实现了 360 度客户视图可视。它通过 SuccessBLOC 提供预构建的客户旅程工具包，由 Spark 支持人员编排，Zoe 支持跨公司协作。其 Shield 产品为国际标准化组织（ISO）和区域数据保护法规提供支持。

3. ChurnZero

ChurnZero 成立于 2015 年，是提供云原生 SaaS 解决方案的中端市场组织。它为客户的用户提供独特的功能，例如应用指南，包括产品导览、引导式演练和使用分析。ChurnZero 的客户成功平台由 70 多个本机集成，并继续扩大 API 覆盖范围，指挥中心为 CSM 提供工作概览，以便管理即将召开的会议、任务和客户健康。仪表板可针对个人 CSM、团队经理或执行人员进行配置，支持一对一、团队或公司范围内的绩效分析。客户成功中心是一个支持在客户自己的应用程序中标记并显示的参与门户。

4. ClientSuccess

ClientSuccess 成立于 2014 年，主要针对中小型客户群体，提供 SaaS 模式的"开箱即用"型客户成功产品。ClientSuccess 的客户成功平台易上手，配备教练来帮助客户进行设置，目标是快速实现业务价值。该平台旨在为一线客户成功经理提供日常工作使用的工具来管理客户沟通、任务、目标（客户业务成果）、订阅服务。

5. Planhat

Planhat 推出的客户成功系统除了支持根据数据对客户进行细分外，还提供数据可视化功能，支持使用体验非常好的服务来实现以数据驱动的客户成功运营，并采用了图像和视频技术。它还提供可根据特定条件自定义的剧本模板，以实现在客户全旅程的各个触点自动触发服务。

6. 友户通

用友集团成立于 1988 年，作为 IDC 评定的中国企业应用 SaaS 市场占有率第一和 Gartner 评选的全球 ERP SaaS 市场前十名中唯一亚太厂商，于 2020 年推出友户通，将其作为客户成功服务体系的统一客户运营平台。该平台包括智能运营 Ycsinsight、智能客服和用户社区 3 个核心板块，全面实现了客户成功全生命周期数智化运营。

9.5 本章小结

本章介绍了企业构建客户成功体系需要选择什么样的客户成功系统。除了兼具客户服务、数据洞察、生态赋能等多方面关键能力，客户成功系统对内需要在客户全生命周期协同管理，通过触点技术实现流程自动化，对外需要系统化评估客户健康度，通过与用户、客户创意交流推动产品优化，提供各类自助服务，最大限度提高客户生命周期总价值。最后我们介绍了如何选择正确的客户成功系统，并对国内外知名的客户成功系统做了简单比较。

| 第三部分 |

实践案例

第 10 章
产品研发人员如何做好客户成功

产品研发是 ToB 企业赖以生存的基础。随着互联网的发展，客户对产品体验的要求越来越高，这就要求产品研发团队要更重视从客户视角去设计和开发产品功能，在产品设计、产品迭代以及产品调研等各个环节加强与客户互动和共创，将高体验的产品呈现给客户，从而更好地实现产品价值。

10.1 与客户共创，打造体验优异的 SaaS 产品

1. 业务背景

在云转型过程中，产品研发理念也在发生变化，从软件到云产品，客户更加注重体验和交互，所以云时代对产品研发提出了更高的要求。

用友畅捷通基于小微企业数智化需求，推出了一系列 SaaS 产

品，包括好会计、好生意、T+Cloud、好业财、易代账等，已经为超过 600 万家小微企业提供数智财税及数智商业服务。畅捷通是面向小微客户的产品，该产品特点是定价较低、交付简单且交付成本相对较低。

2. 关键挑战

对于小微企业来讲，很多时候"客户即用户"，对产品的深度应用者往往是企业的决策者，所以小微企业客户对产品的体验感知更敏感。

畅捷通的产研部门如何从产品设计和功能上提升客户体验，带给客户更多价值，是在 SaaS 市场获得领先地位的关键挑战。

3. 领先实践

畅捷通产研部负责人认为，好产品的评价标准之一就是优异的客户体验，具体涉及以下几方面。

（1）聚焦产品本身

1）**跨团队协作机制**：在畅捷通，产品研发不仅仅是产研部的事情，在产品研发关键环节有客户成功团队、售前团队，包括渠道管理相关团队的协作。

2）**全过程质量管理机制**：云产品的快速迭代对质量管理要求更高。畅捷通的产品质量管理涉及从前端需求输入到最终产品上线全过程。全过程质量管理机制也是畅捷通能够研发优秀云产品的基础。

3）**与客户和生态伙伴共创机制**：畅捷通在产品研发环节制定了与客户和伙伴的共创机制。对于一些新产品，前期除了市场调研和竞品分析外，还需要与客户和伙伴共创。云产品时代，厂商和客户的距离更近了，也有机会和客户共创。由于畅捷通面向小微企业客户，很多时候通过生态伙伴去售卖，而生态伙伴直接对接客户，最了解客户需求，同时对市场特别是竞品市场有深刻的洞察，所以和客户及生态伙伴共创是畅捷通研发好产品的重要方式。

（2）结合客户场景，设计体验优异的产品功能

易上手和开箱即用是畅捷通产品的两个特点。

产品中内嵌新手教学视频，能帮助用户快速上手，不需要太长的学习周期，做到了"拿来就能用"。

对于"开箱即用"这个特点，由于不同行业对功能的需要和配置不完全一样，因此畅捷通在产品设计之初就会打包好产品的使用场景，这样用户可以根据自己的业务场景进行选择。

（3）持续、稳健的迭代

SaaS产品的迭代是一把"双刃剑"。迭代过快可能会暴露更多的产品问题，急于求成地将新功能推向市场难免会影响体验和口碑；迭代过慢又难以匹配客户多变的场景需求。

如何在持续迭代中及时满足客户需求，提升客户满意度，促进客户成功？做法如下。

1）用户行为分析：通过数据埋点精细化地进行用户行为分析，以此作为产品迭代和持续优化的依据。

2）分析客户提交的问题：客户使用产品过程中发现问题，通过沟通通道反馈问题，产研部对问题进行甄别，提取需求。

3）市场调研：根据市场调研趋势的洞察而进行产品规划，实现产品迭代。

除此之外，我们还可以基于领先用户进行产品迭代。就是说有一些用户是产品的忠实用户，对产品应用得比较深，他们愿意帮助厂商改进产品。畅捷通会把这样的用户纳入领先用户计划，与他们保持高频互动，发现需求，迭代产品，提升体验。

另外，我们还可以采用灰度用户策略。由于云产品迭代快，

如果快速让用户去尝试新功能，我们又担心快速推出的功能出问题，此时可以让一小部分用户先试用，在小范围尝试和验证之后，再正式上线新功能，降低试错成本，这也会促进品牌口碑的提升。

（4）开箱即用场景实践案例

关键节点包括购买前、购买后初始化、购买后新手期、购买后使用中。

设计目标包括：在好业财标准版中，侧重减少伙伴和客户成功团队 30% 的服务工作量；在好生意经典版中，侧重在线直销，实现完全开箱即用，让客户自主下单，无须交付人员参与。

设计思路如下。

1）购买前和购买后初始化阶段：提供场景化帮助视频，让生态伙伴和客户快速了解产品，包括入门式学习和探索式学习。

2）购买后新手期阶段：收集重点问题，按问题类型输出系统化解决方案。

3）购买后使用中阶段：及时提供个性化帮助，让客户先用起来。

4. 总结复盘

好的产品一定有好的客户体验，产研部作为 SaaS 厂商的基石，只有以客户价值为核心，才能设计出易懂、易用的高价值产品，并让客户获得商业成功。

畅捷通公司在产品研发阶段将易上手和开箱即用定为产品优异客户体验的具体实践目标，通过构建跨团队协作机制、全过程质量管理机制、与客户和生态伙伴共创机制，从客户需求出发，在产品生命周期的不同阶段输出不同解决方案，帮助客户快速使用产品，降低成本，促进业务快速增长。

10.2 基于 PMF 定位产品需求，支撑客户持续成功

1. 业务背景

产品和市场契合度（Product Market Fit，PMF）理念提出后获得了广泛认可。PMF 的出发点是通过统计数据来衡量产品是否符合市场需求，是否进入市场快速规模化增长的拐点。其核心逻辑对我们构建产品价值触达等体系也有着参考价值。

在 B 端 SaaS 服务中，产研和客户成功结合可完成客户的价值生成和价值传递。客户的业务痛点、业务构想以及对产品和服务提出的问题都可推动产品演进。

随着行业发展突飞猛进，客户需求越来越旺盛，酷学院积累了成千上万的客户需求。这些需求一方面是客户对产品产生的更丰富的想法，另一方面是产品持续演进的动力来源。对这些需求进行简单汇总排序，就能在很大程度上帮我们避开产品研发的第一个坑：做的功能没人用。我们对需求的分析远不止于对书面需求的汇总，需要从各个维度进行深入的探索、碰撞、阐述、验证。

分析 PMF 的过程，也是不断精进我们对客户价值实现能力的过程。我们提供的产品和服务价值与客户价值链衔接，为客户价值实现做贡献。在底层逻辑链条清晰后，我们须不断完善方法体系。酷学院在 PMF 理念研究、方法探索和实践中形成一套产品与客户真实需求不断匹配、灵活调整的体系，支持更系统地洞察产品对客户业务的支撑情况，更好地帮助客户实现价值，帮助客户获得业务成功。

2. 关键挑战

在 PMF 方法实践中，最难的是定位客户高价值需求。资源稀缺决定了我们必须在成千上万条看似都有道理的需求中选出最

具价值的需求。而各类问题输入纷繁复杂、需求来源渠道不同、数据结构各异，要求我们要用统一的逻辑框架和执行标准进行分类，并根据实际业务情况进行动态调整。

3. 领先实践

（1）酷学院对 PMF 整体的理解

酷学院对 PMF 整体的理解如图 10-1 所示。在这个体系中，我们不只关心产品能力是否满足了客户需求，还关心客户的价值是否真实实现，即客户真实的使用情况与客户需求的匹配度。

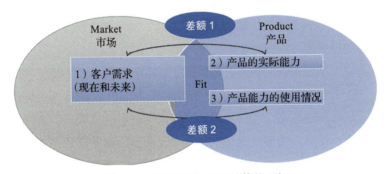

图 10-1　酷学院对 PMF 整体的理解

市场（Market，M）部分的核心是客户需求，不仅包含客户现在的需求，还包含客户未来的需求。这对需求洞察的深度和广度要求更高。

产品（Product，P）部分包含两方面：产品的实际能力、产品能力的使用情况。如果产品具备满足客户某一方面需求的能力，但是该能力没有或只有极少量客户在使用，这可能是因为该产品能力没有被客户知晓。

产品与市场需求匹配（Fit，F）是指产品与客户需求的匹配度。这里存在两个差额，差额 1 是真实的产品能力与客户需求的差距，差额 2 是客户需求与产品实际使用情况的差距。

针对差额 1，我们主要需要做的是提升产品的需求满足度，包含功能方面的需求满足，也包含易用性、性能等非功能方面的需求满足。

差额 2 减去差额 1 实际上是指产品具备满足某需求的能力但是客户没有使用。针对该情况，我们需要通过产品运营等方式将产品能力触达客户，帮助客户使用相关产品能力实现业务价值。

PMF 一方面可衡量产品能力是否满足客户需求，另一方面有助于了解客户实际使用产品实现业务价值的情况。基于 PMF 去发现差距需求，最主要的优势是产品能力及运营方案从一开始就是为实现客户价值（客户成功）而设计的。每一个差距需求及运营方案的补齐都可以帮助客户成功。

（2）结合微观洞察与宏观分析定位客户需求

微观洞察的核心是通过 B 端客户行为分析获得客户关键需求，然后将这些需求与已获取的真正需求进行交叉验证、业务专家评审，得出与关键业务场景需求的差距点。这些需求差距点就是产品迭代的依据。

微观洞察可从产品价值主张、目标市场及客群分析入手。B 端关键客群的分析模型主要是针对 B 端客户行为的分析。该模型参考 C 端用户行为的分析，结合 B 端客户的特点进行总结、验证而来，如图 10-2 所示。B 端客户行为分析在常见的客户习惯、体验等基础上，更侧重于分析以下几点。

第一，SaaS 模式下，B 端客户与决策者一般是角色分离的。决策者和客户关注侧重点有所不同。整体来讲，站在企业视角价值最大化是最理性的通用诉求。

第二，SaaS 模式下，B 端客户有明确的业务目标、角色职责，所完成的工作任务质量与绩效关联，如能为资深用户提升价值、提高工作效率，就能带来绩效的提升。

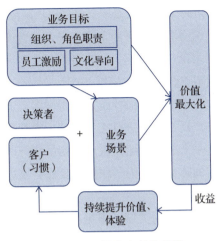

图 10-2　B 端客户行为分析

与客户持续互动是我们对行业、客户场景和问题深度洞察的基础。客户所说需求是否是真实需求一直是需求探索环节永恒的话题。在个人经验基础上通过行为分析能帮我们去除很多低价值需求。根据 B 端客户行为分析模型收集关键信息，我们可更全面地分析和衡量需求满足度，缩小需求范围，决定下一步投入重点。

分析过程如下。

首先，对客户按照行业、规模、成熟度等维度进行划分，为不同客群的用户画像构建做准备。

其次，对典型用户的工作职责、行为模式、关键工作场景、关注点、担忧点进行分析。这个环节需要产品经理付出最大脑力，收集、准备客户及用户各方面的资料，与客户访谈，进行需求梳理分析、交叉验证、碰撞澄清，最终做出判断。在这个环节，产品经理的专业度、行业经验、业务理解度决定了其对客群PMF 分析的质量。建议多个产品经理、业务专家进行定期碰撞、讨论，同时，针对每个客群积累多个典型用户画像。

再次，我们综合各类客户的主要场景及关键诉求，匹配当前产品能力及产品实际使用数据，初步得出各类客群需求与产品的差距点。这些差距点就是产品迭代的依据。

然后，我们将不同客群的差距点分析与多渠道需求数据、产品使用数据、客户反馈数据进行交叉验证，得到目标客群的高价值需求。这里有一个关键问题，微观洞察虽然可以随着时间持续积累，但有一定的片面性。为了纠偏，我们需要进行多方的交叉验证。

其中，两个行为最为关键：根据积累的大量客户需求分析、汇总出不同客群的真实需求；高频接触大量客户的客户成功经理可作为需求验证人员，对评审结果进行补充。交叉验证后进行调优的需求可作为产品方案的关键输入，不断提升 PMF。

需要强调的是，这些分析得出的需求虽然具备了完整的业务和逻辑链条，但也不能完全证明每个点一定是正确的。需求的洞察是一个富有创造性的工作，在交叉验证的同时，也需要持续迭代。我们从客户工作场景中发现需要解决的关键问题，这些问题的解决（产品能力加上能力触达）可以帮助客户实现业务价值，但是方案在解决问题过程中可能会发生变化，这需要与客户再次澄清交流，澄清交流过程中可能会产生新的问题。

最后，找出差距分析中具备产品能力但是客户没有使用的根本原因，即产品能力没有为客户业务价值产生贡献。我们需要做的是推动价值实现，打造相关业务解决方案及产品运营方案，令这些产品能力触达客户。

4. 总结复盘

基于 PMF 定位产品需求有两个关键点：第一，从客户真实需求实现角度考虑，更有助于实现客户价值；第二，将 PMF 理念与用户画像研究、客户真实需求、产品使用情况结合,本质上是在对客户需求是否是真实价值需求、需求市场价值有多大、需求能否对客户实际产生价值等做交叉验证。

10.3 以"痴迷客户"理念做好产品研发

1. 业务背景

从 2017 年到 2022 年,用友 BIP 经历了用友云面世、云平台及领域服务快速发展、统一底座和服务融合。经过 6 年的规模研发、持续迭代,用友 BIP 3 正式发布,成为服务企业实现数智化的高速引擎。

2. 关键挑战

如何从客户成功视角精细打磨产品、提升产品能力,最终以客户业务价值检验产品价值,是用友研发部门面临的关键挑战。

3. 领先实践

用友大供应链综合管理部负责人用"痴迷客户"这一理念来阐释研发人的责任和使命,即产品研发人要始终以客户的价值为中心,为客户研发体验最好、成本最低、价值最大的产品,帮助客户获得商业成功。

(1) 从需求场景出发提升产品原生体验

产品是业务绩效达成和客户价值实现的基础。产品研发人员要快速完善产品能力,倾听客户需求,持续稳定地迭代,保证客户价值。

分析客户需求最重要的是要了解客户的业务场景,系统功能只是承载场景实现的一个环节,对于产品研发人员来说脱离系统来看业务场景才能够更加深刻地理解客户需求，才能设计出合理的功能，而不是让客户告诉厂商他需要什么样的功能。产品研发人员要真正把自己认为的产品可用变成客户认为的易用、好用，最终让客户爱用。客户爱用产品，高效地完成业务，促进业务增长，这是对产品价值的最高评价。

（2）产品研发部与客户直连，在线解决问题

产品研发部与客户线上直连，快速响应并解决客户问题。产品研发部通过工单分析，对客户工单数量进行排名，分析在一段时间内提交工单数量多的客户，启动直连机制，及时有效地解决客户问题。

例如，有时由于解决问题流程长而给客户带来不好的体验，这时产品研发团队会建立研发直连客户专项工作组，尤其是针对早期客户，产品研发团队会直接对接客户。

（3）"赋能+补位"提升产品交付能力

做好产品赋能，对于产品高质量交付及服务支持有着至关重要的作用。集团研发部与机构研发团队共建、共创，对机构 YonBIP 平台的具体问题，安排专家制定方案评估，结合业务进行开发赋能。

对于风险，及时补位，根据客户业务进行创新，在原产品能力基础上，以赋能和补位的方式提升产品的交付能力。

在赋能方面，发挥组织文化效能，以角色化、场景化的方式开展业务学习大练兵，在提升能力的同时，让员工产生荣耀感和成就感。

（4）走近客户，倾听客户需求

用友产品研发部建立了与客户共创、共建机制，定期组织一线产研人员到客户业务现场实际体验。比如组织研发人员到客户业务现场当一天店员，从客户视角使用产品，甚至参与到日结、库存等具体业务中，与客户共建更好地提升产品易用性等性能的方案。

4. 总结复盘

客户价值是产品价值的试金石。产品研发人员要时刻以客户价值为核心，从客户场景来看产品功能，深入业务一线倾听客户需求，永远以"痴迷客户"的心态迎接每一个挑战。

10.4 实现安全稳定

1. 业务背景

从技术角度看，客户成功关注的最主要的指标是 SLA（Service Level Agreement，服务等级协议）。SLA 并不是一个新概念，但是随着线上企业服务的发展与大规模应用，SLA 逐渐成为产品安全稳定运营的关键指标之一。围绕 SLA 衍生的各项细分指标，如软件系统容量、软件变更频率、服务在线时长、工单响应与解决问题时长等也慢慢成为影响客户体验和续费的关键因素。不少大型客户在做产品购买决策时也会让 IT 部门度量这些指标。

2. 关键挑战

SLA 看起来是一份协议，实际上承载着另外两个关键概念：服务等级目标（Service Level Objective，SLO）和服务等级指标（Service Level Indicator，SLI）。

1）SLA：通常用来定义服务提供商给付费客户提供的软件服务等级，包括在固定时间、区间内软件服务的可用性等指标。当服务提供商所承诺的服务等级未达标时，服务提供商需要承担处罚。（业界通用的做法是，如果服务不达标，处罚多为服务时长免费延伸或提供额外的代金券等，一般不会现金罚款或退款。）

2）SLO：通常作为服务提供商需要提供的服务目标、指标、水位线等出现在 SLA 中，作为对内要求团队的最直接服务指标。例如：当 SLA 中描述系统的可用性为 99.95% 时，系统可用性 99.95% 即作为服务提供商团队内部的服务目标。在某些团队里，SLO 分为内部 SLO 和外部 SLO，内部 SLO 的制定更加严格，以保证外部 SLO 的达成和避免违约。

3）SLI：通常用来度量 SLO。例如：当 SLO 定义为系统可用性为 99.95% 时，相应的 SLI 如下。

- 正常情况下访问系统的请求的成功率。
- 每次软件变更时最大可容忍停服时长，全年变更最大次数。
- 系统停服后的 RPO 和 RTO。

3. 领先实践

酷学院基于业界的通用做法和自己在服务客户过程中积累的经验，起草 SLA 和制定 SLO、SLI。接下来，我们具体讲解 SLA 和相对应的 SLO 和 SLI 是如何制定的。

SLA、SLO 和 SLI 的关系如图 10-3 所示。

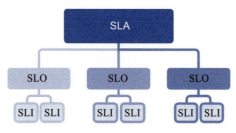

图 10-3 SLA、SLO 和 SLI 的关系

SLI 是具体需要达成的指标，每个 SLO 包含多个 SLI，一份完整的 SLA 包含多个必须达成的 SLO。

制定合理的 SLO 和可拆分的 SLI 可保证 SLA 不违约，从而保证客户使用体验和软件稳定性。

酷学院制定 SLO 一般遵循如下几个原则：可达成（Attainable）、可重复（Repeatable）、可度量（Measurable）、可理解（Understandable）、可控（Controllable）。

其中，可达成、可度量、可控是最重要的 3 个原则，在 SLO 制定过程中占有比较大的决策分量。接下来，我们以酷学院为例简单说明 SLO 的制定。

一个系统对外承诺的 SLA 是：**一个服务周期内系统可用性达到 99.9%**。那么，制定 SLO 和 SLI 的步骤如下。

列出用户在系统中的关键行动：用户登录，用户浏览课程、学习任务等内容，用户完成学习、培训任务等。

将关键行动重要性进行排序（按照业务影响排序）：用户完成学习、培训任务等，用户登录，用户浏览课程、学习任务等内容。

这里大家可能会有疑问，为什么浏览课程学习任务的重要性最低？因为如果在浏览课程和学习任务时系统不可用，只会影响用户的部分体验，但是如果在登录和完成学习、培训任务时系统不可用，用户将无法完成相关业务。现在我们可以把用户完成学习、培训任务作为衡量系统可用性的关键事件。

在上文中我们将用户完成学习、培训任务事件作为关键事件，下面针对该事件拆分出多个可度量的指标，具体可分为可用性 SLI、请求延时 SLI。

可用性 SLI 如下。

- 请求成功率：成功率是一个请求成功的比例，比如在固定请求数（10000 次）中 http code 为 200 的次数所占的比例，或者在一个周期内 http code 为 200 的请求数占所有请求数的比例。

- 请求正确率：一般指业务结果符合预期的比率，即使 http

code 返回的是 200，那么由于用户的业务操作问题导致系统返回错误的结果也会影响用户的业务操作整体可用性。

请求延时 SLI 如下。

- 延时达标值：通常对于 Web 服务请求，如果大于 1s 没有返回结果，就会影响用户体验，因此可以将延时达标值设为 500ms。
- 延时达标率：在一段时间内所有收到的请求中，低于延时达标值的请求数占所有请求数的比例。

下面确认 SLO 目标值，及目标值衡量的时间周期。

通常情况下，我们会基于 SLI 的可达成值来确定 SLO 目标值，而衡量的时间周期一般按照业界共识默认为一个服务周期（在中国多为 1 个自然年），如表 10-1 所示。

表 10-1 SLO 目标值设定模板

某业务操作请求 SLI	某业务操作请求 SLI 可达成值	衡量的时间周期	SLO 目标值
请求成功率	99.9%	1 个自然年	一个服务周期内系统可用性达到 99.9%
请求正确率	90%	1 个自然年	
延时达标值	500ms	1 个自然年	
延时达标率	99%	1 个自然年	

我们通过 4 个 SLI 来衡量最终的 SLO——系统可用性达到 99.9%，其中最主要的指标是一个服务周期内（1 个自然年）所有请求总成功率达到 99.9%，其余的 SLI 作为辅助指标来考核团队的运维情况。

4. 总结复盘

这里，我们以酷学院实践为例，系统解释了 SLA 的制定和相对应 SLO 与 SLI 的拆分，这是做好系统安全稳定性管理的第一步,也是最重要的一步。其实,在做好这些之后,我们还需要让团队高效地达成 SLO、SLI。这部分工作的方法论比较通用且有现成的,因此我们不再赘述。大家需要明白一点:制定合理的、客户双方均可接受的运维目标远比达成目标更难,也更影响整体的服务质量。

10.5 高适应性架构设计助力客户敏捷经营

1. 业务背景

SaaS 软件的原生特质包括多租户、细粒度权限管理、重管理性和云化等。在这些原生特质基础上所构建的软件对质量、可扩展性(不只是支撑海量业务的可伸缩性,更多的是业务架构的可伸缩性)的要求会远大于普通 Web 服务或者针对单一客户私有化部署的传统软件。由于 SaaS 软件的架构设计本身就是一件复杂而又精细的工作,限于篇幅,我们只简单讨论一下架构设计方面的一些关键原则,并且基于酷学院的实践分享这些关键原则的应用。

2. 关键挑战

在整个 SaaS 软件架构设计领域,就如我们刚才提到的扩展性,尤其是业务架构的扩展性成为每个 SaaS 软件供应商需要面对的最主要问题。如果扩展性没有做好,成年累月开发的功能堆积最终会让整个项目臃肿不堪,特别是对 SaaS 软件更严重而且更致命。这时唯一的解决方法就是重构。下面看一下基于可扩展性设计的可解耦的逻辑架构。

从图 10-4 中可以看出,SaaS 软件逻辑架构分为 3 部分。

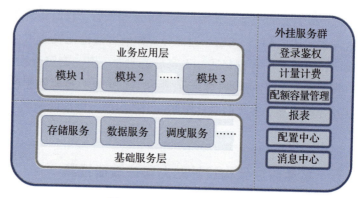

图 10-4　SaaS 软件逻辑架构

业务应用层负责对下层的原始数据进行二次处理和封装。

外挂服务群一般包含登录鉴权、计量计费、配额容量管理、报表、配置中心、消息中心等与业务无关的服务。这部分服务一般与业务解耦，但是又是 SaaS 软件不可或缺的，因此作为外挂服务群存在。

3. 领先实践

酷学院在多年的架构演进中始终坚持几个最主要的设计原则（被称为"设计语言"）。正是基于对这几个原则的严格遵守，酷学院最终才保证了项目的健康度。

（1）原则一：解耦

解耦是 SaaS 软件能最大范围覆盖用户需求、降低研发成本的方法，一般包含以下具体内容。

1）数据面与管理面解耦，用户界面和管理员界面解耦。

2）特性与特性的解耦，避免代码耦合，通过接口调用实现模块间的数据交换（这部分在亚马逊创始人 Jeff Bezos 著名的架构设计六原则中被作为最重要的一条）。酷学院在实践中制定了服务间交互原则和 RPC 通信规范，规定前、后端通过 RESTful 接口进行数据交换，而且错误码和状态码规范是不可触犯的红线，这样就避免了很多无意义的耦合。

（2）原则二：抽象

抽象是软件设计的最基本原则之一。好的抽象能大幅降低工作量，避免软件系统的恶性膨胀。下面以酷学院产品实践示例说明。

1）实体具有统一的属性配置范围和可操作方式，例如课程、课件、调研、试卷等都具有 ID、名称属性，每个实体都具备 CRUD 四种可操作方式。

2）业务流程具备统一的属性配置和可操作方式，例如任务可以由课程、课件等组成，任务可以被开启、终止等。

3）独立模块可以被随意调用，可以被有限修改，例如学分模块可以被任务、课程等调用。用户的姓名、积分、排名可以出现在多个界面中，比如考试结束批改界面、档案馆统计界面、个人登录首页等。

（3）原则三：一致性

一致性是减少谬误、提供统一交互的方式，通常建立在已经成熟的解耦和抽象基础上。下面以酷学院产品实践为例说明。

1）实体属性的一致性，例如用户的姓名、积分、头像等在系统的任何地方出现都需要完全一致，课程在课程商城内出现时与在任务中出现时 UI 保持一致。

2）相同的业务操作在支持的场景中保持一致，例如课程在课程表中可修改、删除，在课程管理中也应可修改、删除。

3）相似的业务交互体验一致，例如任务创建流程和认证创建流程交互体验一致，学习任务定时和考试定时交互体验一致。

（4）原则四：边界

边界就是克制，克制带来秩序，具体如下。

1）业务场景要有边界。

2）系统实体要有边界。

3）交互要有边界。

4）数据要有边界。

这个部分是绝大多数 SaaS 软件做得不好的地方，当然造成这种情况发生的根源不在产品设计本身，而是市场的内卷和客户过多的诉求。

（5）原则五：可配置

可配置是降低成本、最直接满足个性化需求的方式。通用的配置方式有如下几种。

1）功能开关：通用功能是否开启，租户有选择的权利。

2）配额设置：已经开启的功能、租户可以创建的实体数量、可以存储的数据大小、可以同时进行的任务数量等，都可由配额来控制。配额与租户购买的套餐强挂钩，是系统容量管理的基础。

3）功能、实体、模块可见：不同于功能开关，这里的可见指已开启的功能是否对租户的某些用户可见，这取决于用户在系统中的角色。

酷学院产品在功能开关和配置项方面的设计多达上百项，正是这些配置最大限度地满足了不同客户对于业务、权限、学习内容和学员的管理。这部分看起来繁杂，但是是所有 SaaS 厂商逃不开的一环。我们只有让配置更容易，才能满足更大的客群需求。

（6）原则六：集成与被集成

当今的 SaaS 软件绝大多数构建在云基础设施上。其集成和被集成能力凸显了产品的扩展能力和灵活部署能力。优秀的 SaaS 软件在这两个方面均有不俗的表现。集成与被集成通常由如下几种方式实现。

1）开放接口：最基础也是最常见的被集成方式，SaaS 软件通过被第三方调用或者回调完成企业的整体业务闭环。比如酷学院实现了主要业务的接口开放，很多客户通过开放接口完成了和其他客户业务系统的打通（比如免登、跳转、学习数据回传等），避免了代码架构的腐坏。

2）迁移：数据可迁移、业务实体可迁移、解决方案可迁移直接打消了租户在选择产品时的顾虑。

3）生态与平台：应用市场、插件市场、与主流 OA 软件的集成能力是决定你的产品能否最大范围覆盖用户的关键一步。酷学院几乎集成了所有主流的 OA 系统，无论通过钉钉、企业微信还是飞书等，客户都可以直接在相应的 OA 系统里开通账号并直接进入学习模块，完成业务。酷学院还构建了自己的第三方应用平台，这些都是其业务能覆盖绝大多数用户的原因。

4. 总结复盘

SaaS 软件因其特殊的部署形式和服务形式，在给人们带来便利的同时，对服务提供商的产品架构提出了更高的设计要求。我们只有不断提升产品架构的扩展性，才能应对更多租户的上线和更多功能的部署，保证整体服务质量。

10.6　实现产品敏捷迭代

1. 业务背景

由于 SaaS 软件的在线化和订阅属性，我们不可能像对传统软件一样每半年发布一个新版本，然后派出大量运维、交付人员去客户现场做软件更新，这种操作成本高、效率低，所以如何在线无损地升级软件也是服务好用户的关键。

2. 关键挑战

在传统的在线 Web 系统中，产品迭代升级最明显的特点就是周期长，升级变更要停服，升级之后兼容和稳定性问题层出不穷，无法匹配 SaaS 业务的稳定性、可扩展性、可靠性和灵活性。因此，很多传统软件厂商在 SaaS 行业遇到的产品迭代升级最大的挑战是如何让软件迭代升级更敏捷、更可靠。

3. 领先实践

酷学院在上线的 5 年时间里，总计在线升级变更超过 500 次，升级的优化和新功能版本超过 200 个。然而，在这种高频率的软件变更下，酷学院依然保证了产品的高可靠性和稳定性，接下来我们通过拆解四个变更原则来看看酷学院是怎么做到这个程度的。

（1）最小闭环原则

在软件变更和升级过程中，我们可以选择一次性升级一个有多个功能或模块的大功能包，也可以选择一次只升级一个功能，高频率、小粒度地把多个功能模块通过多次变更完成升级。从整个变更结果看，这两种变更方式没有本质的区别，但是从软件工程角度来讲，后者远比前者有优势，我们也把后者称为最小闭环原则。这种变更方式有如下几个显著优势。

1）可恢复。由于一个大功能升级包被拆成多次变更，每次变更只会升级一个功能，即使这个功能有缺陷，它能够带来的影响也是有限的，且各功能天然具有隔离性，几乎任何变更带来的问题都可以通过将新功能回退或关闭来解决，整体恢复时间是最少的。

2）成本低。由于每次变更的粒度小，因此变更难度会大大降低，系统耦合带来的交叉验证也会少很多，我们只需要考虑这一个功能所带来的影响，而不用在上线前做大量指数级的多个功能模块的回归测试，大大降低了每次软件升级的时间成本和人力成本。

3）稳定性强。毋庸置疑，一个功能变更影响远小于多个功能打包升级带来的影响，随之带来的缺陷影响也是非常小的，即使出现问题也相对容易控制。

因此，酷学院在软件升级变更时一般不会选择花 24 小时变更一个包含 3 个月软件更新的大功能包，而是选择每周花 1 小时升级变更一次或数次，每次变更范围只是这周团队所增加的一个或几个优化点。然而，后者带来的成本、风险远小于前者，软件的稳定性可以提高。将该变更流程固化下来并且设计成自动化软件更新流水线，便是 DevOps 的雏形。

（2）选择忙时而非闲时原则

笔者在和很多 IT 从业者交流时发现，几乎 90% 的人认为所有的软件变更升级都应该选择闲时而非忙时。比如电信局的业务软件变更升级在半夜零点以后，各种企事业单位的业务软件变更升级在晚上下班以后等。这么做的主要原因是闲时没有业务人员使用，出了问题不会阻塞业务和引起问题扩大。然而，SaaS 软件在闲时变更升级反而是一种极其不安全的做法，最主要的原因有两个。

1）闲时不仅是用户的闲时，很大程度上也是研发人员的闲时，在越来越大的研发团队里，负责变更升级的运维团队不可能每次变更升级都让全公司的人陪着加班熬夜，以保证变更升级过程中遇到问题能有研发人员定位修复。另外，由于在最小闭环原则下，升级变更频率非常快，因此更敏捷的变更升级需要在忙时操作，这样一旦出现问题，所有开发人员都在岗，定位修复速度是最快的。

2）随着软件业务系统越来越复杂和工期的制约,研发人员可能并不能覆盖到变更涉及的所有测试用例,如果闲时变更、验证后研发人员下班了,很有可能造成上班后大量用户涌入系统触发变更验证未覆盖到的测试用例,从而导致用户业务受阻,而研发人员毫无准备地分析问题、解决问题,难以预测系统的不可用时间。因此,忙时变更后的系统会实时被用户用到,缺陷也会更早暴露,研发人员此时还在岗,分析、解决问题也会更迅速、更高效。(当然,为了避免用户业务受阻,经常会用金丝雀发布或蓝绿发布、灰度发布来控制问题的影响面。)在一个长期统计周期内,忙时发布所带来的系统不可用时长会远小于闲时发布。

（3）永远前进原则

众所周知,通常当遇到变更问题或者升级以后生产环境出现缺陷时,我们首要做的不是去定位和分析问题,而是回退版本,将生产环境恢复到升级前。传统的方式是将之前的软件包和要升级的软件包都做备份,然后按照如下顺序进行升级。

第一步：健康检查和软件备份。

第二步：逐一替换每个应用服务器上的软件包。

第三步：替换完成,健康检查和生产环境验证。

如果第三步出现问题,则会进入第四步,将新的软件包替换为旧软件包,之后再做健康检查和生产环境验证。第四步就是传统的回退方式。

近几年,随着业界工程实践能力提升,大家会把以前的单体服务拆分成多个服务或微服务来部署,这时作为统一管理服务配置和各种服务节点状态的配置中心和相关中间件配置成为传统换包式回退方案的最大障碍。而基于Git的工程方案更安全且易于版本管理：永远保证所有代码在日志上是最新的,回退只是将之前提交的代码重新覆盖再提交。

这种基于 Git 的工程方案解决了两个问题。

1）所有的提交就是每次变更的记录，无论业务回退还是业务升级，只会向着一个方向更新。我们能看到每次变化的所有记录。对于这一点，传统换包式回退方案是做不到的。（换包式回退会导致有缺陷的版本被回退版本覆盖。）

2）基于永远前进的原则，我们在所有配置文件和代码均由 Git 管理的前提下进行旧 commit 重新提交，不会因为换包没有回改配置等低级操作造成现网二次缺陷，因为每次重新提交的 commit 永远是同步的。

基于永远前进原则进行实践，很多细节工作需要自动化和工程化，包括使用很多 DevOps 工具等，篇幅所限这里不再赘述。

（4）业务隔离原则

业务隔离原则是保障变更升级安全稳定的最简单、最直接的方式，具体如下。

1）Bug 修复和功能更新分开处理。

2）服务端接口向后兼容。

3）前端与服务端无强依赖关系，可分开变更。

其实，业务隔离原则是对最小闭环原则的扩展与补充，更加具体地限定了变更升级的方式和细节，以避免不必要的业务损失。

业务隔离避免了缺陷可能在功能更新中被覆盖，导致老问题再引入；确保了每一次接口的变更都不会引起已有业务的缺陷，虽然会带来更多开发上的负担，但是和一个接口修改导致几十个服务全部宕机来比，前者的成本几乎可以忽略；保证了前、后端开发人员独立完成开发和升级变更，避免相互依赖带来的版本耦合与回退困难。

4. 总结复盘

上述软件变更原则的根本目的是排除传统软件变更升级中的

种种风险和保证 SaaS 软件能在用户快速无感的情况下不断升级，同时保证 SLA 的达成。酷学院在 5 年多的实际应用中获得了卓越成效，比如：

1）平均每年在线升级多达上百次，但是每次升级时间均控制在 1 小时内。

2）平均升级失败率低于 5%，升级故障率低于 1%。

10.7 本章小结

本章主要介绍了产品研发人员如何做好客户成功。研发人员要始终站在客户视角来看产品，产品设计人员要注重客户体验，从可用、易用、好用维度去设计高体验产品，同时从客户视角保证系统安全、稳定，保证客户利益。

第 11 章
市场人员如何做好客户成功

在竞争激烈的 ToB 领域,市场部就像是企业经营中的"侦察兵",最重要的任务是获客。围绕这一任务,市场部通过运营内容、活动等方式不断将产品和服务匹配到对应的客群。从客户成功视角来看,市场部要想做好,必须要做到的就是根据客户的业务和领域寻找到精准匹配的潜在客户,实现双赢。

11.1 围绕客户场景转的"数智飞轮"

1. 业务背景

从传统 ERP 软件时代到现在的 SaaS 时代,一切都在发生变化。我们的客户不会再像 ERP 时代那样只关注某一垂直领域的决策效率,而是想根据商业环境的改变实现千人千面的场景,场景范围远远超过 ERP 时代。

2. 关键挑战

这个过程需要大量数据对接，会产生大量产品研发相关的技术术语，造成厂商与客户之间的语言不对齐，导致客户对产品价值认知、理解的偏差和沟通成本的增加。

作为产品市场部，如何从客户需求场景出发，将复杂的技术语言转化成简单易懂的统一语言，从而促进业务强劲增长，就显得格外重要。

3. 领先实践

对于 ToB 企业来讲，市场部的职责是根据企业的战略和业务，通过活动及运营内容精准触达客户，从而实现拓新增长。

用友市场部的职责也不例外，但在其优质活动和内容的背后则是基于客户成功理念而设计的以客户需求场景为核心的运营逻辑。

用友 YonSuite 市场部负责人将市场部比喻成一座桥梁，一头连接厂商，另一头连接客户，最终目的是基于产品价值和客户价值，在认知层面形成一套统一的语言，从而促进业务目标达成和客户商业成功。

2022 年 8 月 27 日，用友 BIP 重磅升级，发布里程碑式新品用友 BIP 3，同时，面向成长型企业的用友 YonSuite 重装亮相。市场部协同产品研发部基于 12 大领域和 400 多个可组装、可配置的场景化应用，创新性地提炼出 42 个场景化应用方案，我们称之为"数智飞轮"，如图 11-1 所示。

"数智飞轮"概念是市场部统一语言的体现，将研发技术术语"翻译"成客户"听得懂"的语言，一方面便于客户的理解和选择，支持客户简洁高效地根据飞轮选择自己业务对应的应用场景；另一方面支持销售根据场景化应用方案精准匹配客户业务场景。同时，客户成功团队可以根据"数智飞轮"进行标准化的实施交付，大大提高了工作效率，降低了沟通成本。

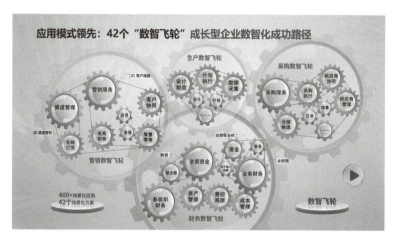

图 11-1　YonSuite"数智飞轮"模型

SaaS 产品最大的特点是数据驱动，而数据驱动的本质是场景驱动，客户成功理念在市场部的体现就是从客户视角出发，深入理解和提炼客户业务场景，追求极致的客户体验。每一个"数智飞轮"都可以形成"角色—数据—流程—绩效"的场景闭环，同时，飞轮之间又可以根据客户需求进行场景方案组合，引导客户根据业务需求进行加购，从而真正帮助客户实现商业成功。

4. 总结复盘

面对语言的不对齐，市场部要从更贴近客户的视角，提炼客户真实的需求场景，真正做到从客户角度来看产品，从产品角度满足客户需求。而这种场景化的设计和传播便是厂商与客户、内部各业务部门沟通的统一语言。

11.2 基于"榜样客户体系"的生态共赢策略

1. 业务背景

搭建"榜样客户体系"是市场部对客户成功的重要支持。酷学院通过 5 年的快速发展,如今已经拥有 5000 多家客户,如何把沉淀的成功案例和经验分享给更多客户,启发和帮助客户成功是搭建"榜样客户体系"的初衷。对于该体系的设计,酷学院计划先从以下几点入手。

1)建立客户案例内容体系,并进行切片和整合,多方位提炼价值内容。

2)打造具有行业公信力和影响力的 IP 项目,为成功客户提供展示舞台。

3)让更多的生态伙伴加入,促进伙伴成功和客户成功,实现双赢。

2. 关键挑战

(1)如何在人手有限的情况下,为客户打造丰富、有深度的案例内容体系

酷学院市场部建立不久,公司也没有专职从事内容产出的团队,如何快速打造丰富、有深度的案例内容体系,以支持客户成功?这里包含两个挑战:质量和频率。

对于市场部来说,撰写有深度的业务案例并不现实,因为市场离一线较远。纵观 SaaS 国内较为成熟的企业,有深度的业务案例常由产品经理或是专门的研究团队进行撰写。但当下的酷学院很难快速实现这一点。

撰写一篇有深度的业务案例需要时间打磨。而在现在激烈的市场竞争中,客户两三周听不见你的发声,可能就对你的记忆和感知有所下降。因此,内容转播需要保持在两周一次。

（2）如何在费用有限的情况下，为成功客户打造影响力更大的平台

要真正搭建"榜样客户体系"，不能缺少好的传播平台。这个平台可以是一个活动，也可以是一个项目。但是经济环境较为复杂的这几年，如何用小费用撬动大影响力，是市场部面临的严峻挑战。

决定影响力的两个关键因素：一是大咖，有了大咖就有高质量内容和自带流量；二是流量，毕竟大咖个人流量的量级很难和大流量平台相比，而且精准度差异甚大。这些都是当下最昂贵的资源。

（3）生态伙伴如何既能为客户提供更有价值的整合方案，又能享受联合的红利

酷学院的生态伙伴有多种类型：第一种是平台型，比如钉钉、飞书、企微、SAP、用友、金蝶等；第二种是产品合作型，比如国际知名出版社 Wiley 旗下的 Cross Knowledge、DDI 英跃、德鲁克在线等知名数字化课程内容提供商；第三种是联合共创型，比如和百丽时尚、碧桂园服务集团的合作（分别赋能连锁零售和物业行业），与纷享销客的合作（致力于销售、服务场景的业培一体解决方案）。

如何让这些不同类型的生态伙伴共同加入酷学院"榜样客户体系"的打造，为客户提供更高价值的一体化成功解决方案，同时让伙伴成功，这样的双赢是目标，也是挑战。

3. 领先实践

（1）像媒体人一样，为客户提供层层递进的多层次、高价值内容

"要像媒体人一样，我们不是内容的生产者，更是内容的整合人。"

逻辑其实很简单，从电话采访到直播、录制视频，再到高层对话节目，最后举办大型活动，对应到客户成功，贯穿始终的就是客户的实践案例和观点。

内容组和客户成功经理配合，按行业和企业所处阶段、地域等维度进行筛选，目的是找到客户同行业、同一发展阶段、同一地域的客户成功案例，并得到更有效的启发。

按以上维度选择成功客户后，市场部就会变身为"记者"，向客户发出"酷案例"专栏文章的采访邀请，更正式地邀请客户培训负责人或相关负责人进行访谈（电话、视频、见面均可），辅以客户成功经理的采访素材，一篇内容翔实的实践案例雏形就形成了。

仅有独立案例还不够，对于客户来说，成功应用的行业解决方案也是客户希望参考的内容。接下来，更加有体系、有独到思想的"榜样客户"会接到市场部"酷说实战"直播组的邀请，和相关专家进行对话。更多的行业通用性经验在互动中会被提炼出来，为更多客户提供思路启发和借鉴。

酷学院对企业培训的目标是让企业业务发展、员工绩效增长，因此，酷学院会从企业发展的不同角度来反观或发现企业的问题。市场部会和在业务方面能够很好地协同发展的行业龙头企业的高管，从业务、人才、管理、组织力等角度，结合当下热点，进行战略层面的对话。

为了深耕行业和业务，市场部还会将"案例＋解决方案＋专家观点＋趋势报告"这些资料整合起来，形成专刊，比如物业行业企业培训专刊、连锁经营行业企业培训专刊、销售团队企业培训专刊等，同时，联合不同行业和领域的生态伙伴，打造不同行业和业务场景的直播课程，为客户提供从培训到业务的业培一体化高价值内容。

(2)找到杠杆，打造酷学院、生态伙伴、客户三赢的舞台

"榜样客户体系"的打造一定需要一个光芒万丈的舞台。对于成功客户来说，这个舞台是被认可的荣誉；对于正在成功路上的客户来说，这个舞台是高浓度的学习交流场。酷学院对于生态伙伴的成功也非常重视。在流量、资源都非常昂贵的当下，酷学院很早就意识到生态伙伴相互扶持的力量，也能让自己走得更稳、更远。所以，对于榜样客户荣誉舞台的打造，酷学院决定打造酷学院、生态伙伴、客户三赢的舞台——"酷绚组织力·开年第一讲"和"酷绚组织力·未来企业学习大会"。

一个舞台或是一个 IP 的影响力取决于人和流量。在当下，酷学院没有多余的费用来支持百万级影响力的资源购买，因此只能借助杠杆的力量。我们想到了钉钉——一路全力支持酷学院成长的超级流量平台。钉钉平台服务各种大大小小的企业，它们是中国对于各种数智化方案接受度最高的企业。

除了钉钉之外，酷学院联动上文提及的众多各维度的生态伙伴和行业龙头企业共同参与活动、分享和传播，比如搭建"酷绚组织力·未来企业学习大会"的 MR 酷绚星际背景虚拟舞台、启动相关调研、合作撰写相关白皮书等。

丰富、扎实的内容被高度关注，这也让钉钉等生态伙伴受益，帮助钉钉提升客户活跃度和黏性，让其他生态伙伴共享流量和内容红利，让生态伙伴的客户成功。

4. 总结复盘

酷学院的"榜样客户体系"打造已经取得初步成果，内容出品数量和频次都是体系建立之初的 2 倍，客户阅读量基本以 2 倍的速度增长，越来越多的客户积极响应邀请，进行案例的输出。

对于榜样客户舞台，"酷绚组织力·开年第一讲"观看人次在

5天内达137万，报名人数达4000；"酷绚组织力·未来企业学习大会"观看人次在1天内达51万，点赞近60万，报名人数达1200。

当然，"榜样客户体系"的打造还在路上，更多的龙头客户的加入，更高层面的关注和对话，更多生态伙伴的加入，将为客户提供更高价值的联合解决方案，为客户业务发展提供更多助力。

11.3 "内容＋活动"运营体系助力客户业务高速增长

1. 业务背景

纷享销客以连接型CRM为特色（连接业务、连接人、连接系统），实现以客户为核心，企业内部和上下游生态伙伴的高效协作。纷享销客坚持行业化战略，为高科技、现代企业服务、快消、农牧、大制造等行业的大中型企业提供深度行业化的产品、方案和服务，助力企业通过营销、销售、服务全业务链一体化实现高速增长。

纷享销客的业务特殊性在于秉持客户成功理念，就是客户的业务成功，因为CRM的使用人群是销售、运营人员。因此，纷享销客的市场部非常重视客户的业务成功，通过自己的资源和能力为客户制造销售机会，助力成功。

2. 关键挑战

很多市场人会考虑如何设计能够帮助客户成功的内容体系和活动体系，这当然是对的。而且ToB市场也已经找到一些被证明有效的经典内容，比如案例。但是，仅凭案例文章、视频还是不够。我们还须思考每家企业的客户成功到底是什么。

对于纷享销客来说，CRM服务于销售管理、业务管理，因此纷享销客的客户成功就是帮助客户在销售、业务上成功，如果只是了解客户如何成功使用了纷享 CRM 是无法对客户业务产生大触动的，只有延伸到帮助客户推进销售和业务成功，才能体现价值。

因此，市场人员不仅要做内容、活动，更重要的是要知道如何利用自己的资源帮助客户增加售卖机会，这是纷享销客市场人员思考的问题。

3. 领先实践

（1）4 个层级的内容联合宣推，帮助客户业务成功

第一层级：海报。以图文的形式呈现，图片一般是项目签约启动会的照片，文字是对该项目概况精炼的新闻稿，最后在海报上加上双方的 Logo，联合宣传推广。

小小的一张海报对于客户来说有两个层面的利好：一是对外推广必然引起客户内部高层的关注和认同，能获得企业内更好的自上而下的资源支持，有利于合作项目的成功；二是联合推广，也能让客户享受到纷享销客的大量客户资源，很多纷享销客的客户也是他们的目标客户。所以，这是双赢的事情，且简单有效。

第二层级：文字案例。文字案例的目的不仅是为我们做宣传，也是为客户做宣传。文字案例内容一般是由市场部去采访，或者是请圈内的记者去采访获得素材。如果客户是高科技企业，我们会请 IT 圈的记者采访；如果客户是制造类企业，我们会请专业领域的记者采访。

第三层级：视频案例。我们会拍一些视频案例，其中有一半内容会抛开 CRM 产品本身体现客户是如何成功的，这些也可以作为客户自己的宣传素材。同时，视频案例会放在纷享销客的媒体矩阵发布，比如官网、公众号等，面向纷享销客的所有客户，这样也可以帮助客户获取客户，以及提升品牌影响力。

第四层级：视频栏目。纷享销客一直在做《对话新增长》视频栏目，还有与创始人相关的《数说》栏目。这已经跳出了产品、项目、案例本身，提供的是行业大咖交流探讨的平台。我们会邀请客户的 VP 甚至他们的创始人来参加，还会邀请领域专家。大家在更高层面交流探讨的同时，也是在帮助客户在自媒体时代打造品牌 IP。

邀请客户高层不仅是做业务宣传，更多是谈他们对这个行业的理解、对数智化本身的理解等，和领域专家之间的思想碰撞也会激发出很多深层面的思考，对客户成功产生助力。

纷享销客的市场部运营了一个微信号：纷享客服。这四个层级的内容生产出来之后，通过纷享客服向 5000 多家中大型客户推送，这也成为客户的获客渠道，因为我们的很多客户也是客户的上下游资源。

（2）通过活动创造高层互动机会，助力客户业务成功

市场部组织走进企业参访、闭门沙龙活动。对于这类活动，纷享销客会邀请客户的高层到现场演讲，比如在浙江组织"走进某华"活动，到场客户一共有 30 家，这些客户同样也是对某华感兴趣的企业，一部分是其上下游企业，或者是其潜在的生态伙伴等。

通过活动，客户的品牌力有很大提升，同时获得一些合作。我们列名邀请的都是高层，客户自己的销售一般也很难邀请到，但是这样一个活动场合也帮助他们接触到很多他们的客户高层。这对客户业务成功显然有至关重要的作用，客户也非常支持和愿意参与。

另外，我们在赞助一些会议时，有时也会邀请客户做演讲。我们出资源，客户做演讲，一方面让客户为我们站台，另一方面也是客户自己宣传的机会。

4. 总结复盘

通过市场资源的赋能和客户资源的共享，我们切实在帮助客户实现业务成功，帮助销售团队实现销售成功。在我们组织活动后，客户都会陆续接到上下游企业或者生态伙伴的询问。

有一个很好的例子，我们的客户江苏某机器人公司，在参与活动后接到了销售订单，就是因为其他企业看到该客户高层的内容输出，在了解之后主动找到他们购买产品。

11.4 本章小结

本章主要介绍市场人员如何做好客户成功。市场人员在企业经营中承担着重要角色，要结合客户的业务场景通过内容和活动运营精准触达客户，通过宣传扩大内容和活动的触达范围，以此获得更多的客户。

第 12 章

销售人员如何做好客户成功

销售人员要想做好客户成功，要始终以客户价值为核心，深入业务一线倾听客户真实需求，了解客户的业务痛点，并基于需求和痛点进行专业评估，确保卖给客户对的产品和服务，真正帮助客户实现业务增长。

12.1 一切基于客户价值创造是永远不变的销售方法论

1. 业务背景

随着公有云的发展，商业环境正在发生变化。为了适应变化，更好地实现客户价值，厂商的销售方法论也发生了改变，但所有的改变都基于客户价值创造，因为只有客户获得商业成功才能最终体现产品的价值。

2. 关键挑战

用友苏州分公司地处华东地区，这里商业资源丰富、营商环境成熟，是各家企业的"必争之地"，同时，SaaS产品市场竞争格局日益激烈。用友苏州分公司的销售序列在客户经营过程中如何从产品视角转换为客户视角来开展业务，是打开市场的关键。

3. 领先实践

苏州分公司负责人认为，必须要始终以客户价值为核心，坚持客户成功理念，才能提升产品和服务竞争力，即一切基于客户价值创造是永远不变的销售方法论。

（1）销售人员要思考的五要素

1）客户有没有决心实现数智化；

2）客户会选择谁实现数智化；

3）客户实现数智化要解决什么问题；

4）客户要付出多大代价才能实现数智化；

5）客户实现数智化后，能给自己带来什么价值。

（2）从客户角度看问题，卖给客户对的产品

基于五要素，销售要学会换位思考，不能以产品功能为核心，而要从客户视角分析产品，为客户制定成功方案，从而卖给客户对的产品。我们的产品功能再强大，但是如果不能准确地解决客户的商业痛点，这样的付出最终也是徒劳。

（3）走进客户业务一线，拿到一手资料

第一步要了解客户的行业、经营业绩、组织架构等一系列内容，先练内功，专注行业。

第二步要深入走近客户。在苏州分公司，销售人员到客户业务一线调研是必修课，这样做就是为了了解执行层。同样，运营

层的决策也要考虑到，一定要拿到一手资料，将客户的业务痛点做成台账，然后通过复盘梳理客户业务，逐层分析客户在经营中的问题。

第三步是解决方案，我们的解决方案一定要针对客户的经营问题，并且要严谨地与客户共建，目标是让产品精准匹配客户的业务场景和商业痛点，帮助客户解决经营问题，实现商业成功。

（4）以行业领先实践对标客户

苏州分公司的负责人将销售角色比喻成"情报收集人"，在实际业务中，将每个客户对标行业一流，基于大量领先实践梳理出行业知识库，用领先实践来解构我们的解决方案并且告诉客户我们如何做好，如何一体化实施落地，更关键的是告诉客户实施完成后我们有哪些输出，最终帮助客户获得商业成功。

4. 总结复盘

客户成功永远是销售序列的第一准则，只有擅于倾听客户需求，才能带给客户高价值产品。想客户所想并真正走进客户业务一线，才能卖给客户对的产品，从而实现共同成功。

12.2 系统化管理让客户成功与销售成功如影随形

1. 业务背景

酷学院自商业化以来，连续几年销售业绩同比倍增。随着合作客户数量增加，客户成功团队的压力和挑战也越来越大。基于公司长期战略规划，决策层明确了合作客户100%续费的目标。要实现这一目标，酷学院就需要在客户成功业务上有质的提升。CEO开始亲自主管客户成功团队，配合销售团队共同致力于提高客户满意度，从而保障老客户100%续费目标的达成。

2. 关键挑战

酷学院发现相当比例的合作客户主要在销售阶段满意度不高。部分销售人员对客户需求把握不准确,导致产品最终不能完全满足需求;个别销售人员在销售过程中存在过度承诺行为,对客户造成伤害。此类情况给客户成功团队带来了很大压力和工作量。另外,销售人员在客户完成交付后,和客户主动沟通和服务的意识普遍较差,把客户售后服务的压力推给客户成功团队,这也影响了合作客户的体验。

如何让销售人员在售前阶段更准确地挖掘和把握客户需求,从而提供更合理的产品解决方案,同时让销售人员在客户完成交付后依然能主动和客户保持沟通,配合客户成功团队做好服务,这是酷学院面临的关键挑战。

3. 领先实践

企业的经营管理要有的放矢。客户、产品和销售是企业营销管理中的基石,决定了企业的经营收入。企业营销管理中三棱锥模型的三棱锥底面的三个顶点分别代表客户、产品和销售,三棱锥的第四个顶点代表销售收入。

1)三棱锥底面的第一个顶点代表客户,具体而言,既可以在宏观上代表特定的市场客户群体,又可以在微观上代表具体的客户需求。这是企业营销管理的第一个基石:我们的客户在哪里?谁是我们的客户?客户的问题(痛点)是什么?

2)三棱锥底面的第二个顶点代表产品,具体而言,既可以在宏观上代表企业的产品策略,又可以在微观上代表企业给特定客户的产品解决方案。这是企业营销管理的第二个基石:我们如何解决客户问题?

3)三棱锥底面的第三个顶点代表销售,具体而言,既可以在宏观上代表公司的销售模式（如电销、大客户销售、在线销售或渠道代理等），又可以在微观上代表销售人员的工作方式。这是企业营销管理的第三个基石：我们如何找到客户并让客户信赖我们？

4）三棱锥的第四个顶点代表销售收入，具体而言，既可以在宏观上代表企业的销售收入，又可以在微观上代表销售人员的销售业绩。这是企业的价值变现，也是客户价值的体现。

结合企业营销管理的三棱锥模型，酷学院把销售和客户成功工作有机结合起来，一方面把客户成功前置到售前环节，另一方面把销售工作延续到售后阶段，确立了销售和客户成功的双轨制客户服务体系，为客户成功构建了组织保障。

首先，酷学院根据企业规模对客户进行分级，不同企业规模对应不同产品客单价，不同产品客单价又决定了不同的销售模式，从销售体系上兼顾销售效率和客户体验。

1）若企业规模小于300人，产品客单价一般低于2万元，这时是无法用直销方式获客的。因为直销人员从找资料到邀约、拜访、成交，要耗费大量时间，销售过程中本身也有很多损耗。对于客单价低于2万元的产品，销售团队可以以吸引目标群体主动注册、留资和电话营销为主。酷学院在商业化的第一步，就组建了电销团队，通过电销团队进行商机转化，成功实现了营销闭环。

2）若企业规模在300～1000人，产品客单价一般为2万～5万元。第一，组建团队，随着对直销人员销售技能、甚至制定轻解决方案能力的要求逐渐提高，直销人员需要花费更多的时间在产品学习和解决方案制定上，SDR团队可以帮助他们减轻负担；第二，随着产品客单价提升，大中型客户更需要主动上门服务，推式营销效果更好。酷学院通过在全国范围内发展渠道服务商，实现对这部分客户的营销。

3）若企业规模在千人以上，产品客单价继续增加，推式营销比重会越来越大，解决方案售前支持顾问加入前端团队，销售主角也由直销变为大客户经理。大客户经理需要得到全团队的支持，包括产品人员、技术人员、客户成功经理、交付项目经理、市场人员等。酷学院通过在全国核心城市建立属地化的大客户团队，向大客户提供有针对性的组织成长解决方案。

其次，酷学院在销售全流程（从售前到售后）通过系统化管理来确保销售做好客户成功。

（1）售前阶段

销售人员需要准确把握客户需求，并基于共同确认后的客户需求，提供相匹配的产品和服务。这个过程属于客户需求管理，有效探寻并合理满足客户需求，如果客户需求探寻不到位，或者过分夸大客户需求造成过度营销，甚至对客户需求虚假承诺，就会给企业埋雷。

企业内部的采购决策链中一般有3个角色：采购者、使用者（用户）、决策者。为了准确把握和确认客户需求，达成合作，销售人员最好能同时和客户决策链中的三个角色都进行接触和沟通。很多小微企业的采购决策链中的角色往往三位一体，都由决策者一人决定，这种情况下销售人员的沟通相对简单一些。大中型企业的采购决策链中的3个角色大多分属于不同部门，彼此的意见未必完全一致。这种情况对销售人员的素质和能力要求较高，需要销售人员具备相当强的沟通和协调能力。

在SaaS行业，产品客单价5万元以上的大客户通常有更多个性化需求。销售人员需要在商机确认后的售前阶段，就邀请售前顾问和交付专员组成项目团队（售前"铁三角"），协同对接客户，更好地了解和把握客户需求，提供合理的产品解决方案，这相当于把客户成功工作前置。售前"铁三角"是大客户成功在售前阶段的组织保障。

（2）售后阶段

一旦与客户正式合作，销售人员就要第一时间和交付专员、客户成功经理一起组成售后团队（售后"铁三角"）。售后"铁三角"是客户成功在售后阶段的组织保障。销售人员要协调客户完成交付工作，这是客户成功的又一个重要里程碑。客户交付工作完成后，销售人员和客户成功经理相互沟通配合，双轨制管理，为客户提供服务。

销售人员对老客户提供服务需要系统化和节奏化，比较经典的是采用MOT管理，即在关键节点针对老客户做对的事情。MOT管理主要参照两个维度：一个是客户生命周期的关键节点，另一个是节假日的关怀。对于销售人员来说，客户生命周期的MOT主要集中在两个时间段：一个是客户合作后的前三个月，另一个是合同到期前的最后三个月。在这两个时间段，销售人员需要和客户保持高频次沟通，及时发现和解决客户在产品使用中遇到的问题。MOT管理对老客户成功增购和续约非常重要。节假日的客户关怀是销售人员和客户联络感情的有效方式，有助于提高客户的黏性和忠诚度。

事实表明，客户在产品使用中遇到突发情况时，习惯第一时间找和他们成交的销售人员。销售人员接到客户反馈时，一定要高度重视，主动协调公司内部资源，帮助客户解决问题。销售人员对这种情况的处理是把双刃剑，如果处理得当，就能得到客户更进一步的信任和认可；如果处理不当，就会失去客户的信任。酷学院推行首问责任制，鼓励销售人员快速解决客户突发问题。

4. 总结复盘

销售的天职是服务客户，创造收入。销售要为客户传递价值,做好服务。只有做好客户成功,销售才能算真正成功。客户成功是销售业绩增长的一个重要引擎。老客户推荐新客户是成本最低的获客方式。一家成功的企业通过客户成功所获得的复利是惊人的。

销售人员在客户成功中的作用非常大。从销售模式到销售SOP都直接影响客户成功,如果说客户成功是"果","因"早就埋在销售工作中了。客户成功始于销售(客户愿意合作),终于销售(客户愿意增购和续约),这是一个正向的价值闭环。

12.3 本章小结

本章主要介绍销售人员如何做好客户成功。销售团队是企业经营工作中的"排头兵",以客户成功视角进行产品销售,积极探索客户真实需求和业务痛点,给出高度匹配的产品解决方案,不能过度承诺,还要做到卖给客户对的产品,保障客户后续对产品的深度应用,实现客户价值。

第 13 章

客户成功领先实践

前文已经全面阐述了客户成功的定义、理念、流程、工具和方法论等内容,本章从领先实践角度来探讨客户成功在企业里是如何构建和发挥作用的。

13.1 全链路运营 + 数智化

1. 业务背景

在云时代,客户对产品体验的感知越来越强,对产品需求也越来越多元化。畅捷通是面向小微客户的产品,定价低、易上手,能实现最基本的客户价值。面对同类产品的竞争,畅捷通以体验优异的产品设计和全链路客户成功运营获得行业领先地位。

2. 关键挑战

面对小微企业的数智化需求,如何通过持续的客户成功运营和体验优异的产品设计留住客户并延长客户生命周期,是畅捷通面临的关键挑战。

3. 领先实践

畅捷通做客户成功有 3 年多时间,其间团队感受最深的是人思维的变化,以及数据驱动的力量。

(1)全链路运营体系

畅捷通的全链路运营体系分为售前、售后。

1)售前阶段。畅捷通 SEM/SEO 环节的很多内容都是客户成功团队的输出,因为客户成功团队最懂客户的需求和业务场景。

客户成功团队发挥自己懂产品、懂场景的优势,自己创作脚本、拍视频,通过社交媒体传播获得商机,最终达成交易。产品的成交周期往往在 1 到 3 天,在这个过程中客户成功团队变成一种生产力。

在社群运营中,无论对于转化,还是对于交付或者客户转介绍,其实都是在使用社群体系做扭转。

全链路运营里都有客户成功团队的参与,因为运营人员擅长设计活动、分析数据,但是并不擅长关联客户。比如,一个功能能够带来什么价值,是否能批量推广?这些问题恰恰是客户成功团队擅长解决的,这也是客户成功团队在全链路运营中的价值,这也是畅捷通做客户成功为什么要倡导用运营思维。

2)售后阶段。在售后阶段,客户成功团队同样深度参与其中,比如对于新购产品 90 天内的客户,交付人员(在畅捷通,交付也属于客户成功序列)自主引导,设计一些客户应用链路给产品运营人员,让客户一步一步按照设计的链路使用产品。

当客户能熟练使用产品后,客户成功团队就开始关注客户留存,这时就会加入一些客户行为统计分析,以及不同角色的应用赋能,最后加入风险预测。

3)产品深度应用阶段。 客户成功团队可以帮助客户设计一些促销策略,也可引导一些行业专家(如财税专家、新零售专家)通过直播的方式为客户赋能。畅捷通在2022年推出了"推荐官",让客户和潜在客户参与到运营中,实现产品转介绍。

(2)畅捷通数智化客户成功体系实践

有了底层设计之后,畅捷通会去做客户生命周期管理,根据客户行为分析客户需求。

在SaaS模式下,数据看板尤为重要。通过数据看板,我们可以监测关注的客户。在此基础上,畅捷通将客户价值进行分层。客户成功团队具有运营思维之后,可熟练运用所有的数据和模型。

畅捷通拥有庞大的运营体系,可将使用不同产品的客户进行转化,这样整个客户成功体系会有非常大的发展空间。

畅捷通针对客户成功制定了10万多条标准服务话术、1万多份文档和财税报表,在打造客户成功体系时围绕数智化展开工作。

(3)从结果导向到数字导向

结果导向固然正确,而畅捷通认为数字导向在今天的客户成功团队里才是最重要的。在当下,你完全可以用数字去了解每一个客户的状态。

过去的服务团队都是被动了解客户、拜访客户,在SaaS模式下,客户成功团队完全实现客户全生命周期智能化服务,定向给客户推送优质内容,提高客户体验。

所以,用ToC的思维去运营ToB的产品是畅捷通客户成功团队的领先实践,因为人本质就渴望被关注,并希望能够得到最适合的服务，而不是被打扰。

（4）从疲于售后服务到自动化运营

畅捷通的客户成功团队从以前疲于到处"救火"到现在自动化运营，不仅提高了工作效率，在工作中也更自信了。他们懂技术，懂业务，了解客户，还兼具运营思维。

在畅捷通，客户成功人员必备的技能：第一，要学会用数字说话；第二，要学会结合客户业务场景制定解决方案。

4. 总结复盘

全链路的客户成功运营加上数据驱动让畅捷通在竞争激烈的小微客户市场赢得了领先地位。在云时代，面对客户不断丰富的需求，SaaS厂商要时刻从客户视角看产品，通过易懂、易用的产品设计和客户运营思维获得客户的持续信任。

13.2 智能化交付实践

1. 业务背景

随着客户的业务场景、商业模式和配套技术快速发展，线上化运营、线上化分工协作、线上化组织越来越普及。从产品研发到市场营销、客户运营、客户服务、技术运维等各个环节，各大SaaS厂商正在对线上化、自动化、智能化进行各种探索和实践。

银企联是用友交易运营云服务产品，作为智能财务"新基建"，拥有一点接入、云端部署、场景集成、服务共享等关键特性，为企业提供包含现金结算、票据管理、智慧收款等在内的综合解决方案，并通过智能化、线上化方式来提升交付效能，缩短客户享受到产品和服务的等待时间，为客户带来卓越体验。

2. 关键挑战

财资金融领域的业务非常复杂，由于涉及企业资金安全，对产品的稳定性、专业性、安全性提出了更高要求。银企联的业务特点是：完整的产品技术链很长（ERP—银企联—银行前置机—银行服务器），项目关系复杂（客户、ERP产品提供方、ERP实施方、客户的各开户行），客户需求个性化，交付工序多且碎片化分布。传统的本地分散式项目组织模式对银企联现场实施顾问的能力要求非常高。

基于业务复杂和高专业性要求，如何通过线上化智能交付提高交付效率和交付成功率是银企联面临的关键挑战。

3. 领先实践

在用友，最早应用在线客服的是畅捷通的服宝。2016年，畅捷通推出服宝，对传统ERP软件的支持服务进行在线化和智能化。2017年，用友U8基于服务圈，开始提供在线服务和智能服务。2019年到2020年，用友的云服务几乎都在应用服务圈提供在线服务和智能客服。

相应的，在线交付是项目规模化背景下的最优解，是由分散式本地交付模式向集中式工厂交付模式升级的必然路径。首先，在线交付可以突破地域限制，大大节省交付顾问的出差成本。其次，在线交付可以实现流水线标准化作业，交付质量更有保证，大大缩短了客户等待产品上线的时间。

（1）银企联智能交付工厂实践

银企联通过在线交付方式重组整个交付体系，具体实现了交付工序作业自动化、工序流转智能化、大规模个性化定制、规模化项目推进。

（2）在线交付体系改造方法论（面向M客群的公有云服务、面向L2客群的混合云服务）

1）变革组织模式、岗位配置模式。

- 分散式、本地化、小作坊模式升级为集中式、线上化、批量化交付工厂模式。
- "1+M"项目岗位（1个项目经理带几个顾问）配置模式，升级为工厂流水线岗位配置模式。

2）实现交付工序作业自动化。

- 对交付作业进行工序分解（颗粒度尽可能细）。
- 线下作业工序进行线上化改造。
- 基于线上交付模式，对各工序作业操作进行标准化。
- 尽可能由机器人或自动化工具取代（部分）人工作业。

3）流程重组与智能化如图13-1所示。

- 应用PERT和CPM等技术，对作业流程进行重组，规划最短作业路径。
- 将线下流程进行线上化改造并串接所有作业工序。
- 由内容管理系统和流程机器人驱动工序流转，规模化推动海量项目在流水线上按工序执行。

图 13-1　流程重组与智能化

4）制定大规模个性化定制机制。
- 有限定制化是大规模定制的基础，通过"选配订货—格式化／标准化调研—总装"三道工序串接。
- 项目沟通专属化（如建立项目微信群），让客户感受定制、专属的"温度"。

4. 总结复盘

客户要的不是交付过程，而是尽快享受到云服务带来的价值。所以在如何提高交付效能和效率上，用友交易运营服务团队将持续探索和实践，通过技术升级和产品优化来提高交付效率，降低客户拥有和享受云服务的等待成本。

13.3 客户成功管理"三支柱"模式

1. 业务背景

用友大易是用友集团旗下成员企业，专注云招聘10余年，致力于将信息技术、AI技术与人力资源管理相结合，推动企业招聘效能提升，目前已成为国内智能中高端云招聘领军厂商。

在市场营销、销售、交付以及客户成功等方面，用友大易构建了独立运营体系。2014年至2016年，用友大易开始组建客户成功团队，经过不断探索和发展，已将客户成功理念贯穿于客户期望探索、客户体验提升和客户留存中。

2. 关键挑战

近年来，在企业降本增效理念的影响下，HR SaaS赛道迎来机会，同时，伴随而来的是日趋激烈的市场竞争。面对复杂的市场需求，各HR SaaS厂商越来越关注产品和服务和体验。如何基于客户成功体系，不断提升客户体验，从而在竞争激烈的 HR SaaS 市场中获得更好的市场份额，是用友大易面临的关键挑战。

3. 领先实践

在用友大易，客户成功已经融入企业经营的全流程，是全公司共同的使命，而不仅仅是客户成功部门的"家务事"。这种全序列客户成功体系的构建对客户成功经理提出了更高要求。因此，用友大易围绕客户成功服务的组织能力提出了客户成功管理"三支柱"模式。

（1）客户成功经理的岗位画像

一个合格的客户成功经理需要扮演好 3 个角色：业务专家、产品运营专家、客户关系管理专家。

业务专家：了解企业的业务运营模式，包括业务如何开展，业务目标是什么，业务分工等信息，从而能够真正站在甲方视角帮助客户解决业务痛点，提升产品价值。

产品运营专家：客户成功经理不仅要了解产品，还要了解产品如何实施交付、运营、推广，每个功能的应用场景，并通过领先实践帮助客户深度应用产品。

客户关系管理专家：客户成功经理角色需要一定的商业敏感度，能够及时捕捉客户情绪、态度以及对产品和服务的满意度等信息，建立亲密的客户关系并把控相应风险。

（2）客户成功管理"三支柱"模式

实际上，兼具以上 3 种特质的优秀客户成功从业者通常"一才难求"，更多的企业可以通过吸纳不同类型的人才来保证团队同时具备这三方面能力，因此用友大易提出了客户成功管理"三支柱"模式。

在这样的一个"三支柱"模式中，客户成功团队无疑是核心力量，要了解客户战略目标、阶段目标、经营痛点，提供解决方案并引导客户使用产品，让产品价值落地，赋能客户业务目标。同时，客户成功团队还要提供个性化服务，与客户保持联系，提高客户满意度。

除此之外，共享交付团队及专家中心团队对客户成功团队进行深度协同赋能。

共享交付团队聚焦响应类问题的解决，提升执行效率。如客户在产品使用过程中难免会遇到操作、配置、业务规则等技术类问题，共享交付团队专门集中解决这类问题，同时对业务、用户进行分层运营。

专家中心团队主要负责搭建客户成功体系，梳理流程与规范，并提供行业洞察、人才趋势、业务分析、运营建议等趋势性内容。

值得注意的是，客户成功并不是某一个部门的"家务事"，它理应成为公司每一个部门工作的一部分。企业要明确的是客户成功经理是客户续约和成功的第一责任人，销售是客户续约的第一协同人，而产品研发则是客户成功的共同协同人。客户成功是全公司共同的使命，需要公司所有团队管理者亲力亲为，实际参与到一线工作和执行当中，真正提供贯穿客户全生命周期的成功服务。

（3）客户成功的数据驱动

以往，客户成功的常规管理指标包括续约率、留存率、转介绍、LTV、客户增购等等。值得注意的是，过程指标对于客户成功而言同样重要。没有过程就难以保证结果，过程数据指标可以对客户成功团队的工作进行有效指引，最终促进结果达成。

在所有这些数据中，有3个数据指标值得企业关注。

1）客户活跃度：客户活跃度体现了客户对产品的使用需求度和黏性。客户活跃度越高，代表他对产品的需求度越高，也越可能持续复购。企业还可以通过这一指标了解客户的核心应用场景是否都实现线上化，用户的使用频率，客户的登录频率和停留时长，客户在哪个环节的问题最多，以此针对性地解决客户问题。

2）**服务质量**：和传统的售后客服相比，客户成功需要更加主动地服务客户，优秀的客户成功经理每天会花费 70% 以上的时间与客户进行深度交流。常见的客户服务质量指标有拜访次数、平均响应客户时间、工单在一天内得到解决的概率等。

3）**净推荐值**：一般来说，客户满意度和续费意愿正相关，他们对产品或服务越满意，就越有可能增购，或者为企业背书。

除此之外，客户满意度、健康度等指标也是非常重要的。

（4）用户运营

客户成功经理还需要运用用户运营思维，帮助客户将产品用深、用全、用好。

1）**内容运营**：用友大易提供的不仅仅是一套标准的产品，还有这个产品背后的一些商业逻辑，包括行业趋势、业务领先实践，所以专家中心团队会定期输出，比如行业解决方案，包括白皮书、招聘干货或者大行业趋势，并通过 EDM 或者社交媒体平台推送给用户。

2）**产品运营**：当一个 SaaS 产品有几千家客户在使用的时候，经常会产出前沿的创新性玩法，优秀的客户成功经理会把从客户那里收集的创新实践汇总给产品 BP，然后由公司去优化产品规划、创新实践以及推广建议。

3）**社群运营**：线下活动、行业交流、交流平台都是很好的社群运营抓手，真正为客户提供畅所欲言、互相学习的机会。

4. 总结复盘

客户成功运营是一个围绕客户价值不断进化的过程，是永无止境的。我们需要站在客户视角探索客户业务需求，持续优化客户成功体系，追求卓越和高效。

13.4 客户成功数智化运营实践

1. 业务背景

在客户运营过程中，一线机构是地域市场的开拓者、客户价值的实践者，同时也是帮助客户获得商业成功的直接推动者。如何让客户成功团队更好地开展客户成功运营，帮助 CSM 高效地管理客户旅程，从而提升客户体验，是一线机构在地域市场做好客户经营的"取胜之匙"。

2. 关键挑战

用友公司产品线丰富、客户众多，机构客户成功经理面对复杂的客户需求往往疲于处理产品问题，扮演着"救火队员"的角色，忽略了对客户健康度等指标的实时有效洞察，降低了客户体验，在一定程度上影响了客户续约、续费。面对这样的挑战，一套高效的数智化客户生命周期管理工具显得尤为重要。

3. 领先实践

为了更好地推进客户成功，提升机构客户成功经理对客户生命周期的高效洞察，促进与销售、产研序列的高效协同，用友设计并落地用友客户成功平台——友户通，贯穿公有云产品交付运营全生命周期管理，以数据驱动实现业务开源、营销规模化、交付标准化、运营高价值，打通线上获客、线上交付、线上运营、线上运维，更好地提升客户体验，帮助客户实现商业目标。

（1）客户成功经理分配

运营目标如下。

1）客户全生命周期运营工作启动。

2）对订单信息进行核查。

3）协同销售及时补充客户信息及干系人信息。

在该阶段，客户对产品、交互方式、交付人员心怀憧憬，希望以好的开始将项目做好。所以，这一阶段的机会点是客户成功经理和销售人员协同与客户建立信任关系。

（2）在建项目监控

运营目标如下。

1）监控实施过程中的进度和质量，包括上线计划、验收计划等，尤其是上线计划可能牵扯到整个服务的满意度。

2）监控客户实施满意度，包括客户的活跃度、工单问题解决进度等。

3）推动"铁四角"会议。"铁四角"会议也是有效推动整个在建项目进度的高效机制。

（3）对接客户

运营目标如下。

1）客户成功运营顺利启动。

2）制订客户分级年度计划。

不同的年度计划有不同的运营策略，具体如下。

第一，在友户通中检查客户健康度、活跃度。对于客户体验来讲，这一阶段重点要提高交付满意度，还要做好客户感知。

第二，引导客户交叉销售，推动客户成功计划执行。在这个阶段，不同客户对运营的要求不同，客户成功经理要针对不同的客户需求，制订不同的客户成功计划。

(4)日常运营

运营目标如下。

1)全生命周期高价值运营。

2)基于客户的高效协同。

客户成功团队要协同产研团队、交付团队,共同推进客户在产品使用方面问题的解决。

在这一阶段,一定要将客户数据指标沉淀到友户通中,以便通过数据精确定位客户状态,提高数据分析和交叉销售机会,提升客户满意度,加快客户成功实现。

(5)续约管理

运营目标如下。

1)合同到期前客户续约、续费提升。

2)客户渗透率提升。

3)交叉销售引导。

这一阶段协同工作纷繁复杂,是推动续约、续费和客户转介绍的关键节点。

(6)断约管理

运营目标如下。

1)断约客户争取。

2)安抚客户、分析断约原因。

3)断约客户归档,实现丢单不丢客。

以上是客户成功运营整个工作流程,各关键点工作围绕友户通展开。在运营过程中,客户成功经理将客户行为数据沉淀到客户成功平台,通过与各业务序列线上化高效协同,实时洞察客户全生命周期的需求,提升客户满意度。

4. 总结复盘

友户通在一线机构整个客户运营流程中起到至关重要的作

用，也是用友以数智化方式推动机构客户成功运营的领先实践。通过数智化方式进行客户成功全流程推进，对机构客户成功管理及客户全生命周期管理使产品价值和客户价值最大化，成为用友打造数智化客户成功的有力抓手。

13.5 客户成功组织赋能实践

1. 业务背景

酷渲科技是一家强调用科技推动组织学习发展的服务商，以"把 500 强赋能员工的资源和能力对接给中国 4300 万企业和组织"为使命，开展多个"一体化"工程。通过业务平台一体化，与多个平台连接，打通企业数据壁垒，推动培训与战略融合；通过业务流程一体化，围绕组织发展提供多个培训一体化解决方案，更贴近组织、业务等培训需求；通过业务模式一体化，让培训中心从成本中心转型成为利润中心；通过平台内容运营一体化，把培训嵌入业务流程，实现业务和培训联动赋能一线，推进企业学习平台与应用场景升级。

2. 关键挑战

1）平台启动阶段：平台搭建与试运营的关键挑战包括平台搭建运营规划与制度的合理、完整，平台宣传与运营推广，平台试运营人群和试运营项目选择，关键部门、岗位、人群的登录率，试运营项目完成率。

2）平台发展阶段：平台探索与运营稳定的关键挑战包括持续宣传与运营推广平台以提升项目覆盖率和登录率；助力用户内部知识产出与学习项目转化；通过学习项目线上化实施，培训、项目、内容和活动运营，获得用户管理者认同与提升员工满意度。

3）**平台成熟阶段**：业务驱动与运营成熟的关键挑战包括提升业务部门自主使用占比、业务部门培训线上化达成率，满足用户内部知识更新，助力人才梯队培养项目上线，通过激励机制树立标杆、榜样部门及榜样客户。

3. 领先实践

（1）客户成功要点

酷学院按照企业学习平台生命周期，将平台分为启动（交接建联与需求共识）、发展（运营落地）、成熟（规划与持续合作）3个阶段；将在线学习运营划分为5个步骤，分别是用户连接、激发活跃、持续留存、分享互助、口碑推荐；通过"萃学练考用"一站式达成人才培养闭环的领先实践模式，在客户生命周期的各个阶段引领客户成功。

（2）三个阶段

1）**在启动阶段**，快速提升用户覆盖率，包括完善运营规则、预热、活动连接引爆。

2）**在发展阶段**，持续提升用户活跃度，包括制作精品课程、打造项目亮点、培养用户习惯。

3）**在成熟阶段**，稳步提升用户推荐率，包括完善培训体系、交付用户价值、创造口碑传播。

（3）五个步骤

1）**步骤一**：用户连接，即构建与用户连接的业务与培训场景，促进用户连接。

2）**步骤二**：激发活跃，即通过培训与运营活动促活，提升用户覆盖率。

3）**步骤三**：持续留存，即持续价值输出、培养用户习惯。

4）**步骤四**：分享互助，即搭建知识社群、促进与用户知识共创。

5）步骤五：口碑推荐，即打造品牌效应，促进口碑推荐与持续合作。

（4）案例分享

韩国某集团旗下的烘焙品牌企业以"健康美味，值得信赖，家庭式烘焙，经典欧式风格"著称。目前，该品牌在北京、天津、上海、苏州等地开直营和加盟店，在中国获得了"中国烘焙优秀品牌"荣誉，2020年11月正式启用酷学院在线学习平台钉钉综合版，目前开通直营和加盟账号人数合计1600人。

该企业在业务不断发展的过程中，始终高度重视业务发展支持与关键岗位人才培养。如何高效、快捷、资源节约地对遍布在各个门店的员工进行培训，是该企业一直在探索的重要课题。

2020年，该企业首次与酷学院合作，实现了在线学习与在线考试等，为培训提供了平台支持。随着该企业企业大学定位的不断升级，人才培养已融入基于绩效提升的培训项目中，以有效达成员工的绩效提升，满足企业对移动学习结合的要求，并且助力线下培训与实操考核提高效率和效能，致力构建能够引领员工学习，帮助员工个人能力提升及组织效能提升的高效平台。

当时，该企业正在推进店铺快速扩张，基于企业战略制定年度重点目标：开新店90家；要求员工快速学习、消化、应用，提升学习效率；直营店与加盟店培训覆盖到所有员工，实现培训统一管理。

培训对象层面的问题如下。

前厅：培训对象面向全职职工，但店铺小时工激增，针对小时工的培训匮乏；店铺人力紧张，全职职工无法全部到培训中心培训，造成培训不及时，有的员工直到晋升才能受到相应的培训。

后厨：针对后厨管理人员的培训缺失；后厨各职级培训缺乏统一时间规划，造成培训成本增加。

培训形式层面的问题如下。

效率：以往的培训形式多以面授课程为主，不能做到覆盖所有学员，效率低。

效果：前厅、后厨多以师傅带徒弟形式培训，没有明确的带训标准，带训效果不佳。

成本：现场培训缺乏规划，造成员工培训时间有长有短，培训成本增加。

培训考核层面的问题如下。

培训闭环管理：培训结束后通常采用课堂考核的方法，在工作中没有设计具体的工作技能评估方法，造成考核效果不佳。

学员管理：学员人数众多，离职、入职频率较高，无法做到精准的学员管理，即使耗费大量的人工统计，数据也不能确保正确。

酷学院与客户共建解决方案，具体如下。

直营关键岗位培训：结合业务制定关键岗位培训计划，开展关键岗位及储备岗位培训活动。

加盟商赋能：加盟店铺开业培训支持。

设计年度关键任务如下。

1）沉淀、整合与共享学习资源，萃取与上传内部优质课程，满足关键岗位培训需求，以及提供加盟店铺开业培训支持所需要的学习资源。

2）以促进业务和人才培养为运营目标，"以考代训"固化应知应会知识，以新人培训、专题学习和考试满足开店90家人才所需。

3）支持培训管理与培训效果显性化，提高人效与培训效果；

降低培训成本 90%；降低新员工培训费用 91%。

酷学院与客户的具体运营实施方案如下。

（1）知识萃取与传播

酷学院助力客户建立完善的培训课程体系：通过平台整合内部课程资源，按关键岗位的学习内容分类；完善课程资源、主题和专题项目，通过手机端进行课程展示，满足关键岗位和门店一线学员移动化、碎片化学习需求。

（2）线上培训"学–考–练–用"闭环管理

结合企业人才胜任体系，酷学院提供不同运营阶段的运营方案和实施建议，助力用户匹配适合的专业岗位课程。企业通过学习项目派发模式，面向各业务部门、员工等不同层面进行需求调研与分析，快速向学员推送学习课程，确保学习项目有针对性；根据需求制订计划，确定在线或混合式培训方案，根据培训对象开发培训内容。项目实施后，酷学院会开展满意度调研、考试、能力习得测评等多层次效果评估，并根据评估结果完善下一次培训方案。

4. 总结复盘

（1）学员访问登录情况

目前，该企业已经实现在线学习全员覆盖，直营与加盟平台登录率达到 90%，平均学习通过率达到 80%，2021 年至 2022 年学员反馈平均满意度达 95%。

（2）学习资源、专题栏目支撑公司重要业务开展

2020 年 11 月至 2022 年底，该企业通过平台整合与共享课程资源来规范资源建设和管理标准，并持续更新与丰富资源体系；按部门、岗位和应用场景及专题梳理与沉淀在线学习资源（即课程库、素材库和试题库），满足关键岗位培训需求，提供店铺开业

培训支持所需要的学习资源，在学习平台共上线内部自建专题课程 300 余门、试题资源 105 套；利用应用平台传播速度快、范围广的优势，适时、适量、准确地推送标准和新品知识、新人培训专题课程；指派有效学习任务和学习项目合计 211 项，任务合格率达 91.4%。

（3）店铺培训数智化管理与培训标准统一

线上平台的数智化管理帮助培训部更好地掌握店铺培训数据，统一南北区的培训标准，前厅所有标准基本通过线上平台整合与共享，做到了北京、上海的资源与培训标准统一。

（4）投入产出分析

通过线上学习，该企业降低了培训成本，缩短了培训周期：单店培训费用节省了 90%，单项培训天数减少 7 天；新员工培训费用节省 91%，单项培训天数减少 2 天。

13.6　本章小结

本章从客户成功运营思维、管理模式、提效工具等方面，全方位介绍客户成功体系中的领先实践，希望能够给客户成功团队的伙伴带来一些启发。

| 第四部分 |

趋势洞察

第 14 章
客户成功服务的发展趋势

为客户创造价值是每一个企业的终极使命。客户成功作为一个理念和体系，须不断思考如何更好地实现客户成功，包括通过技术进行创新，用尽可能少的人工实现更多、更到位的服务支持，甚至不需要投入人工。未来，客户成功服务有 3 个发展趋势：基于产品实现客户成功，基于 AI 技术实现客户成功，基于客户价值创造的领先实践实现客户成功（即教练式客户成功）。如表 14-1 所示。

表 14-1　客户成功服务发展趋势

企业类型	基于产品的客户成功服务	基于AI技术的虚拟客户成功服务	教练式客户成功服务
小微企业	●	◐	○
中小企业	●	◐	◐
大型企业	◔	◐	●

不同类型的企业的客户成功服务趋势不尽相同。对于中小企业和小微企业，基于产品的客户成功服务趋势更为明显。对于大型企业，教练式客户成功服务更为明显。基于 AI 技术的虚拟客户成功服务在所有类型企业中都会发挥重要作用。

14.1 基于产品的客户成功服务

基于产品的客户成功服务是指将客户成功流程和服务融合到产品中，无论实施交付，还是持续的产品支持，都在产品中进行设计和一站式提供。我们应该思考客户最终想要的是什么，客户想要买单的应该是什么。很多软件提供商习惯造工具，然而使用工具的还是人，因此"人＋场景＋工具＋方法"才是客户达成目标的有效途径。但是，实现客户成功目标的"最后一公里"都是由客户自己探索和完成的，因为很多工具没有设计客户所有业务场景，使用工具的人的能力也参差不齐，方法也不是都能够很好地传递给客户。

SaaS 厂商或者 XaaS 厂商应该做好"最后一公里"，让工具上手快、体验好，能够很好地结合客户业务场景去解决问题。把交付工作和服务工作通过产品的打磨全部简化，让客户自己就能很好地使用，不用很重的实施交付，也不用很重的支持服务，因为这些所有的人工服务最终都需要客户来买单。客户需要的其实不是实施，而是价值。

实现这个目标的思路有 5 个，分别是重新定义交付、重新定义应用、重新定义支持、重新定义培训、重新定义客户成功管理。重新定义的逻辑不是简单的自动化和数智化，而是消灭，这也是客户成功的终极使命。下面介绍一下重新定义交付（消灭交付）、重新定义支持（消灭支持服务）和重新定义客户成功管理

（消灭应用辅导、用户培训和续约跟进）

1. 重新定义交付

在交付环节，我们一般解决 3 个问题：如何在既定资源、既定成本和既定时间条件下，达成项目目标；如何针对客户需求制定解决方案，通过系统配置和功能开发，实现客户业务数智化；如何进行知识转移，包括系统的应用能力、系统的业务管理能力、系统的平台管理能力等。

进入移动互联、数智时代，云计算、大数据等新技术持续涌现，C 端产品已经实现开箱即用，未来 B 端产品必将融合客户成功理念，实现 B 端产品 C 端设计，逐步实现开箱即用。客户将完全通过自助的方式使用产品，实现数智化转型。

2. 重新定义支持

目前在国内的客户成功领域，很多公司的客户成功经理还在做低附加值工作，例如客户需求的跟进、客户系统问题的答疑，很难将精力聚焦在高附加值工作上，例如提升 ROI、提升工作效率、降低客户运营成本等商业核心问题，而客服更是三班倒，7×24 小时在线响应客户，提供技术支持和系统答疑服务。

如上提到的这些低附加值工作，必将是被优先消灭的。目前，金融、互联网等行业的服务交互首页已经基本实现了非人工作业，随着 AI 技术发展，智能化系统、产品持续优化，人工支持服务的比重还将持续降低。

3. 重新定义客户成功管理

客户活跃度、健康度持续走低深深困扰着客户成功经理。很多客户成功经理花费巨大精力了解原因，无外乎客户对系统不熟悉，对系统如何有效解决业务问题不了解。基于此，客户成功经理为客户提供应用辅导和培训，希望改善客户活跃度、健康度，并最终实现续约。而订阅产品很难一次全部满足客户需求，这就导致客户成功经理陷入周而复始的应用辅导和培训中。

按照这样的逻辑，随着市场的扩大，客户成功经理的规模也将扩大，将产生大量的人工成本，而人工成本对任何企业来说都是不可忽视的。很明显，从趋势上看这些无法实现双赢的操作最终都将被消灭。

未来客户成功管理将采用教练式客户成功等策略，配合产品客户化理念，替代传统的面对面辅导和培训，实现客户 1 对多模式，并实现续约自动化。

14.2　基于 AI 技术的虚拟客户成功服务

大家都知道 AI 应用在医疗、交通、娱乐和教育等领域随处可见。大家比较熟悉的是银行、保险等金融行业的客服语音机器人、淘宝的机器人店小二。服务行业已经认识到 AI 技术具有无限潜力来满足消费者对体验的高需求，同时可以有效降低成本并减少对人工服务的依赖。

麦肯锡 2021 年人工智能状况的全球调查报告表明，AI 技术的采用率正在持续增加，56% 的受访者表示产品至少要在一项功能中采用 AI 技术，这个数据高于 2020 年的 50%。Gartner 的 2021 年技术路线图调查表明，65% 的客户服务领导者计划在 2023 年大幅增加对 AI 技术的采用率。这种前瞻性思维解释了为什么全球人工智能市场规模预计将从 2021 年的 935.3 亿美元增长到 2028 年的 9977.7 亿美元。因此，作为 ToB 领域承载了一站式客户服务的客户成功系统也不可避免地要充分利用 AI 技术不断演进，其中最重要的实现方向就是虚拟客户成功服务。

虚拟客户成功服务的价值主要体现在以下3方面。

1. 确保客户覆盖率

随着ToB客户的飞速增长，如何配备足够多的客户成功经理来覆盖每一位客户成为ToB企业面临的最大挑战，甚至是不可能完成的任务。如果按照二八原则，只为核心的20%客户提供80%的服务资源，其他客户一定会很快流失，而企业的续约率和口碑将惨不忍睹。此时，我们就需要虚拟客户成功服务。虚拟客户成功服务的服务对象主要集中在中型和小微企业这样高价值客户上，同时保持对普通客户的全覆盖，主动适时地提供服务，从而减少客户流失，提高续约率。

2. 提高客户生命周期效率

客户成功经理的一项重要职能就是在客户生命周期的每个阶段保证卓越的客户体验，但往往因为没有足够的时间而延迟处理CTA任务和执行成功计划。销售团队因业绩冲刺，在交付环节积压新客户需求，无法快速上线功能。良好的开通率与交付满意度是影响客户留存的关键因素。虚拟客户成功服务可以在销售完成后主动欢迎新客户并协助他们设置、安装和配置，甚至定义交付目标和计划，辅助交付团队快速上线。

在客户服务期内，客户成功经理可以基于客户健康度等关键数据指标、触点技术主动与客户交互，督促问题工单处理，跟踪需求进度、及时反馈，并通过短信、邮件等方式推送各类应用报告，推动客户成功计划实现。随着合同到期时间的临近，虚拟客户成功服务通过主动推送客户成功阶段性报告，让客户清晰地认识到从当前产品中实现的业务价值，促进客户主动续约。

3. 实现客户增长自动化闭环

客户成功团队面临的最大挑战是如何有效地提升客户生命周

期总价值。虚拟客户成功服务一方面可以弥补现有团队主动服务能力的缺失，优化客户体验，节约人工成本，提升运营效率，另一方面可提供全量客户虚拟的一对一服务，对现有客户群体进一步分层，提炼出更精准的目标客户画像，结合企业现有的数智化营销系统，实现客户增长自动化闭环。

14.3 教练式客户成功服务

为客户创造价值是每一个企业不变的使命。那么，基于产品和 AI 的客户成功服务是否能实现该目标？客户成功经理这个角色是否已经变得无足轻重？答案是否定的。从表 14-1 中可以看到，大型客户并不是不需要客户成功服务，相反他们需要的是更加有价值的客户成功服务。

这里更加有价值的客户成功服务就是我们理解的第三个趋势：教练式客户成功服务。教练式客户成功服务是指借助教练技术，更好地和客户建立信任关系，帮助客户发现关键的商业问题，从而改善业务，最终为客户创造价值。

那么，为什么教练式客户成功服务能更好地帮助客户创造价值？我们觉得主要有 3 个关键点：强信任、教练技术和基于客户价值的领先实践工具。

1. 强信任

教练式客户成功服务第一个挑战是和客户互信，建立强信任关系。所有的价值持续产出都要基于双方长久的信任，没有信任的合作就是无源之水，不可长久，但信任关系的建立并不是一蹴而就的。就像人生一样，两个人从相识、相知到相爱的过程实际上就是信任建立的过程。这个过程是相对漫长的，但摧毁信任可能是一瞬间。人生如此，商业社会也是如此。

我们认为客户成功经理要具备 3 项基本能力：第一项是对系统有深刻的理解，第二项是对系统给不同业务或行业提供的价值有深刻的认知，第三项是从更高维度了解客户愿景和战略目标。

客户成功经理只有具备了这三项能力，双方才能通过共建达成合作愿景的高度统一、身份、价值观的高度统一。这才是保持信任长存的关键密钥和为客户创造价值的核心。

2. 教练技术

合作愿景、战略目标、价值观统一是信任的基础，但如何才能快速了解客户愿景和战略目标，找到共同点，并给出自己专业的建议，而不是被动地陷入解决产品问题的漩涡之中，这就需要用教练技术。这也是教练式客户成功服务的第二个挑战。

利用教练技术首先要求客户成功经理充分信任客户，相信客户有足够的能力和资源来解决发现的问题；其次要求客户成功经理通过教练技术相关工具提出关键问题并协助客户发现关键问题，而不是纯粹地解决系统或者操作的具体问题。

所谓的关键问题，是指能触及客户核心价值的问题。发现关键问题的前提是需要客户成功经理了解客户当前阶段和未来的目标，了解行业发展趋势，了解客户现在的成功归因，了解当下客户优先达成事项等，对客户进行 360 度观察，从而找到正确的方向。只有通过有效提出问题，获得足够的掌控权，客户成功经理才能更好地让客户认知问题，并最终推动客户朝着合作愿景和战略目标前进。

3. 基于客户价值的领先实践工具

具备了信任基础，利用教练技术发现并提出了影响客户价值实现的问题，将这个问题解决，自然就能为客户创造价值。

虽然教练式客户成功服务相信客户是"英雄"，客户有足够的意愿和能力解决问题，但教练式客户成功服务依然需要使用基于客户价值的领先实践工具，帮助客户更快、更好地解决问题。

教练式客户成功对客户成功服务提出了新的要求，是客户成功服务新的演化和发展方向。

14.4 本章小结

云时代的到来让一切都发生了变化。未来，在创新技术驱动下，客户成功将"化繁为简，止于至善"。

基于产品的客户成功理念，SaaS 厂商要打磨产品，通过产品的原生价值，输出与客户业务场景高度匹配的解决方案，打通产品到客户的"最后一公里"，简化甚至消灭人工作业，让客户在对实施交付和支持服务无感的状态中，享受产品本身带来的易操作且有温度的良好体验。

但是，不管未来的商业环境和技术工具如何变化，"一切基于客户价值"是客户成功团队永远不变的使命。

推荐阅读

客户成功
作者：刘徽 ISBN：978-7-111-65713-2

SaaS增长方法论
作者：田原 ISBN：978-7-111-70706-6

SaaS攻略：入门、实战与进阶
作者：胡文语 ISBN：978-7-111-69781-7

SaaS商业实战：好模式如何变成好生意
作者：代珂 ISBN：978-7-111-67958-5

推荐阅读

AB实验：科学归因与增长的利器

作者：刘玉凤 ISBN：978-7-111-70713-4

ToB增长实战：获客、营销、运营与管理

作者：朱强 鲁扬 彭罕妮 等 ISBN：978-7-111-71013-4

营销数字化：一路向C，构建企业级营销与增长体系

作者：吴超 赵静 罗家鹰 陈新宇 等 ISBN：978-7-111-70438-6

用户增长方法论：找到产品长盛不衰的增长曲线

作者：黄永鹏 ISBN：978-7-111-63771-4

推荐阅读

元宇宙营销：认知、方法与实践
作者：栗建 ISBN：978-7-111-65713-2

数字营销分析：消费者数据背后的秘密（原书第2版）
作者：[美] 查克·希曼 肯·布尔巴里 ISBN：978-7-111-67721-5

品牌营销100讲：基础强化与认知颠覆
作者：李婷 ISBN：978-7-111-62273-4

B端产品方法论：入门、实战与进阶
作者：罗平 ISBN：978-7-111-71796-6